U0588620

*Top 100 Classics*
*for*
*Young Readers*

# 100

## 青少年必读100部经典

付惟龙 著

天津出版传媒集团
天津人民出版社

# 目录
## Contents

## 小学篇
### *Primary School*

## 初中篇
### *Junior High School*

# 高中篇
## *High School*

# 大学篇
## *University*

# 序言：通识培养的优秀书单

　　读书是一件非常有意义的事。在学校教育中，我们一直致力于培养学生阅读的好习惯。但是，家长或老师该给学生推荐什么样的书呢？这又是一件很难的事情。最近一个偶然的机会，看到了付惟龙博士的倾心之作《100——青少年必读100部经典》，感觉大有裨益。这不仅仅是推荐100部经典书籍，而且包含许多有价值的内容。付惟龙博士在繁忙的工作之余还能有这么大的阅读量，并且自创"四遍读书法"，最终每本书都有一篇读书笔记，非常令人敬佩。

　　据我了解，挑选这100部经典可不仅是付博士一个人的智慧选择，是他广泛调研了中国近300位各界精英的观点，参考了许多杰出人士的"私人书单"。对挑选的每部书，付博士都对其内容进行详细的评述和介绍，并从每部书中挑选了一句名言警句，给予读者充分的启示。

　　这100部经典的内容十分丰富，不仅有文学的，更有人文社科的，古今中外都有涉及，可以说是一种通识培养的阅读。拥有这样宽广的阅读范围，对于提升学生的文学修养、写作能力、全面品格大有益处。比如《中国文学史品读》，可以作为语文课的补充阅读。

　　更为难能可贵的是，这本书还根据学生的年龄和学段给出了相应的推荐书籍，如果孩子按照这个书单阅读，那么他（她）的成长必定丰厚，会比同龄人心胸更宽广，视野更开阔，人生更智慧，更能稳健而幸福地经历人生的曲折与坦途。

阅读是应该坚持一辈子的事。我们不仅要好读书，而且要读好书，只有这样才能常有心灵的悸动、智慧的迸发与幸福的生活。

清华大学附属中学校长

# 序言：真性情的诚挚之作

应朋友之邀，为付惟龙先生的首作《100——青少年必读的100部经典》作序。坦白地说，一开始我在心里是感到有些踌躇的。一则是因为自己身在出版圈时给自己定了一个规则：不可随意品评作品——如今虽然离开了出版圈，但这惯性依然在作用着；二是因为实在不熟悉这位作者及其作品，担心无话可说；三是因为自己并非什么知名人士，不敢沽名钓誉。

踌躇之际，朋友将书稿发了过来，还有作者自己所写"后记"。于是，抱着好奇之心，我翻看起来。好奇之心愈烈，钦佩之情陡生。

之所以好奇，在于作者是金融学专业、公务员出身，似乎与时下轰轰烈烈的少儿出版、如火如荼的少儿阅读等关山阻隔。但他竟写了一本关于青少年阅读的书籍，让我这个从事了近二十年少儿出版的人颇为汗颜，也料想其作品必定有独到之处。

静心细读书稿，我完全可以体会到字里行间流露出的一个爱书之人、读书之人对图书阅读的痴情、对丰富人生的追求和对传道授业的担当。于是，我的好奇之心渐渐转化为钦佩之情。

这本书不仅是作者多年醉心阅读的积淀，更是他用心思考与费心研究的结晶，颇具意味。书目从小学四年级独立阅读到大学毕业，分为四个学习阶段，各推荐25本好书，内容涵盖了小说、历史、文化、传记等十余种类型，并根据青少年不同学习阶段认知水平的高低和能力培养的需要进行了书目排序。这一挑选和排序的过程，看似轻描淡写，实则劳心费神。据了解，挑选这100部经典，作者集合了身边近300位各界精英的智慧，因而使得挑选出的书目更具有代表性和权威性。单就书名而言，"100"对青少年朋友来说是个非常圆满的数字，读书时每逢考试谁不曾渴望拿到这个分数，且不说是纯属巧合还是有意为之，这个"100"很是巧妙地勾起了学子们对阅读的向往。

在我看来，这个书目虽有遗珠之憾，但于古今中外的浩瀚书海之中，仅挑选100部作品，无疑得有取舍和个人的遴选标准，否则任谁断难完成。

但我们从作者对这100部必读经典的解读，可以看出作者的胸中所藏以及心中所盼。

这100部作品从妙趣横生的童话读本到思想深刻的哲学典籍，从独立成册的论著到大部头的系列专著，作者考虑到读者对象的特殊性，举重若轻，现一斑而隐全豹，以简练而条理分明的书写方式，将其个人的阅读思考和感悟予以呈现，同时恰中肯綮地总结归纳出每部作品的价值。这样的书写方式于读者了解作品无疑是大有裨益的，避开了一些所谓的学术文章的晦涩难懂和云山雾罩。此外，作者还将每部经典作品的一些最具代表性的名言置于文章的开篇，既是创意之举，更是点睛之笔，由此更能带给读者以启示，引导读者对推荐的经典进行认真阅读和深入思考。

钦佩之情还源于付博士乐于向年轻人传道的担当精神！如今，"好书排行榜""名家推荐书目"等类似的栏目在网络媒介随处可见，让人眼花缭乱。但这其间大多既有人情斟酌的纠结，也有利益权衡的纠缠。而作者作为一个圈外人，他的选择就坦然自在多了。正因为如此，这个书目没有权威的机构为其站台，也没有庞大的委员会为其撑门面，有的只是作者真情真性的表达和不事雕琢的书写。而作者乐于将他的阅读成果坦诚地拿出来与年轻人分享，是需要勇气的。正如作者自己所说，最初的时候，他"产生了'不想做厨子的裁缝不是好司机'的荒谬感和'跨界班门弄斧'的惶恐感"，但最终因为"技痒、机缘、责任"而将此书出版。这里的"责任"就是一种担当。作者基于"让阅读成为一种生活方式"的理念，其目的单纯又坚定：衷心希望青少年朋友能通过阅读本书养成良好的阅读习惯。

此外，作者在"后记"中所写，还有一点让我感动。"……尤其是，我自己的两个孩子正值成长初期，这也是给孩子们的一份特殊礼物。一想到孩子们能按照我提供的'寻宝图'，愉快阅读，进而健康成长，我心中的兴奋喜悦之情就油然而生……"作者是一个爱阅读的爸爸，更是一个有心的爸爸，且能看出他们父子（女）情深。我也是一个孩子的爸爸，且一直自诩在孩子的教育上是花费了心思的，但与作者相比，我只有惭愧的份：儿子刚开始自主阅读的时候，就想为其拟定一份书单，但最终没有成型，始终停留在零打碎敲的阶段。我们爱孩子的方式有很多种，而作者的方式则超越了很多人的很多方式。

"鸟欲高飞先振翅，人求上进先读书"。最后以著名美术教育家李苦禅先生的一句名言作为小文的结束语，送给每一位即将踏上或正行走在阅读之旅的人，愿你我，还有本书的作者，有一种"心有戚戚焉"的窃喜！

天天出版社前总编辑　叶显林

小学篇

*Primary School*

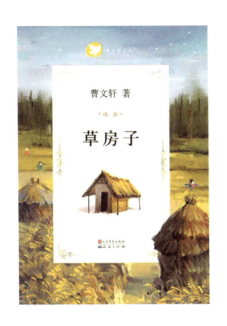

# 草房子

曹文轩 — 著

*每当我感到绝望时，奶奶总是那句话："别怕！"听到这两个字，我就会安静下来。那时，我既不感到恐怖，也不感到悲伤*

随着社会的发展进步和环境的不断变化，不少人认为现在的孩子与过去的孩子生活方式不一样了，用的是电脑、手机，玩的是电子游戏。他们的知识面更广了，爱好更广泛了，但小朋友之间像原来那样的疯玩少了。情况虽然变化，但从情感上的感受力来说，没有什么根本的不同。能够打动孩子的东西无非还是——生死离别、游驻聚散、悲悯情怀、厄运中的相扶、困境中的相助、孤独中的理解、冷漠中的脉脉温馨和殷殷情谊……这部小说就是围绕着一个叫桑桑的小男孩展开的，虽然讲述的是20世纪60年代桑桑在油麻地小学读一年级到六年级的经历，但故事非常精彩感人，幽默有趣，从中可以深深体会到桑桑的调皮、仗义、热情、友善和坚强。

桑桑是调皮的。他经常会突发奇想，做出一些让大人哭笑不得的事情。有一天，他想到自己有个好住处，他的鸽子却没有——它们还只能钻墙洞过夜，心里就起了怜悯，决心要改善鸽子的"住处"。当父母都不在家的时候，他就找来几个小朋友，将家里碗柜中的碗碟之类的东西统统收拾出来，扔在墙角里，然后将之改造成分为四层、每层可住三只鸽子的鸽笼，高高地挂在西墙上。母亲发现后，关起门来结结实实将他揍了一顿。但没过多久，他在河边玩耍，见有渔夫在河上用网打鱼，每一网都能打出鱼虾来，就在心里希望自己也有一张网。但家里并无渔网，他在屋里屋外转来转去，突然瞥见了支在父母大床上的蚊帐。他立即将蚊帐扯了下来，然后找一把剪子，三下五除二地将蚊帐改制成了一张网，并兴高采烈地用它捕了两三斤鱼虾回家。这次母亲没打他，对他的惩罚是将他的蚊帐摘掉了。而摘掉蚊帐的结果是：他被蚊子叮得浑身上下到处是红包，左眼红肿得发亮。

　　桑桑是仗义的。班上来了一个从邻村转学来的女孩，叫纸月，文弱恬静、清纯柔和。纸月会背不少唐诗，毛笔字和作文都写得很好，但有一段时间几乎每天迟到。有一回，桑桑无意中看到纸月在无声地流泪。第二天，桑桑特意起了个一大早，到纸月的村子里，看到底是怎么回事。原来有一个外号叫"豁嘴大茶壶"的坏男孩在路上要欺负纸月。桑桑帮助纸月跑到了渡船上，但是被"豁嘴大茶壶"追了上来。桑桑个子小，根本不是坏男孩的对手，被打得鼻青脸肿，躺在船舱中不敢动弹。可他有他的策略——趁"豁嘴大茶壶"划着船往回驶没太注意的时候，突然一头撞去，将"豁嘴大茶壶"撞到了河里。随后，桑桑高高兴兴地带着纸月按时上学去了。

　　桑桑是热情的。他在学校里最崇拜的人就是蒋一轮老师。蒋老师模样长得好，笛子吹得好，篮球打得好，语文课讲得好……当蒋老师与邻村的白雀姑娘谈恋爱时，桑桑就充当了信使。他把信揣在怀里，走出树林时，觉得自己有点像电影里的地下工作者。他有一种神秘感、神圣感，还外加一种让他战战兢兢的紧张感，生怕把信丢了。经常送信，他就很好奇信中到底写了什么内容。有一次，他实在忍不住，就把白雀姑娘交给他转给蒋老师的信打开看了，结果其中一页被风吹到水里弄脏了。他怕交不了差，就索性把信扔了。结果这封信是白雀姑娘约蒋老师见面的，信丢了蒋老师不知道，害得白雀姑娘白等了好几天。正好她父亲介绍她跟另外一个小伙子见面，于是白雀姑娘听从了父亲的安排，与蒋老师来往少了。后来当白雀姑娘觉得那个小伙子太小气，又想找蒋老师时，桑桑又热情地担当起信使的角色了。

桑桑是友善的。他的邻居邱二爷没有小孩，从外地的亲戚家领养了一个叫细马的小男孩做养子。细马与桑桑在一个班上学，但由于不懂当地的方言，而老师们又是用方言讲课，以至于他几乎完全不能理解讲课的内容，语文、算术的成绩经常为不及格。没办法，邱二爷只好让细马退学，买了一群羊让他去放。放羊的细马脾气暴躁，谁惹他就揍谁，同学们都不理细马，只有桑桑是他唯一的朋友，不时跟他一起玩。桑桑班上还有一个同学叫杜小康，原来他家里开杂货店，条件很好，成绩也优秀，是班上的班长。但自从杜小康家里出了事故，欠了别人很多钱，父母就不能再供他上学了。杜小康父亲为了东山再起，带着杜小康到外地去养鸭子，结果鸭子又把别人鱼塘的鱼苗给吃了，得赔偿鱼苗的钱。这样杜小康父亲一下子垮了，生病了。杜小康非常沮丧，桑桑努力去关心他、帮助他，当桑桑得知杜小康要做点小生意没本钱时，又把自己心爱的鸽子卖掉一些，借钱给杜小康。

桑桑是坚强的。突然有一天，他脖子上隆起了一个肿块。刚开始父母没太重视，但是有一次，桑桑因为闯祸被父亲痛打一顿后，脖子上的肿块开始剧痛。他父亲立即带他去医院，结果镇医院和县医院都说没法治了。疲惫失落的两父子回到村里，又在大家的建议下不断去外面找偏方治。可是，每一次都是满怀希望而去，最终失望而归。桑桑最喜欢的女老师是温幼菊。温老师劝他："我很早就失去了父母，是奶奶把我带大的。我得永远记住我的奶奶，永生永世。这倒不在于奶奶知我的冷热，知我的饥饱，而在于她使我学会了活着所必要的平静和坚韧。奶奶是个寡言的人。细想起来，奶奶没有留给我太多的话。在我的记忆里，最深刻的只有她留下的两个字：别怕。这几乎是她留给我的全部财富，但这财富是无比珍贵的。"在温老师的鼓励下，桑桑忍受着痛苦，依然那样美好地去看待一切，去展望明天。他对谁都比以往任何时候显得更加善良。他每做一件事，哪怕是帮别人从地上捡起一块橡皮，都觉得非常欣慰。桑桑脖子上的肿块越来越大，就在他们快要绝望的时候，村子里来了一个外地的郎中。他说有一位能人是治这个病的高手。父子俩找到这位能人，吃了7天特别特别苦的中药后，肿块就开始慢慢消退，最终神奇般地好了。

# 皮皮鲁传

郑渊洁 — 著

*想象力——人身上最宝贵的东西*

　　皮皮鲁是郑渊洁童话中的男一号，他聪明、淘气，充满正义感，在他的成长过程中经历了各种各样的奇遇。他上天入地，纵横驰骋，成为小朋友们羡慕的对象。《皮皮鲁传》集中了郑渊洁作品中皮皮鲁的精彩故事，让我们一起来挑战想象力的极限吧。

　　一天，皮皮鲁放鞭炮时，坐上"二踢脚"飞上了天。在五彩缤纷的云朵里，他看见一座圆形的房子，房子里有一台巨大的地球之钟。他很好奇，就把地球之钟拨快了两圈，回到地球后他发现：这儿全乱套了。人们的行为变得稀奇古怪，许多人不是朝前走，而是倒着走；有的侧着身子走，像螃蟹似的；还有的边走边翻筋斗。人们举行很奇怪的比赛，比如嗑瓜子运动会、拔头发比赛、眨眼睛比赛、打喷嚏比赛、磨牙比赛、撇嘴比赛等。皮皮鲁决定把地球之钟拨回来，但他误入了三眼国，这个国家的人都有3只眼睛，中间的一只叫势利眼；后来又遇上了患有开会上瘾症的总统，名字叫一二三四五，一不开会就患病；还碰到了从动物园跑出来，并且当上了市长的狗熊。最后，皮皮鲁积极想办法，最终开着小卧车冲进了云彩，去圆形的房子里把地球之钟拨了回来，地球这才恢复了正常。

《皮皮鲁和童话节》的故事很有意思，讲的是皮皮鲁生活在A城，A城孩子的作业特别多，没有时间玩。皮皮鲁就向大人们提议每年过一次童话节，让孩子们自己想点子玩。这个提议通过了，孩子们高兴极了。每年的童话节都热热闹闹，花样繁多：有巧克力乐团，乐器都由巧克力糖制成，演奏时，不但能奏出优美的音乐，还能发出扑鼻的巧克力香味儿；有泡泡糖化装游行，大泡泡把孩子们带离地面，风一吹就飞了起来，一群纯洁的小天使，在蓝天白云的映衬下，飞向前方，飞向未来；还有特别法庭，皮皮鲁担任审判长，墨墨告他爸爸从来不对他笑，连连告她妈妈经常和她爸爸吵架……小朋友们在童话节上过得可开心了。

《红塔乐园》非常有趣，有摩天轮、海盗船、碰碰车，还有军舰、赛车、坦克、飞机，更让人惊奇的是还有大海和原始森林，孩子们在那儿举行紧张激烈、扣人心弦的海战和空战游戏。但是这么一个游乐园，是在皮皮鲁同学苏宇家的桌上。小朋友可能很奇怪，桌子那么小，怎么能当游乐场玩啊？原来他们有一个神奇的喷雾器，这个喷雾器有3个喷头：使用红喷头喷射，能将任何东西变小；使用蓝喷头喷射，能恢复本来面目；黄色是固定的，不能轻易使用。皮皮鲁和4位同学拿着红喷头对着对方一喷，对方就变成小火柴棍那么小了，这样桌上的空间对他们来说就像真的游乐园一样了。等他们玩累了要回家，就拿着蓝喷头一喷，这样就恢复成原来的样子了。

你会在现实中碰到梦中人吗？《梦中人》说的是皮皮鲁碰到的一

个梦中女孩叫梦薇，来自真正的梦世界。因为迷路了，回不了家，在30天内，只能通过一个途径返回梦世界：人类所有成员同时入睡。皮皮鲁把梦薇带回了家，说她是来自梦世界的人，但父母都不相信。由于皮皮鲁的妈妈是医生，她给梦薇做了体检，梦薇每分钟心跳才10次，血液和普通人也不一样，这样他们才相信了。通过电视台的宣传，地球上的人们逐渐了解了这个情况。由中国牵头，成立了"帮助梦薇返回梦世界小组"。人类实施第一次集体入睡行动时，不少国家和地区的犯罪分子决定利用所有人睡觉的时候偷盗作案，这样第一次行动就失败了。各国警方联手，将企图在人类集体睡觉时趁机作案的嫌疑人抓获，并对所有犯人、犯罪嫌疑人注射强制睡眠剂，这样来实施第二次整体睡眠；但某大国情报人员担心当人类真的全体入睡后，梦世界会趁虚而入，于是大家都在睡觉时，他们还醒着，在开会研究对策，这样第二次行动也失败了。考虑到人类不可能同时睡觉，大家建议为梦薇捐赠器官、血液、骨骼和皮肤。这样，在梦薇必须返回梦世界的最后一天，梦薇经过手术，成为人类的一员。

最精彩的故事是关于"幻影号"。皮皮鲁过生日时，他的朋友送给了他一匹彩色的陶瓷小马，后来皮皮鲁把这匹小马放进了微波炉里，奇迹发生了，小马复活了。原来这匹小马叫"幻影号"，来自宇宙其他星球。它要拯救地球，不让人们污染空气，防止核武器爆炸，为此"幻影号"要留在地球一年。只要皮皮鲁对着小马说一声：幻影号，变！小马就会变成一台汽车，车里不仅有卧室、工作室、卫生间，还有红外线夜视仪、各种分析仪器、报警装置以及武器系统，还有让小朋友们非常羡慕的写作业机。在幻影号的帮助下，皮皮鲁抓到了银行抢劫犯，摇控足球帮球队取得了胜利，教训了欺负女同学的3个小海盗。更重要的是，和同学苏宇一起，阻止了交战双方在海湾战争中使用化学生物武器和核武器、阻止油井起火，保护了地球。

书中还有《皮皮鲁日记》《名画风波》《闪电闪电》《Z星球日记》等更多精彩的故事。通过这本书，我们知道了人类的想象力就像辽阔的大海一样，无边无际，只要你敢于想象！

　　郑渊洁具有"童话大王"的美誉，他笔下的皮皮鲁、鲁西西、罗克、舒克和贝塔影响了两代中国孩子。他写的其他三大名传《鲁西西传》《舒克贝塔传》《大灰狼罗克传》都非常精彩。

# 给孩子的汉字王国

[瑞典] 林西莉 — 著

李之义 — 译

*中国文化有惊人的连续性。直到今天人们在广告、民间艺术和周围的日常生活中，还能看到一些画面，它们在把握和反映现实方面与三千多年以前的文字创造者们完全相同*

令人惊讶的是，这本介绍汉字的书是一位外国人写的，她就是瑞典汉学家、瑞中友好协会主席林西莉女士。

林西莉女士从20世纪50年代便跟随世界著名汉语学家高本汉先生学习，从那时起她就迷上了汉字。作为一个外国人，她总想弄清楚，一个个汉字为什么是这个样子？那一笔一画代表着什么？它们最初的形式是怎样的？即便是最简单的"一""三""五""七"，在她眼里也充满了神奇。还有，为什么人们把自来水的开关称之为"龙头"？为什么人们把怀孕叫作"有身子了"？为什么许多中国人见了面说的不是"你好"，而是问"你吃了吗？"，等等。

结束了在中国的学习后，她回到瑞典，在从事汉字教学时，就尽量从汉字早期的形态讲起，并从这些字讲到中国古代人们的日常生活——他们的房子、车辆、衣服以及他们使用的工具，讲述产生这些文字的自然场景——乡野、山河、动物与植物。结果是，这样的讲解产生了神奇的效果，学生们对汉字和汉语文化的兴趣大增，原本令他们头疼的汉字就变得鲜活起来，更好理解了。

这本书就是林西莉女士在教学和研究的基础上耗时8年完成的。本书的中心是通过讲述汉字的起源及其发展，展现中国的文化史。她所讲解的都是一些最基本的汉字，如关于人自己的身体、水与山、野生动物、家畜、车、船和道路、农耕、酒和器皿、麻与丝、竹与树、工具与武器、屋顶与房子、书籍与乐器等。

作者对200多个"基本汉字"进行了详尽的探讨，并以散文的笔法，通俗易懂地讲述了它们的来龙去脉，阐释了每一个字独特的美。尤其珍贵的是，书中集录了500多幅图片，这些图片直观形象地表现出相关汉字的造型和来源，不但有利于读者对汉字的理解，而且提高了他们的阅读兴趣，拓宽了其知识面。整本书给人的感觉是轻松、自如、优美、愉悦。

在商朝（公元前1600年至约公元前1046年），人们在狩猎、征伐、祭祀和询问收成的丰歉等重要活动前都要举行占卜仪式，问问情况会怎么样。这种活动都刻在兽骨和龟甲上，被称为甲骨文。甲骨文就是中国最早的文字。后来，有一些文字刻到青铜上，被称为金文。我们了解汉字的起源主要就是通过甲骨文和金文。

汉字是象形文字，最开始，不少字就是表现这个字意思的一幅图画，比如"人"就是一个人站立的样子，"目"就是人的眼睛的形状，其他如手、耳、女、子、水、山、火、鱼、鹿、龟、象、鸟、羊、牛、马、车、舟、田、雨、井、禾、弓、壶、衣、伞、木、刀、门等字都是如此。

在这些基本字的基础上，可以变化出很多字来。比如，"禾"表示谷物或粮食的意思，"禾"和"口"组成"和"字，表示当大家都吃饱时，家里就一片祥和；"禾"和"日"组成"香"字，大家可以想象米饭慢慢地煮着，散发出来的香味；"禾"和"火"组成"秋"字，成熟的谷物红似火，这是初秋的重要特征之一；一只手抓着一棵谷穗，就成了"秉"字，在古文里意思为"一把"，后来逐渐变成了表示谷物的量词，而且又有表示"抓住"的意思。

再比如，"木"字表示一棵树的干和枝。下面加上一横就成了"本"字，表示根、根本、本源的意思；上面加一横就成了"末"字，意思为树尖、树梢、结尾、粉末；"独木不成林"，两个木在一起就成了"林"；三个"木"组成了"森"字，表示繁密、茂盛的森林；"林"与"火"组成了"焚"字，表示烧掉的意思；一个人靠在树旁边，组成了"休"字，可能要乘阴凉，休息一下；"木"与"田"组成了"果"字，表示果实；"木"字上来一只手，成了"采"字；一棵树下有一张口，什么水果这么馋人？张口的嘴在等吃一个"杏"子。

可以说，这是一本孩子学习汉字的通俗易懂的入门书，为孩子开启了认识汉字、探寻文化起源的大门。原外交部部长、原国务院副总理钱其琛评述道："从汉字的象形结构中去理解汉字的来龙去脉，就能从汉字的形象中悟得其意蕴，也就能更加理解和记住汉字。"

# 爱的教育

[意] 艾德蒙多·德·亚米契斯 — 著

刘颖 — 译

*请每天早上对自己说："今天我做的事要对得起良心，要让父亲欣慰，要让老师、兄弟和他人更爱我。"*

这本畅销100多年的书是由一名四年级的学生写的，你相信么？

大家可能都不相信，我也不相信。不过，这本书确是由意大利某市立小学一位四年级的学生恩里科写的，书名可以叫作"一个意大利四年级小学生笔下的一学年"。当然，说是这个小学生写的，并不意味着是直接出于他的手笔。真实的情况是恩里科写日记，详细记录了他四年级一年之内在学校、家庭、社会的所见所闻，他爸爸亚米契斯再在他的本子上批注，但力图保持原故事的主题思想和孩子的语言风格。等四年后恩里科升入高中时，爸爸又进行了修改完善。这样，共100篇文章，包括十则老师在课堂上宣读的每月精彩故事，书就出版了。

作者通过一件件平凡、细微的事情，娓娓地记述师生之情、父子之爱、同学之谊，展示人性的善良与纯洁，讴歌爱祖国、爱社会的精神。《新老师》《我的同学》《我的母亲》《扫烟囱的男孩》《撒丁岛的小鼓手》《希望》《感恩》《父亲的老师》《征服悲伤》《见义勇为》《六千里寻母记》等，一个个感人至深的故事，可以说作者用"爱"的钥匙，打开了人们的心扉，或许正是这个缘故，这部作品的名字在意大利文中就叫"心"！这本书出版后就一直畅销不衰，被各国公认为是最富爱心和教育性的文学名著。

要孝敬母亲。母爱是最伟大的爱。正如作者在书中对儿子说的："前几年你生病的时候，你母亲守在你的小床前，整夜观察你的呼吸，担惊受怕，害怕得牙关颤抖，泪流成河。她担心失去你，我却担心她会因此发疯。……恩里科，要知道，对母亲的爱是人类最神圣的感情，践踏这种情感的人是不幸的。尊重母亲的杀人犯心底或许还留有些许真诚和高贵，伤害母亲的英雄豪杰却不过是卑鄙恶徒。" 书中还讲到一个调皮捣蛋的学生弗兰蒂，被学校开除了，他母亲带着孩子跪在校长面前求情，校长用激动得发抖的声音说："弗兰蒂，你这是在杀自己的母亲啊！"有一首歌这样唱来着："世上只有妈妈好，有妈的孩子像块宝，投进妈妈的怀抱，幸福享不了……"所以，对于母亲，一定要用实际行动充分地尊重、关心、孝敬。

要感恩老师。老师是神圣的，是人类灵魂的工程师。他们献身于教育孩子们的事业，启迪你的智慧，培养你的心灵，他们把毕生的精力、聪明才智、整个心灵、全部的爱都无私地奉献给了孩子们。所以，要如作者所言，永远爱自己的老师。"永远怀着敬仰的心呼唤'老师'。这是除了'父亲'之外最高贵、最温暖的称呼。"

要热爱祖国。"意大利，我神圣的祖国，我亲爱的高贵的土地……我爱你壮阔的海洋和巍峨的群山，我爱你庄严的纪念碑和悠久的历史，我爱你的光荣和美丽。我爱着并敬仰着你的一切，就像第一眼看到光，就像第一次听到你的名字……我发誓，我会卑微而热烈地向你奉献我的全部身心，希望你能接受。如果有一天需要为你献出热血和生命，我也愿意流血，愿意付出生命。"祖国，是生我养我的地方，意大利人热爱的是意大利，我们热爱的是中国。每一个中国人都应该为自己的国家贡献出自己的力量，只有国家发展强大了，我们每一个人才能生活得好。要举止文明。"遇到结伴行走的福利院的孩子要心怀敬意，他们中有盲人，有哑巴，有驼背，有孤儿，还有弃婴，他们都很不幸。……有人问路一定要礼貌地回答。没有必要时不要奔跑，也不要大叫，要尊重大家共同的家。一个人在马路上的行为可以体现出他的教养。在马路上粗暴无礼的人，在家里的表现也不会很好。"每个人的一言一行，一举一动，都体现出自身的综合素质和精神风貌，从小就要养成良好的习惯。

要奋发图强。大家都说斯塔蒂是个木头木脑的孩子。他却说："要么成功，要么失败，二者必居其一！"于是，不管是白天还是黑夜，不管是在家里还是在学校，斯塔蒂总是摩拳擦掌，咬紧牙关，持之以恒，拼命学习，像头牛一样，锲而不舍地耕耘着，又像头骡子似的顽强执拗。果然，斯塔蒂获得了仅次于德罗西头等奖的二等奖。铁匠的儿子普雷科西经过努力也获得了二等奖。这些给恩里科很大的刺激，他表示："我要像斯塔蒂那样握紧拳头咬紧牙关刻苦学习。我要全力以赴，晚上不打瞌睡，早上按时起床，勤于思考，绝不偷懒。就算受苦受累，就算生病也没关系。"每个学生只要像斯塔蒂一样努力，就能取得满意的好成绩。

这本书内容真挚，情感动人，字里行间都充满了爱。读这本书，有助于树立高尚的品质，学会关爱他人。

其实，每个人都可以做出自己的努力，就像《爱的奉献》那首歌中所唱："只要人人都献出一点爱，世界将变成美好的人间。"

# 窗边的小豆豆

[日] 黑柳彻子 — 著

赵玉皎 — 译

*小林校长不断地对她说着这句话："小豆豆，你真是个好孩子！"或许正是这句宝贵的话，决定了小豆豆的一生*

这是一种令所有孩子都向往的小学生活，孩子们在欢歌笑语中茁壮成长，而大人们则能从中找到自己阳光灿烂的童年！

本书讲述的是作者自身真实的故事，顽皮的小豆豆才上一年级就被迫退学了，妈妈只好带她来到一所新的学校——巴学园。小豆豆一进学校，看到真的电车停在校园里面，非常开心。头发有些稀疏、牙齿有些脱落的小林校长能够耐心地听她说4个小时！小豆豆感到生平第一次遇到了自己真正喜欢的人，希望能永远和这个人在一起。第二天高高兴兴来上学的小豆豆发现，这个学校真是太精彩、太讨人喜欢了！如果今天还有巴学园，可能就不会有孩子讨厌上学了吧？因为，在巴学园，即使放学以后，孩子们也不愿意回家。而且第二天早晨，又眼巴巴地盼着早一点儿到学校去。巴学园就是这么一所充满魅力的学校。

在巴学园，教室是在真正的电车中，简直就像是一边学习、一边旅行一样；同学们可以根据当天的心情和方便程度，自由选择自己喜欢的座位；老师把当天要上的所有的课及其学习问题点，满满地写在黑板上，然后学生就从自己喜欢的那门课开始学习，先上语文也行，先上数学也行，有问题老师个别辅导；如果大家都非常努力，上午就能把一天的学习计划都完成了的话，那么下午就可以去九品佛散步，看看油菜花，参观一下寺庙，在尽情玩耍中学习生物、历史、理科等知识；中午同学带来的盒饭，校长要求有"海的味道"和"山的味道"，是让孩子不要养成偏食的习惯，蔬菜鱼类都得吃；为了让大家吃得开心，愉快地交流，校长还编了一首让大家饭前唱的歌：好——好——嚼啊，把吃的东西，嚼啊，嚼啊，嚼啊……校长组织了一次简单的露营，在礼堂里搭起帐篷睡觉，对孩子们来说，却是一生中难以忘却的开心记忆；同学们在校园里都有自己专有的树，爬树的时候只爬这一棵，如果想爬别人的树，需要征得别人的同意，小豆豆费了九牛二虎之力，帮助患了小儿麻痹症的泰明爬上了自己的树，两个人都感到惬意极了；晚上开展"试胆量"活动，七个男孩扮成"妖怪"躲在墓地，同学们五个一组去找，结果没有人敢走到墓地那里，而躲在那里的"妖怪"自己反而吓得哭了起来；三天的温泉旅行，有的孩子在树林里迷路了，有的孩子在海里游出去很远游不回来了，每当这种时候，孩子们都会积极地思考："该怎么办？"都希望自己的办法最有用。校长发明了韵律操，他在弹钢琴的时候，孩子们每个人都带着自己独特的表情，舒展地舞动着手脚，非常陶醉地跳来蹦去，而且每一个动作都恰好合着音乐的拍子，这副情景真是让人愉快；学校鼓励家长让孩子们穿上最朴素的衣服上学，这样孩子们就可以尽情地玩耍，不用担心衣服弄脏了，甚至弄破了都没关系；午饭时间又增添了有趣的新节目，那就是"由谁来'说说话'"，每次饭前由一个同学站在正中间给大家讲讲，有一个同学觉得什么话也没有，但是在校长的鼓励下，终于讲述了从早晨起床到学校做的一些事情，声音也越来越大，大家掌声一片；运动会上，最有趣的是找妈妈比赛，纸上写的是"朔子的妈妈"，就赶紧从观众席上找到朔子的妈妈，拉着她的手跑到终点；运动会的奖品更有意思，一等奖是"一根萝卜"，二等奖是"两根牛蒡"，三等奖是"一束菠菜"，虽然很便宜，但大家回家后吃着通过自己努力得到的菜肴，心中有无限的喜悦；校长请农民伯伯担任"旱田"老师，手把手地教孩子们怎么干活儿，后来每天都有人跑去看看庄稼长得怎么样了，然后回来和校长先生以及同学们报告："我种的种子居然发芽了！"这是多么不可思议，多么令人惊讶，又多么让人高兴啊！通过野炊活动，孩子们体会到了自己做饭的乐趣，同时也知道了做饭是多么不容易，还知道了各种食物从生到熟，会发生好多变化；用粉笔在地板上画画，可以"自由地运动身体"，"无论节奏有多么快，都可以尽情地快速涂画"，而且"画得再大也没有关系"。画完后，大家再一起清除干净，知道了收拾的不易，孩子们再也不在任何地方乱写乱画了。

小林校长就是这样以人为本，顺着小孩子的天性培养他们。顽皮的小豆豆在巴学园里欢快地成长，终于能够顺利地和大家一起学习、一起相处了，这段时光奠定了她一生成就的基础。其他的同学们带着在小学时养成的良好学习习惯和性格特点，后来也都有了不错的发展。

黑柳彻子写的这本《窗边的小豆豆》，通过讲述自己上小学时的一段真实故事，不仅在日本，而且在全球都引起了极大的反响；不仅带给全世界几千万读者无数的笑声和感动，而且为现代教育的发展注入了新的活力。作者后来写的书《小豆豆频道》《小时候在想的事》《丢三落四的小豆豆》等，也都很精彩。

# 安徒生童话故事集

[丹麦] 汉斯·安徒生 —— 著

叶君健 —— 译

*只要你曾经在一只天鹅蛋里待过，就算你生在养鸭场里也没有什么关系*

    有人说，最伟大的教育是让人心变得柔软。这大概是如今孩子们依然需要安徒生童话的原因之一。安徒生出生于19世纪初的丹麦，世界著名童话作家，也是文学型童话的创始人。他生在一个贫穷的鞋匠家庭，从小看到许多人情冷暖，生活经历坎坷起伏，但他始终有着对爱与善的永恒追求之心，善于将浪漫主义与现实主义、幻想与幽默、讽刺与讥嘲融合在一起，创造了100多个脍炙人口的精彩的童话故事。

    《安徒生童话故事集》并不像常见的一些童话故事，只有华丽美好圆满的一面，恰恰相反，在著名的《海的女儿》《丑小鸭》《癞蛤蟆》《卖火柴的小女孩》《野天鹅》等故事中，都反映了生老病死的现实，有一种抹不去的忧伤贯穿其中。如《海的女儿》：美人鱼爱上了王子，付出了极大的代价，失去了最美的歌喉，才将鱼尾换成了双腿，"每一步都好像是在锥子和利刃上行走"，最终却没有得到王子的爱，变成了泡沫消失在海面上；还有生来看似怪异的丑小鸭，被所有的动物排挤和刁难，连母亲最终都嫌弃它，它只能四处流落，受尽困苦之后，才变成了天鹅；癞蛤蟆为了追求梦想，努力奔波却死于非命；更别说可怜的卖火柴的小女孩，就这么活活地冻死在冬天的大街上了……

针对安徒生童话现实和"暗黑"的一面，存在不少质疑的声音。但这也是安徒生童话和其他童话的不同之处，安徒生并没有一味地呈现童话的美好与梦幻，他不是要让读者沉迷在童话幻想里完全忘记现实，而是正视现实的困境，表达对真善美的向往和追求。这些令人心痛的、难忘的童话，可以说，是通过对美好事物的破坏和失去，让我们珍惜至真至纯的情感。从这个角度看，柔软和坚强并不是对立的：柔软是一种真实感知、理解这个世界的能力，因为有这颗柔软之心，人们才能更加坚强地面对世界残酷的一面。

虽然在内容上体现了现实主义风格，但在叙述故事和描绘场景上，《安徒生童话故事集》大量地使用了非常浪漫的诗意语言。这种诗意语言有很强的感染力，可以迅速把读者带入一个绚丽斑斓的童话世界："当海是非常沉静的时候，你可瞥见太阳：它像一朵紫色的花，从它的花萼里射出各种色彩的光。""树木和灌木丛盖上一层白霜，看起来像一座完整的白珊瑚林，所有树枝似乎开满了亮晶晶的白花……"简练而优美的诗意文字，是安徒生童话经久不衰的魅力之源。在安徒生的童话里，自然界是那么的丰富多彩，玫瑰、柳树、石桥、燕子窝、夜莺、石楠、葡萄园、云朵、星空等，所有的画面都是唯美的，那些细节描绘非常真实，从而让读者容易相信，所有的植物和动物都有自己的世界，有它们的喜怒哀乐和各种秘密，这也是童话故事的神奇之处。

此外，安徒生童话的幽默与嘲讽也是别具特色的。《皇帝的新装》

《丑小鸭》《笨汉汉斯》《完全是真的》《老头子做事总不会错》都是非常具有幽默感的代表作。《皇帝的新装》里被两个装模作样的骗子耍到团团转的虚荣国王、大臣、国民，却被孩子的一句大喊道出了真相——"可是他什么衣服也没有穿呀！""一只耳朵进，一只耳朵出，一个人要想在世界上安静地活下去，就非如此做不可"……这种小幽默的对话在安徒生童话里随处可见。还有在《老头子做事总不会错》里，憨厚可爱的老头子，拉着家里的马去市场交换，先换了牛，再换成羊、鹅、鸡，最后只换来一袋烂苹果，却被可爱的老太婆大为夸奖，最后赢得了跟英国人打赌的一袋金币，"老是走下坡路，却老是快乐，这件事本身就值钱"。这是一个乐观幽默的童话故事。

对于喜欢安徒生童话的读者而言，这些童话故事为什么值得一读再读？因为安徒生童话故事是丰富而深刻的，在现实主义、诗意的浪漫之外，还能屡屡收获它们不经意透露出的幽默精神。

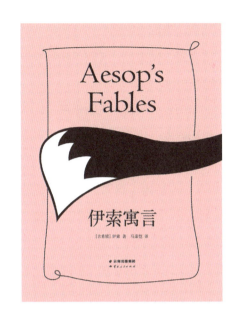

# 伊索寓言

[古希腊] 伊索 — 著

马嘉恺 — 译

*世界上总会有不如你的人，不要因为自身的缺点就放弃希望*

　　《伊索寓言》是古希腊作家伊索编写的。传说他是一个奴隶，曾被转卖多次，但因智慧出众、知识渊博而被赐为自由民。成为自由民后，他四处游历，为人们讲述寓言故事，通过故事让大家体会对生活中某种现象的批判、启示、教训，因此深受古希腊人民的喜爱，被后世誉为"希腊寓言之父""西方寓言的开山鼻祖"。

　　在该书中，几乎每一个寓言故事都来源于生活，大部分让人格化了的动物充当主人公，极少部分以神或人做主人公。这些故事非常短小，生动有趣，各具特色，每一个都闪烁着智慧的光芒，在故事后都会总结出能启发你的一句话。这些故事中，许多可以说是家喻户晓：《龟兔赛跑》告诉大家虚心使人进步，骄傲使人落后；《农夫和蛇》告诉大家对坏人仁慈就是对自己残忍；《狐狸和葡萄》告诉大家别吃不着葡萄就说葡萄酸；《披着羊皮的狼》告诉大家害人者，反害己；《放羊娃和狼》告诉大家，人们是不会相信一个说谎者的……

这些寓言故事在世界上流传了2500年而经久不衰，无数作家、哲学家、平常百姓都从中获得过知识、乐趣和启发。我们来看几个比较有趣又有意义的故事。

《狗和影子》：一只狗叼着肉走在一座桥上。这时，它低头看见自己在水中的影子，就一厢情愿地以为是另一只狗叼着一块更大的肉。它立刻丢下自己那块，扑到水里去抢夺那块更大的肉。结果，它两手空空，什么也没得到。水中那块原来就不存在，自己的那块又被河水冲走了。这则寓言告诉我们：人不要太贪婪，如果企图占有一切，那么很有可能连原来拥有的都要失去。

《行人和他的狗》：一个人打点好行装准备出去旅行。这时，他看见他的狗竟然站在门口悠闲地打哈欠，便非常严厉地对它说："我一切都已经准备好了，就等你了，你却在这里打哈欠！赶快去准备吧！"狗摇头摆尾地回答他："哦，主人！我早就准备妥当了，我等的人就是你。"这则寓言告诉我们：许多人喜欢把过失归咎于别人，而从不检讨自己。

《农夫和狐狸》：农夫因狐狸偷吃他的家畜而对它怀恨在心，总想寻找机会报复。一天，农夫终于在自家的田地里把狐狸抓住了，并用酷刑来惩罚它。农夫在狐狸尾巴上绑上浸过油的麻絮，然后点燃麻絮。疼痛难忍的狐狸在田里四处逃窜。那时正是收获的季节，因此田地里的庄稼也遭遇了和狐狸相同的命运。一无所获的农夫只能独自痛哭。这则寓言告诉我们：做事情一定要考虑后果，否则只能自食其果。

《孩子和青蛙》：几个孩子在池塘边玩耍，看到了池塘里的青蛙后，就把石头扔向它们，并以此为乐。伤亡惨重的青蛙向孩子们哭诉：

"求求你们，不要这么做了，你们是在愉快地玩耍，我们却要付出生命的代价。" 这则寓言告诉我们：要考虑别人的感受，不要把自己的快乐建立在别人的痛苦之上。

《两只青蛙》：两只青蛙比邻而居。一只居住在一个很深的池塘里，另一只住在马路旁边缺水的沟渠里。住在池塘里的青蛙恳求它的邻居搬过来和自己一起住。它说："你来这里可以生活更加安宁、舒适，也远离危险！"可是，另一只青蛙拒绝了它的提议，说自己不愿离开已经习惯了的地方。不久之后，一辆货车经过，那只青蛙惨死在车轮之下。这则寓言告诉我们：不要固执己见，要善于听取别人的好建议。

《大力神和车夫》：一位车夫赶着车沿着乡间小道前行。突然，车轮陷进了深深的车辙里，无法前进了。愚蠢的车夫顿时手足无措，只能大声呼喊，希望大力神可以来帮忙。大力神听到他的呼救后，对他说："你用肩膀用力顶着车轮，然后抽打马匹前进就可以把车子拉出来了。你遇到困难，不是想解决的办法，只是祈求我有什么用呢？" 这则寓言告诉我们：求人不如求己，遇到问题首先要自己多想办法。

《蚂蚁和鸽子》：有只口渴的蚂蚁来到河边喝水，却被水流冲到了河里，眼看就要淹死了。正好鸽子看见了，就马上丢给它一根树枝。蚂蚁靠着这根树枝，死里逃生。正在此时，岸上有一个捕鸟人手里拿着粘鸟竿准备捕捉鸽子。蚂蚁见状，就咬了捕鸟人一口。感到疼痛的捕鸟人猛然把竿子扔到了地上，听到声音的鸽子马上飞走了。这则寓言告诉我们：善有善报，平时要多帮助别人。

《小羊和狼》：一只小羊掉了队，没能及时返回牧场，被一只大灰狼追赶。小羊转过身对狼说："亲爱的狼先生，我知道自己逃不出你的手心了。但是，在我死之前您能为我用木笛吹奏一曲，让我尽情地跳一支舞吗？这是我最后的愿望了！"狼心想反正小羊是跑不掉的，于是就吹奏了起来，小羊随着节拍跳起了舞。乐曲引起了附近猎狗的注意，它们纷纷跑过来追赶大灰狼，小羊得救了。这则寓言告诉我们：危急关头不要慌，要充分发挥自己的聪明才智。

漆黑的天空，有几点闪耀的星光，那是精灵提着智慧之灯。而我们人间也有这样一盏智慧之灯，它便是《伊索寓言》。书中像以上这么轻松有趣而又让人启迪的故事比比皆是，要想了解更多、学得更多，就把书认真读一读。

# 一千零一夜

阿拉伯民间故事集

王瑞琴 — 译

*世间的一切虚伪，正像过眼云烟，只有真理才是处世接物的根据。虚伪的黑暗，必为真理的光辉所消灭*

　　《一千零一夜》又名《天方夜谭》，是著名的古代阿拉伯民间故事集。它以绚丽的描述、丰富的情感、曲折的情节和奇异的幻想，代表了古代阿拉伯文学的最高成就，吸引着一代又一代的读者。19世纪法国著名作家司汤达曾说："希望上帝使我忘记《天方夜谭》的情节，以便让我再读一遍，重新领略这些美妙故事给予我的乐趣。"

　　故事的编者以一个有趣的引子引出这些故事：很久以前有个萨珊国，国王山鲁亚尔因王后行为不端而憎恨天下所有的女人，他每天娶一个女子，第二天就杀掉。宰相的女儿山鲁佐德不仅美丽还聪慧过人，她自愿来到王宫陪伴国王，每天晚上给国王讲一个脍炙人口的故事，山鲁亚尔被这些故事迷住，以至于暂时忘记了杀人的命令。经过了一千零一个夜晚，国王终于觉醒，不再杀害无辜女子。人们又过上了安居乐业的生活。

《一千零一夜》由200多个民间故事组成，包含神话、寓言、笑话、历史故事、冒险故事等，为读者展现了一个色彩斑斓的古代阿拉伯世界。其中，有些故事已经家喻户晓，如《阿里巴巴和四十大盗》《阿拉丁与神灯》《辛巴达航海历险记》《渔夫与魔鬼》等，而有些故事虽然未广为人知，如《乔德尔和他的两个哥哥》《哈里发和哈桑》《波斯三姐妹》《哈桑和羽衣公主》《终身不笑者的故事》等，却同样引人入胜、寓意深刻。

对于东方的读者来说，阅读这些故事，仿佛穿越千年，走进古老的中世纪阿拉伯地区，领略那里的异国风情和社会生活，目睹古代阿拉伯人的聪明、勇敢、爱憎分明以及富于冒险精神的特质。《一千零一夜》多姿多彩的故事情节传递着全人类共同的社会理想和价值观念。

比较精彩的有：

《辛巴达航海历险记》讲述了航海家辛巴达7次出生入死的航海贸易和探险经历，他在航行中经历了多次海难，漂流到有各种古怪动物的麦尔佳努王国、堆满宝贝的钻石山、满是野猴的猴子城，遭遇小岛般大小的巨鲸、大如城堡的神鹰、捕食活人的恶蟒以及魔鬼、诡异种族等，最终凭借智慧和勇气脱离了险境，把世界各地的奇珍异宝带回故乡巴格达，并成为大富翁。该故事揭示了锲而不舍、执着追求，以及强烈的冒险精神是取得成功的必备条件。

《阿里巴巴和四十大盗》讲述一个叫阿里巴巴的年轻人无意中发现了盗贼宝藏的秘密，虽然盗贼们千方百计想要害死阿里巴巴，但他们的阴谋一次次被聪明机智的女佣马尔基娜识破并挫败，最终强盗们被消灭，阿里巴巴和马尔基娜将宝藏分给了穷人。

《渔夫与魔鬼》则讲述了一个生活窘迫的老渔翁不小心释放了禁

锢中的魔鬼。在魔鬼恩将仇报企图杀死救命恩人的时候，老渔翁急中生智，用妙计再次禁锢了魔鬼，说明暴力并不值得畏惧，智慧可以战胜貌似强大、张牙舞爪的敌人。

《贪心的阿卜杜拉》《终身不笑者的故事》则通过主人公遭遇奇缘，突然拥有万贯家财，但因为控制不了内心极度的贪欲，从而一无所有甚至家破人亡的故事。这不仅告诉人们要节制自己的欲望，"弱水三千，只取一瓢"，不可贪得无厌；同时也启示人们，"来之易者失之易"，脚踏实地、诚实经营才是正道。

《一千零一夜》中还有很多美妙的爱情故事，如《哈桑和羽衣公主》《卡麦尔王子与白杜尔公主》等，故事的主人公虽经历磨难，对自由和幸福的憧憬与追求却矢志不渝，最终如愿以偿。

纵观全书，赞扬劳动人民的勤劳和智慧，控诉封建统治者的腐败和残暴，表达对理想生活和平等社会的向往，是《一千零一夜》表达的主旨，它让人们相信，光明和正义终将战胜黑暗与邪恶，对这个世界应该抱有美好的期待。

# 林汉达
# 中国历史故事集

林汉达 — 著

*大丈夫做事，得站得高，看得远才行。——刘秀*

　　这是一部连续的历史故事集，60万字，800多页，讲述了从周朝东迁到晋朝统一全国，前后1050年的历史。书中分为春秋故事、战国故事、西汉故事、东汉故事和三国故事5个部分。通过这些有名又有趣的故事，大家可以很好地了解那一千多年的历史，熟知那些鼎鼎有名的人物，领会那一个个耐人寻味的道理。

　　这本历史故事集有3个突出的特点：一是史实准确。该书与演义小说不一样。演义小说虽然写得很传奇很生动，但其中有许多虚构的情节。这本书是按照历史发展的进程，主要取材于《春秋》《史记》《汉书》《后汉书》《三国志》等"正史"，在尊重历史事实的基础上，以四字（大部分是成语）为标题，前后关联地讲故事。二是语言生动。林汉达先生是一位著名的教育家、语言学家和翻译家，对汉语有深入的研究，他把那些久远的历史故事，用流畅生动、浅显易懂的文字写出来，读起来非常顺口，引人入胜。三是配有图画。每个故事都配有一幅形象生动的图画，这样大家读起来更加愉快，也有利于增进对故事的理解。

在春秋故事中，比较有名的故事有"千金一笑""管鲍之交""一鼓作气""老马识途""唇亡齿寒""退避三舍""放虎回山""一鸣惊人""晏子使楚""卧薪尝胆"等。令人印象最深刻的是"卧薪尝胆"这个故事。越王勾践被吴国打败后，带着夫人一起来伺候吴王夫差，给他喂马。由于勾践的良好表现，仅仅三年，吴王就放勾践回国了。勾践回到越国又当起了国王，他生怕舒适的生活消磨了自己复仇的意志，就把软绵绵的褥子撤下去，睡在柴草上；在吃饭的地方挂上个苦胆，经常尝一尝苦味。这就叫"卧薪尝胆"。经过十几年的艰苦奋斗和不懈努力，终于灭掉了吴国。这个故事告诉我们，有了目标后，一定要时刻提醒自己，不忘初心，朝着目标奋勇前进。

在战国故事中，比较有名的故事有"起死回生""商鞅变法""悬梁刺股""胡服骑射""屈原投江""狡兔三窟""完璧归赵""负荆请罪""远交近攻""毛遂自荐""图穷匕见"等。令人最难忘的是"负荆请罪"这个故事。由于蔺相如不仅完璧归赵，还在渑池之会中为赵国和赵惠文王赢得了荣誉，于是赵惠文王就封他为相国，地位比大将廉颇还高。这可把廉颇气坏了，他说："我是赵国的大将，拼着命打仗，立了多少汗马功劳！蔺相如就仗着一张嘴，有什么了不起的？有朝一日，要碰在我的手里，哼！就给他个样儿瞧瞧！"蔺相如知道后，就一直躲着廉颇，有一次在外面碰见，老远就躲到小巷子里。他的随从很气愤，就问他为什么这么胆小？蔺相如说："我连秦王都不怕，怎么可能怕廉颇呢？强横的秦国之所以不敢来侵犯赵国，还不是因为咱们团结一致。如果我和廉颇闹矛盾，两只老虎斗起来，秦国知道后，肯定会趁机来侵犯赵国。"廉颇知道后，就脱了衣服，赤裸着上身，背着荆条跑到蔺相如家去道歉、请罪。于是两个人成了知心朋友，同心协力保卫着赵国。这个故事告诉我们，知错就改是中华民族的一项传统美德。犯了错并不可怕，可怕的是知道错了还坚决不改。

在西汉故事中，比较有名的故事有"张良拜师""揭竿而起""破釜沉舟""约法三章""鸿门忍辱""暗度陈仓""四面楚歌""李广射虎""苏武牧羊""昭君出塞""王莽称帝"等。令人最振奋的是"破釜沉舟"这个故事。项羽率领大军去救被秦兵包围的赵国。各路诸侯派来营救的十几队兵马，都被强大的秦兵吓得驻扎在旁边，不敢动弹。项羽率领全军渡过漳河后，就吩咐士兵，各人带上三天干粮，把军队里做饭的锅都砸了，把船都凿沉了。他对将士们说："成败在此一举。这次咱们打仗，只准进，不准退，三天里头一定把秦兵打败。"果然，已无退路、拼死一战的楚兵英勇非凡，以一当十，所向无敌，3天里打了9场胜仗，彻底击溃了秦兵。这个故事告诉我们，狭路相逢勇者胜，在危急时刻，要有"置之死地而后生"的勇气和信心，只有这样，才能取得最后的胜利。

在东汉故事中，比较有名的故事有"绿林好汉""赤眉起义""争先恐后""得陇望蜀""宁死不屈""投笔从戎""天知地知""跛鳖将军""官逼民反"等。最令人深思的是"天知地知"这个故事。杨震很有学问，先担任荆州刺史，后来又被提拔为东莱太守。他去东莱上任的时候，路过昌邑，在驿站里住了一宿。昌邑县的县令王密本来是杨震推荐，就给杨震献上十斤黄金。杨震不收，王密就对他说："您不必客气，反正半夜里没有人知道，您就收了吧。"杨震一本正经地说："天知道，地知道；你知道，我知道。你怎么能说没有人知道呢？"王密听了，臊得连耳朵根儿也红了，只好拿着黄金走了。这个故事告诉我们，平时不要做亏心事，做了不好的事情总会被人知道的。

在三国故事中，比较有名的故事有"董卓进京""辕门射戟""三顾茅庐""火烧赤壁""离间失和""一身是胆""煮豆燃萁""七擒孟获""鞠躬尽瘁""功成将死""三国归晋"等。最令人感动的是"鞠躬尽瘁"这个故事。诸葛亮受了刘备的嘱托，总怕自己尽力不够，治理不好国家，会辜负了刘备。他总是睡得晚，起得早，没日没夜地操劳，54岁就在五丈原军营中因劳累致病而逝。这个故事告诉我们，受人之托，要忠人之事，竭尽自己的全力把事情办好。

每个故事都是那么精彩，不管是谁，只要拿起这本故事集，就会不由自主地读下去。

# 冒险岛数学奇遇记

[韩] 宋道树 — 著

[韩] 徐正银 — 绘

李学权 — 译

*出现问题的时候"利用创造性的思维解决问题",这就是数学的本意*

一套《冒险岛数学奇遇记》,吓人一跳,竟然有整整45本!堆起来跟座小山似的。不过,翻开一读,是幽默有趣、生动活泼的漫画书,非常吸引人。这套书适合7～12岁的少年儿童阅读,通过正义战胜邪恶的惊险故事,讲解数学解题技巧,让孩子们在享受数学思维乐趣的同时,不断提高自身的理解力、表现力、创造力和推理能力。

全书讲述了这样一个惊心动魄、精彩纷呈的故事:一不小心闯入另一个平行世界的少年哆哆,来到了充满挑战和冒险的数学岛。在寻找回到原来世界的方法时,哆哆遇到了声名赫赫的"数学神偷"——阿鲁鲁(专门偷取不义之财来救济贫苦百姓,是一个利用数学手段完美破解复杂异常的障碍和安保系统的数学天才)和修米,并和他们成为很要好的朋友。阿鲁鲁误偷了撒比特拉玛将军（在探险世界的过程中发掘和收藏大量宝藏的数学岛最高级别的军人）的水晶骷髅头骨，该头骨是可以利用邪恶能量把世界改变成地狱的恶魔武器，谁拥有它就可获得惊人的力量。然而，头骨却又落入了骷髅教主扎昆这个黑魔法师的手里，为了夺回水晶骷髅头骨，并且阻止扎昆想要毁灭地球的邪恶行为，哆哆、阿鲁鲁团结一心、义无反顾地开始了一场正义之战。

孩子们在津津有味地阅读故事时，还可以深刻领会到数学的精髓。这些有趣至极的数学漫画呈现的情境往往是：要想逃出困境，必须先解决数学难题。阿鲁鲁用魔方阵的原理闯过地雷阵、巧用数列组合解开金库的暗锁系统、运用方程式破解遍布密码的地图秘密等，他都是利用数学运算解决各种困难的。

这套书设有独具特色的讲述基本概念和原理的"阿鲁鲁数学教室"，把数学细分为多个领域，如分数、小数、余数、概数、概率、等式、方程式、多项式、平行线、对应边、对应角、无限小数、循环小数、正三角形、正六边形等，把这些概念和知识给孩子们一一阐释清楚。同时，还设置了配套的练习题，让孩子在学习解题技巧后，马上动笔实践，加深印象。

读过该书，让我们明白了数学原来还可以通过漫画故事来学，数学还可以这么有趣！

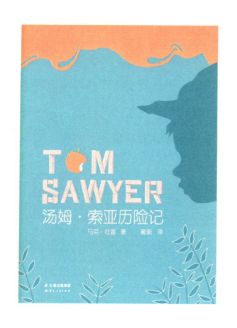

# 汤姆·索亚历险记

[美] 马克·吐温 — 著

雍毅 — 译

*假如他像本书的作者一样，是一位伟大睿智的哲学家，就会明白一个道理：工作是身体不愿做的事情，而娱乐是身体向往的活动*

马克·吐温是美国著名的小说家、散文家和演说家，有"幽默大师""文学史上的林肯""美国现代小说之父""美国文坛巨子"等美誉。他创作的这部历险记，主人公汤姆干出了许多令人捧腹大笑的趣事，带给我们无尽的欢乐，让我们共同感受了童心的可爱，青春的活力，人生的温馨，自由的可贵……

汤姆，一个在大人眼中不折不扣的坏孩子：调皮，捣蛋，逃学……让看护他的波莉姨妈头痛不已。每次汤姆不听话、调皮捣蛋时，波莉姨妈觉得饶了他，就是没替她姐姐管教好孩子，良心不安；而每次打完他，又觉得心疼得快要碎了。然而，就是这样一个淘气到"无恶不作"的顽童，身上却闪烁着许多优点：正直、勇敢、乐观、聪明、机智、可爱、善良……

有一次，汤姆与人打架，很晚才回家，波莉姨妈罚他周六做苦工，要把一堵篱笆墙刷上白灰浆。这本来是很无聊的活儿，但当汤姆看到本·罗杰斯路过后，马上认真起来，装作以艺术家般的眼光审视着自己最后抹的一刷，然后轻轻补一下，又开始审视其艺术效果。调动本·罗杰斯的兴趣后，汤姆潇洒地来回移动着刷子，不时再审视一下效果。在本·罗杰斯的再三请求并用苹果作为交换后，他才让本·罗杰斯体验一下刷墙的"乐趣"。就这样，本·罗杰斯在烈日下干得大汗淋漓，而这位"退居二线的艺术家"汤姆则坐在树荫下乘凉。他一边晃荡着双腿，一边啃着苹果，心里还盘算着怎么多"宰"一些无辜的孩子。就这样，孩子们一个接一个地过来刷墙。不仅篱笆墙被足足刷了三遍，汤姆也变成了腰包鼓鼓的大富翁，换得了风筝、弹珠、口琴、玩具大炮、锡皮玩具兵等一大堆东西。

　　逃课的汤姆遇见了生死之交乔·哈珀，两人一拍即合，决定去做海盗。后来他们又找到没人管的哈克贝利·芬入伙，并相约半夜时分出发。就这样，"加勒比海黑衣侠盗"汤姆、"血手恶煞"哈克贝利·芬、"海上凶神"乔·哈珀偷了一只木筏，乘着它到了对面的小岛。他们露天睡觉，成天都在户外活动，用河水洗澡，随意垂钓，还把刚钓上的鱼和自带的咸肉一起炖，味道真是太鲜美了。他们在岛上的生活非常惬意，但是刚过两天，就有点想家了。汤姆偷偷地回到家中，准备告诉波莉姨妈他的行踪，但在家里时又想到了一条奇谋妙计，就偷偷地回到了岛上。没两天岛上来了一场暴风雨，猛烈得仿佛要将小岛夷为平地。这个疯狂的夜晚对他们仨来说就如噩梦一般。但依靠汤姆的机智和劝说，他们一直坚持着。周日上午，教堂里为他们三个举行追悼会。正当大家悲痛万分、痛哭流涕的时候，他们从过道里大步走来，大家惊诧不已，异常激动，声情并茂地唱起了赞歌。汤姆向四周扫了一眼，发现孩子们个个向他投来羡慕的目光，他心里承认，这是他一生中最愉快最得意的时刻！

有一天，汤姆看到哈克贝利·芬拎着一只死猫，哈克贝利·芬说要把死猫扔给坟墓里的鬼魂，嘴里念叨："鬼魂跟尸体去，死猫跟鬼魂去，瘊子跟死猫去，别再来缠我！"这样身上的瘊子就去掉了。半夜，他们俩相约来到了一个新隆起的坟堆旁，就在他们吓得浑身发抖的时候，听到了几个人的说话声。原来有3个人来盗墓，结果发生了争执，印第安·乔杀死了鲁宾逊大夫，却赖到了莫夫·波特身上。由于害怕凶残的印第安·乔的报复，汤姆和哈克贝利·芬立字为誓，歃血为盟，如果谁走漏风声，就会当场倒毙。然而，善良的汤姆一直受到自己灵魂和良心的谴责，晚上不时做噩梦。终于，在开庭审判前一天，他把这个案子的真相告诉了律师，并在开庭时出庭作证，挽救了可怜的莫夫·波特，印第安·乔则当庭逃跑。汤姆再次成为耀眼的英雄，长辈们宠爱他，同龄人羡慕他！

汤姆喜欢的女同学贝姬·撒切尔不小心把老师心爱的书给撕破了，就在老师要追究贝姬责任的时候，汤姆勇敢地站出来说是他撕的。虽然遭受了老师有生以来实施的最严酷的鞭刑，但他想起贝姬的甜美话语——"汤姆，你怎么会这么高尚"时，心中就无比幸福。在贝姬组织的同学们的野餐活动中，他俩和伙伴们一起浏览洞中的奇观，随后在玩捉迷藏游戏时，渐渐感到有点厌倦，就举着蜡烛，顺着一条蜿蜒的通道不断往前走，越走越深。在一潭迷人的泉水边，他们遇见了数百只蝙蝠，被吓得疯狂逃窜，遇到通道就往里冲，终于摆脱了那群凶险的动物，不过他们也因此迷路了。随着一次又一次寻找出口的失败，蜡烛快烧完了，吃的东西也没了，即使这样，汤姆也没有放弃希望。正在他们摸索着找出路的时候，突然看见了一个人拿着蜡烛，汤姆高兴地大声喊叫，在看清楚那是印第安·乔后，他都吓瘫了，但马上又感到十分庆幸，因为印第安·乔已拔腿跑得无影无踪。后来汤姆拿着风筝线，手脚并用，不断探寻，终于找到了出口，走出了山洞。村里人用铁板堵住了山洞口。汤姆告诉村里人，自己在山洞里见到了杀人犯印第安·乔，当村里人在洞中找到印第安·乔时，他已经饿死了。之前由于汤姆和哈克贝利·芬在挖掘宝藏时偷听到印第安·乔说起藏宝的地方，他俩便重返山洞，找到了一笔珍宝，成了这个村的小英雄。

怎么样？汤姆很有趣吧，认真读这本书，你会发现更多的乐趣！

# 鲁滨孙飘流记

[英] 丹尼尔·笛福 — 著

郭建中 — 译

*当我发现已制成一只能耐火的锅子时，我的快乐真是无可比拟的，尽管这是一件多么微不足道的事情*

一个人在孤岛上生活20多年，要自己去找吃的，找喝的，没有碗吃饭，没有锅炒菜，自己做衣服穿，还没有人说话，孤独寂寞，更为恐怖的是，偶尔还有一些路过孤岛的野人在岛上举办吃人的狂欢派对。你能想象这样的日子怎么过么？然而，就是在这样恶劣的环境下，鲁滨孙靠自己的努力，幸福地过着国王般的生活。他是怎样做到的呢？

1651年，一门心思想着航海的英国人鲁滨孙，不听父母的劝阻，离家出走跟朋友航海去了。可不久就遇到风暴，他们逃到了附近的岸上。他的朋友坚决要回家，而鲁滨孙怕街坊邻居讥笑，也怕见父母，于是他继续航海，并懂得了一些做水手的基本常识，于是去非洲的几内亚做生意。刚开始，他挣了点钱。但是好景不长，再去的时候，被一帮海盗俘虏了，而鲁滨孙也成了海盗船长的奴隶。年轻伶俐的鲁滨孙当了两年的奴隶，终于找到机会逃跑了，并在一位善良的船长的帮助下，到了巴西。鲁滨孙看到那里的种植园主生活得非常富裕，就买下一片土地，种植粮食、烟草和甘蔗。经过几年的努力，终于过上了安定幸福的日子。但冒险精神在他身上扎了根，让他总想找个理由再出发。1659年，他乘坐一条大船出发去几内亚。刚过十几天，他们就遇到了大风暴，大海波涛汹涌，排山倒海般地冲来，大船搁浅在沙滩上动弹不得，他们只好转到小艇上出逃，结果小艇也翻了，除了他被冲到岸上幸免于难，其他人都死了。死里逃生的鲁滨孙觉得很欣慰，深感自己的幸运。他首先要做的就是把搁浅的大船上有用的东西都搬下来，枪支、火药、衣服、帐篷、吊床、被褥、猫狗等，搬运了十几天。然后他把住的地方用小木栅围好，保证安全。在吃的方面，刚开始他主要靠用枪打野山羊，后来怕火药用光，就开始养山羊。这样，不仅随时可以有羊肉吃，还有羊奶喝，经过多次的试验和失败，他还做出了奶油和干酪。一个偶然的机会，他发现了大麦和稻子的种子，就种了不少，还想方设法做出了美味的面包。此外，他又晾晒了不少葡萄干，所有的这些足够他吃饱吃好。日常生活方面，他用柳树的枝条来编筐子，用黏土来烧制陶器，用毛皮做衣服，还用毛皮做了一把伞。经过几年的努力，鲁滨孙拥有了两个庄园：一处是山脚下的一个小小的城堡，城堡四周建起了围墙，它的后面是一个岩洞，岩洞里有好几个房间；另一处是乡间别墅，有一间茅舍，一顶帐篷，与别墅毗邻的是他的圈地，里面放养着山羊。

正在他悠然自得过得潇洒的时候，有一天在海边突然发现一个人的脚印，这可把他吓坏了。鲁滨孙侧耳倾听，又环顾四周，可什么也没听到，什么也没见到。他迅速跑回自己的城堡，在城堡周围密密地插了两万多根杨柳树枝，让城堡更加安全稳固。同时种了更多的粮食，保证在有人入侵的时候，能够有足够的食物维持自己的生活。他就这样忐忑不安地过了两年。有一天，在海岸上，他看到满地都是人的骨头，鲁滨孙心里的恐怖，简直无法形容。他对这些吃人的、灭绝人性的野人深恶痛绝。差不多有两年时间，鲁滨孙整天愁眉不展，郁郁寡欢，也不敢超越自己的活动范围——城堡、别墅和森林中的圈地。有一回，他做了个梦，梦见他救了一个要被杀掉的野人，这个野人可以告诉他怎么从这个孤岛走出去。果然，一年多后梦想成真，他真的救下了一个"野人"，这个"野人"宣誓愿终身做他的奴隶，鲁滨孙为他取名叫"星期五"，因为正是这一天，鲁滨孙救了他的命。有"星期五"陪伴的这一年，是鲁滨孙来到荒岛上度过的最愉快的一年。后来，他们又救了两个人，其中一人是白人，另一人竟然是"星期五"的爸爸。现在小岛上有了居民，鲁滨孙不禁觉得自己犹如一个国王，一想到此，心情就非常愉悦——整个小岛都是他个人的财产，他的百姓对他也绝对臣服。终于，他们四人共同努力，抢夺了一条大船，在1686年12月，也就是鲁滨孙来到这个岛屿28年之后，他终于可以离开这个孤岛。航行半年多后，他们回到了英国。计算起来，鲁滨孙离国已经35年了。鲁滨孙在巴西的种植园一直有人替他看管，收益一年比一年好。鲁滨孙的日子过得红红火火。

这本书让我们领略了鲁滨孙惊险曲折的奇妙经历，更让我们欣赏到了他不畏困难的乐观主义精神。生活条件差，又缺乏必要的工具，而他想方设法克服困难，满足自己的需求，那是更大的幸福！正如他用谷物做面包一样，没有磨，无法磨谷；没有筛子，无法筛粉；没有发酵粉和盐，也没有炉子烤面包，可就是在这样的艰苦条件下，他开动脑筋，不断尝试，终于做出了香甜可口的面包。人生就是这样，只要思想不滑坡，办法总比困难多，通过自己的努力，终究能创造出属于自己的美好幸福的人生！

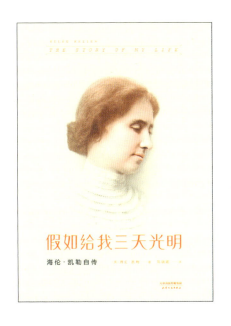

# 假如给我三天光明

[美] 海伦·凯勒 — 著

陈晓颖 — 译

*努力吧，待到成功的那一刻，山川也会为你歌唱，森林也会为你鼓掌*

这本书收录了海伦·凯勒14部作品中最为出名的3部：《我生命的故事》《乐观》和《假如给我三天光明》，介绍了海伦·凯勒充满艰辛挫折而又乐观愉悦、富有成就的一生。这是一个真实的、催人奋进的励志故事。一场突如其来的大病使19个月大的海伦·凯勒失去了视觉和听觉，她和这个世界失去了联系与沟通。这时的她古怪、无礼、粗暴，直到她6岁9个月时，莎莉文老师像美丽的天使一样来到她身边，教她识字，指导她阅读，给她带来整个世界和最真挚的爱，引领她从黑暗迈向光明，从孤独无助走向充实自立，从懵懂无知驶向知识的海洋。

不管遇到什么困难，海伦都坚信，健全的人能做到的一切，她也一定能做到。在她的艰苦努力和奋力拼搏下，20岁那年，她顺利地考入了哈佛大学拉德克利夫学院，并于4年后以优等成绩大学毕业，掌握英语、法语、德语、拉丁语和希腊语五种语言，更是第一个获得文学学士学位的聋哑人。后来，她笔耕不辍，成为世界闻名的作家，并于1964年被授予美国公民最高荣誉——总统自由勋章，1965年，她入选美国《时代周刊》"20世纪美国十大英雄偶像"。

当初，在莎莉文老师的帮助下，海伦·凯勒学会了盲文阅读与写作。但她不满足于用手与人交流，又找到霍勒斯·曼学校的校长莎拉·福勒小姐，开始学习说话的系统训练。健全的孩子可以轻而易举地学会讲话，他们听身边的人怎么说，然后模仿便可以学会。可对聋哑人来说，因为从未听过别人说话，所以为了走出无声的牢笼，他们要付出多出正常人千百倍的努力。海伦·凯勒只能凭借手指的触摸来体会老师嘴唇的动作、喉咙的震动以及面部的表情，但她的感觉并不一定正确，所以很多时候为了读准一个单词，常常需要反复练习几个小时，直到最后找到正确的发音位置。她记得自己说的第一个完整的句子是"今天很暖和"，当时内心的喜悦她这一辈子都不会忘记。虽然说得结结巴巴，语气也不够自然，但那毕竟是她说的第一句话，是健全人所使用的交流方式。她觉得自己的灵魂从此将摆脱束缚，内心充满了无限的力量。

16岁那年，海伦·凯勒入读剑桥女子中学，为考入哈佛大学做准备。莎莉文老师陪着她一起上课，但也遇到了巨大的困难。莎莉文老师不可能把书本上所有的内容都翻译给她听，当时又没有盲文版的教材供她自己阅读。最让她头痛的是几何图形，由于看不见，完全无法体会图形各部分之间的关系。面对重重困难，海伦毫不气馁。她相信，乐观是人类战胜灾害、跨越苦难的强大力量，是人之初、性本善最有力的证据。乐观的人总是信心满满，也敢于尝试，最后才能成就伟业。果然，她顺利地考入了哈佛大学。后来，凭借着对阅读的兴趣和对写作的爱好，海伦·凯勒不断体察人间的甘苦，创造出许多令人爱不释手的文学作品，真正实现了人生的辉煌。

海伦想，如果世间真有奇迹，在她漫长的黑暗岁月中，上天如果真的给她3天的光明，她将非常珍惜，会这样度过：第一天，她要看看身边那些温柔善良的人，如果没有他们，她的人生将如一口枯井。第一个要看的是莎莉文老师，是她用爱心和智慧开启了她幼小的心灵，让她有幸看到了整个大千世界。然后要把所有朋友都找来，仔细端详每个人的脸。人们都说面慈心善，俊朗的外表下折射的是他们美丽的心灵。第二天，她要伴着早晨的第一缕阳光起床，见证日夜黑白的交替，欣赏大自然创造的辉煌。她要参观纽约自然博物馆和大都会艺术博物馆，通过宝贵的艺术珍品来体会人类的历史变迁和自然的演变过程，来探索人类的精神世界。到了第三天，她要去人们最常去的地方看看，感受一下现代社会最普通的生活。要以最快的速度登上纽约城最高的建筑——帝国大厦，"俯瞰"整座城市，然后到城里找个繁忙的街角，静静地观看来往的行人，再到贫民区转转。她不仅要看看这世界的幸福图景，也要看这人间的疾苦，这样才能深刻了解人类的生存境遇。最后，可能会再次跑去剧院，欣赏一部妙趣横生的喜剧。这样的话，即便看过人间疾苦，也能学着去感悟人类精神世界中一直蕴含着的喜剧色彩。

海伦·凯勒总是想："如果每个人都能把每一天当作生命中的最后一天来过，那该多好。只有这样，我们才对得起宝贵的生命。每一天，我们都应该抱持一颗感恩的心，优雅充实地去度过。"一个聋哑人都能如此，作为一个健全的人，更应该知道"一寸光阴一寸金，寸金难买寸光阴"的道理，珍惜人生美好的青春年华，每天都有新的体会、新的收获和新的进步！

# 酷虫学校

吴祥敏 — 著

让害怕虫子的胆小鬼变成铁杆昆虫迷
让被高楼大厦囚禁的童年回归大自然

　　《酷虫学校》是一套讲解昆虫习性的科普书，书中配了许多妙趣横生，又饱含信息量的插画。该书兼具知识性、科学性、文学性和想象力，幽默有趣，朴实清新，怪模怪样的漫画插图更能拉近与小读者的距离，引起他们的好奇。

　　这套书共四辑12本，每辑分别以描写甲虫、飞虫、杂虫和幼虫为主。作者用自由的想象，放飞童心，用拟人化的描写让昆虫们生活在类似人类社会的人际关系中，设定了鲜明的人物性格。在书中，陷入治学苦恼的蜣虫校长、大块头威风凛凛的彩臂金龟班主任、全校最美丽最受爱戴的金凤蝶老师，还有吵吵闹闹的甲虫班、非同一般的飞虫班、杂乱无章的杂虫班、无法无天的幼稚班的学生们，甚至还有"不准吃掉老师或同学"的古怪校规，组成了一所前所未有的学校。

喜欢躲在土堆里的土鳖同学，常常会在不经意间将同学活埋；藏在泡沫里的沫蝉同学，谁也没见过她的真面目；什么都吃的蟑螂同学和"什么都不吃"的枯叶蛾同学关系不错；吸血的蚊子同学和吃蚊子的蜻蜓同学却是天生的冤家；谁也不想当班长，所以只好聘了一名班长；充满激情的蟋蟀老师差一点被同学们吓死，又在差一点死掉的意外事件中被同学们救活。

作者通过人类的视角这个哈哈镜去看昆虫世界，文中描述的师生故事、同学关系、夏令营、运动会等，都与小学生活息息相关，一个个令人捧腹或令人感动的故事，不知不觉让学生们有身临其境之感。爱打探小道消息的星天牛同学，超级白痴却又热心肠的屎壳郎同学，四肢发达爱欺负同学的鹿角虫同学，身材矮小却力大无穷、怀揣勤劳致富梦想的蚂蚁同学，质朴守信英勇救友的炸蚕蛾同学，还有身世离奇却又勇敢无畏、聪明无敌的食蚜蝇同学，仿佛就在我们身边。它们遇到危险和排除困难的经历也能让读者体会到，内心强大的人是不会被打败的，只要大家团结一致，齐心协力，任何事都能迎刃而解。

《酷虫学校》不仅仅有好看的童书故事，还有大量详尽的昆虫知识。它将"昆虫百科"——"虫"的"个性"，巧妙融入故事情景之中，浑然天成，趣味盎然。飞虫班的蚁蛉同学三番五次被甲虫班的同学当成蜻蜓同学，蚁蛉同学因为不喜欢被别人当成蜻蜓同学，而不搭理甲虫班的同学们，结果可怜的蚁蛉被甲虫班的同学三番五次地暴打。通过这个令人啼笑皆非的小故事，孩子们自然而然地记住了跟蜻蜓长得超级像的蚁蛉，同时也会自然而然地产生好奇心和求知欲——"那怎么才能区别蚁蛉和蜻蜓呢？"这时，作者不失时机地在小故事中配上了表现蚁蛉和蜻蜓形态差别的图片和文字讲解，这样的安排使得不喜欢学习的孩子，也会迫不可待地想要浏览并记住这些在生物课本里可能会十分枯燥的知识。

《酷虫学校》可以作为一套生动的小学生写作指导书。书中清晰的叙事、鲜活的描写、丰富的用词，能让孩子们在不知不觉中学会写作的技巧。例如"龙虱同学不愧是智勇双全、善良淳朴的好学生，它不但提出了……的好主意，还为同学们制定了切实可行的实施步骤，于是仅仅一个下午的时间，各种流言蜚语就有意无意地通过直接间接的各种渠道传到了蝗虫校长的耳朵里。"这些有趣的描述在学生们写作时很容易被吸收和模仿，而不必单纯地背诵词语的意思和用法。

如何在快乐中学习，如何在学习中快乐，永远是我们追求的终极教育理想。然而，现实生活中孩子们受到的却是应试教育，升学压力以及各种竞争使得他们天天生活在成人世界的层层重压之下。在孩子的世界里，"自由"就是想做什么就做什么。他们渴望逃离，渴望寻找一片自由的天空，而《酷虫学校》正好给他们开辟了一方自由的、天马行空的小天地。

同学们，感觉怎么样？《酷虫学校》一定不会让你失望的！

# 夏洛的网

[美] E.B.怀特 — 著

任溶溶 — 译

*生命到底是什么啊？我们出生，我们活上一阵子，我们死去。一只蜘蛛，一生中只忙碌着捕捉和吃苍蝇是毫无意义的，通过帮助你，也许可以提升一点儿我生命的价值。谁都知道人活着该做一点儿有意义的事情*

《夏洛的网》是美国著名作家E.B.怀特的代表作，一部傲居"美国最伟大的十部儿童文学"首位的童话书！风行世界几十年，发行量达到千万册。薄薄的一本书，讲述了一个凄美、真挚、令人难以忘怀的友情故事。

小姑娘弗恩家里的母猪下了一窝猪崽，其中的一只落脚猪又瘦又小，恐怕很难养大，因此弗恩的爸爸拿着斧子要杀死这只落脚小猪。这时，小姑娘说了一句非常精彩的话："我也又瘦又小，难道也应该被杀掉？"就这样，弗恩把小猪救了下来，独自喂养它，并给它起名为威尔伯。可是，好日子不长，威尔伯5个星期大时，胃口就已经很大了，只好以六块钱的价格把它卖给了住在邻近的朱克曼舅舅，这样弗恩也可以经常去看它。

在朱克曼先生家谷仓中的猪栏里，威尔伯一天到晚吃吃喝喝，弗恩几乎天天来看它。转眼间，小猪快两个月大了。百无聊赖中，在母鹅的鼓励下，小猪顶开松了的一块木板，跑了出去。小猪被抓回谷仓后，感到非常孤独，于是相继去找母鹅、小羊羔和老鼠玩，结果大家都没空搭理它。在黑暗中，它突然听到一个非常细小的声音："你要一个朋友吗？威尔伯，我可以做你的朋友。我观察你一整天了，我喜欢你。"

"可我看不见你，"威尔伯跳起来说，"你在哪里？你是谁？""我就在上面这儿，"那声音说，"睡觉吧。明天早晨你就看见我了。"对威尔伯而言，这一夜好像特别长。第二天一早，它就发现那是在门口上端的蜘蛛，名字叫夏洛。经过了解，原来蜘蛛是靠结网捉苍蝇、昆虫和甲虫，以吃它们为生的。威尔伯终于有了一个新朋友了。可是它又觉得这友谊要冒很大风险啊！夏洛凶狠、残忍、狡诈、嗜血，样样都是它不喜欢的。

日子一天一天过去，威尔伯长得越来越胖了。然而一个可怕的消息打破了它的生活。一只老羊告诉威尔伯，冬天一来，所有的猪都会被杀掉，成为圣诞节的火腿。威尔伯吓坏了，它大哭起来："我不要死！救救我，你们哪一位，救救我！"夏洛马上回答："你不会死的，我救你。"

为了这个承诺，夏洛把毕生的精力都投入其中，直到结束生命的那一刻，它也没有要求任何的回报。一天，夏洛的网上出现了字——"王牌猪"。这让朱克曼一家都很震惊。很快，这个消息在全县传开了，不久就无人不晓这只小猪威尔伯了。后来，夏洛的网上又分别出现了"了不起""光彩照人"之类的字，夏洛要让人们觉得威尔伯不是一头普通的猪，而是一头不平凡的猪，这样人们就不会随便杀害它，而会对它产生浓厚的兴趣。在夏洛的鼓励下，威尔伯渐渐变得自信、乐观、开朗起来！它努力让自己看上去像"王牌猪"，看上去"光彩照人"。你看威尔伯的表演："它微微转动它的头，眨动它的长睫毛。然后它深呼吸。等到观众看厌了，它又跳高来个转半身后空翻。"观众看到这一招，全不由得哇哇欢呼起来。威尔伯成了农场里人们关注的中心，注意力的焦点。

要参加集市的比赛了，主人把威尔伯用牛奶认真洗了一遍。它真是一只你从未见过的最干净最漂亮的猪。威尔伯全身雪白，耳朵和鼻子粉红，毛像丝一样光滑。而此时的夏洛却因为体能的衰竭一步步向死亡靠近。为了帮助威尔伯在集市比赛中获奖，夏洛用尽最后的力气在它的网上织出了"谦卑"两字后，仅留下了一个装有514个卵的卵袋，就永远离开了威尔伯。

威尔伯果然不负众望，为它的主人获得了一个特别奖。它带着荣誉和夏洛的卵袋回到了谷仓。春天来了，小蜘蛛长出来了，它们绝大多数都乘气球飞走了，可总是有两三只留下来，在门口安家。威尔伯对它们说："我想我应该告诉你们，我一生全心全意爱你们的妈妈。我的性命是它救回来的。它卓越、漂亮，一直到死都忠心耿耿。我永远珍藏着对它的回忆。对于你们，它的儿女们，我发誓和你们友好下去，直到永远。"

朱克曼先生很好地照顾着威尔伯的一生。经常有朋友和慕名而来的人来看望威尔伯，因为没有人会忘记它的光辉岁月和蛛网上的奇迹。威尔伯在谷仓里的生活非常好，但它永远忘不了夏洛。它虽然热爱夏洛的子女、孙子女、曾孙子女，可是这些新蜘蛛没有一只能取代夏洛在它心中的位置。夏洛是无可比拟的。这样的人物不是经常能够碰到的：既是忠实朋友，又是写作好手。

在我们的生活中，有一种无价的财富叫作"友谊"。威尔伯和夏洛之间真挚的友谊确实让我们感动。夏洛作为一只不起眼的蜘蛛，自尊自爱，自立自强，把一生的路走得很充实，改变了朋友的命运，让自己的生命没有遗憾！而威尔伯在过着幸福日子的同时，与夏洛的子女、孙子女、曾孙子女一直互相帮助，快乐相处！

也许你在想，生活中，你会不会遇到"夏洛"呢？

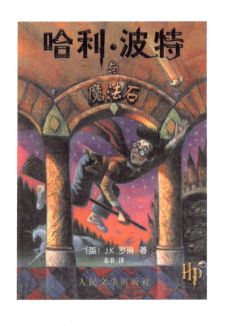

# 哈利·波特与魔法石

[英] J.K.罗琳 — 著

苏农 — 译

勇气有许多种类，对付敌人我们需要超人的胆量，而要在朋友面前坚持自己的立场，同样也需要很大的勇气

　　"哈利骑上飞天扫帚，用力蹬了一下地面，于是他升了上去，空气呼呼地刮过他的头发，长袍在身后呼啦啦地飘扬——他心头陡然一阵狂喜，意识到自己发现了一种他可以无师自通的技能——这么容易，这么美妙。他把飞天扫帚又抬起了一些，让它飞得更高。他听见地面上传来女孩子们的尖叫声和大喘气声，还听到罗恩发出的敬佩的喊叫。"

　　骑上一把飞天扫帚就能上天，这是多么具有想象力啊！当然，书中还有更多让你目瞪口呆的魔法和神奇，这就是英国作家J.K.罗琳的杰作的魅力。

　　罗琳是超级畅销书"哈利·波特"系列的作者。该系列小说深受读者喜爱，屡创销售纪录。现在全球销量已超过四亿五千万册，并被改编成8部好莱坞大片。《哈利·波特与魔法石》是该系列的第一部。

一岁的哈利失去父母后大难不死，神秘地出现在姨父姨妈家的门前。哈利在姨父家饱受欺凌，姨父和姨妈好似凶神恶煞，他们那娇生惯养、又胖又凶的混世魔王儿子——达力，更是经常对哈利拳脚相加，达力的同伙也非常乐意加入他们热衷的游戏——追打哈利。也许和哈利长年住在黑洞洞的储物间里有些关系，他显得比他的同龄人瘦小。他看上去甚至比他实际的身材还要瘦小，因为他只能穿达力的旧衣服，而达力要比他宽大三四倍。

虽然受尽欺凌，但在哈利身上不时有魔法显现。比如，每次他理发回来总像根本没有理过一样，有一次他姨妈实在按捺不住，就从厨房里拿出一把剪刀，几乎把他的头发剪光了，只留下前面一绺头发"盖住他那道可怕的伤疤"。哈利转辗反侧，彻夜不眠，担心害怕被同学笑话。可到了第二天一早他起床的时候，竟发现自己的头发又恢复到了姨妈剪它以前的样子。

就这样过了十年艰难痛苦的日子，在哈利11岁的时候，突然有一天，竟收到了一封给他的信，但是姨父不让他看信。信越来越多，姨父把门和窗户都密封住，但是三四十封信却像子弹一样从壁炉里射出来。姨父把他们一家带到郊区的旅馆去住，结果巨人海格亲自给哈利送来一封信：邀请哈利去一个他——以及所有读到哈利故事的人——会觉得永远难忘的、不可思议的地方——霍格沃茨魔法学校（世界上最优秀的魔法学校）读书。

海格带哈利购买了新生必备的制服、课本以及其他装备。最吸引人的是他买的魔杖，由冬青木和凤凰羽毛做成，11英寸长。哈利把魔杖高举过头，"嗖"的一声向下一挥。魔杖划过尘土飞扬的空气，只见一道红光，魔杖头前方像烟花一样金星四射，跳动的光斑投到四壁上。

9月1日那天，哈利来到古堡般的魔法学校：大礼堂的天花板上闪烁着耀眼的星星，白色的幽灵在学生们的头顶上飘荡，宽大的餐桌上凭空出现了美味佳肴，会说话的肖像需要学生说出口令才让通行……这里的一切——从上课、吃饭、睡觉到各种日常活动都充满了魔法。这里还有各具特色的老师：和蔼可亲的老校长邓布利多教授，严厉刚正的副校长麦格教授，处处呵护哈利的海格，还有总是看哈利不顺眼、不断找他茬儿的斯内普教授。不过最让哈利·波特高兴的是，他结识了两个好朋友——忠厚善良的男孩罗恩和聪明漂亮的女孩赫敏。当然，同学中还有那可恶的、趾高气扬、一心与他作对的男孩马尔福……

哈利开始学习自己以前从来不知道的魔法，他学会了空中飞行，学会了使用基础咒语，学会了骑着扫帚打魁地奇球。在魁地奇球比赛中，他担当最为重要的角色，抓住了像闪电一样飞快的"金色飞贼"球，为球队获得了胜利。他还收到一件可以让他随时从别人视线中消失的隐形衣，给予他出入任何场合的自由。

然而，在这一切的背后，似乎有一种更加神秘的力量始终萦绕在哈利的周围：他额头上那道由伤害他父母的凶手留下的闪电形伤痕更加频繁地隐隐作痛；哈利和罗恩、赫敏偶然发现学校三楼的一个房间里竟然有一条长着三个脑袋的大狗；魔法界的银行古灵阁离奇被盗；黑魔法防御术课教师奇洛的头上为什么总是莫名其妙地围着一条大围巾，还发出令人恶心的味道……

这一切都与一块神秘的魔法石有关，魔法石能把任何金属变成纯金，还能制造出长生不老药，使喝了这种药的人永远不死。那个杀死了哈利的父母、被人称为"伏地魔"的邪恶巫师想方设法要取得这块魔法石。哈利和罗恩、赫敏共同努力，斗智斗勇，历尽艰险，终于闯过重重障碍和关卡，在"伏地魔"差一点儿夺得魔法石时，把魔法石给毁掉了。

魔法总是那么神奇，你想不想看呢？

# 福尔摩斯探案全集

[英] 柯南·道尔 — 著

王宏孝 — 编译

*推断和分析的科学也像其他技艺一样，只有经过长期和耐心的钻研才能掌握*

　　福尔摩斯是英国作家柯南·道尔笔下的世界著名侦探，是一位惊人的智者。他勇敢机警，足智多谋，具有高超的侦探、分析、推理、判断才能。比如，遇到一个人，瞟一眼，他就可以猜出这个人的大致经历和职业；从一个人瞬息之间的表情，肌肉的每一次牵动以及眼睛的每一次转动，他都可以推测出这个人内心深处的想法；关于雪茄烟、纸烟、烟斗丝的烟灰，他能够辨识140多种；对各种不同职业人的手形他极为熟悉；仅凭裤管上的几片泥点，他就可以判断罪犯作案的行迹……

　　这本书写得非常精彩，讲述了一个又一个耐人寻味、令人思索的故事，场景惊险，情节跌宕，扣人心弦，引人入胜，使读者身临其境，叹为观止。福尔摩斯运用他那丰富的科学知识，严密的逻辑推理，细致的调查研究，为我们破解了一个又一个奇案、怪案、疑案。看了《福尔摩斯探案全集》这本书，有助于青少年养成注重观察、善用推理、思维缜密的好习惯。

《福尔摩斯探案全集》主要由3部分构成：第一部分是著名的两个长篇破案故事《血字的研究》和《四签名》；第二部分是"福尔摩斯回忆录"，包括《银色马》《黄面人》《格洛里亚斯科特号三桅帆船》《赖盖特之谜》《马斯格雷夫礼典》5个破案故事；第三部分是"福尔摩斯新探案"，包括《王冠宝石案》《三角墙山庄》《吸血鬼》《三个同姓人》《雷神桥之谜》《爬行人》等11个破案故事。

华生医生是福尔摩斯多年的室友，办案时的得力助手，他的传记作家以及他一生的好朋友。我们还可以通过华生医生的阐述走进福尔摩斯的内心世界。所以福尔摩斯和华生医生是一对黄金搭档，为我们展示了精彩绝伦的推理、分析和判断过程。

在故事中，那一个个悬念迭起的谜题不断撞击着我们的心灵。比如，在《血字的研究》中，死者凶恶的面貌，加上龇牙咧嘴的怪状，非常恐怖，而在旁边的墙角上，还有一个用鲜血潦草写成的字：RACHE。这是个人行为还是某个组织的行为呢？在这个案件还没侦破时，旅馆里又有一个人被暗杀，在墙壁上同样出现了这个血字：RACHE。在《四签名》中你一开始会以为凶手有4人，直到故事结束，你才恍然大悟，原来罪犯只有一个。在《银色马》中，刚开始你以为肯定有一个凶手，毕竟有人被杀了，后来才发现原来死者是被马踢死的。在《黄面人》中，你以为肯定会有一个怪人出现，整天待在屋子里不出来，后来才发现是一个小孩戴着一个面具。在《格洛里亚斯科特号三桅帆船》中，你会很惊讶，老特雷佛过去是一个拳击手、旅行家，又是一个采金人，那他怎么会听任一个横眉怒目的水手的支配？还有，为什么他一听到他手臂上半模糊的姓名开头字母竟昏厥过去，而接到一封从福丁哈姆寄来的信竟吓死了呢？在《吸血鬼》中，你会很奇怪，亲生母亲怎么会把自己的孩子咬出血呢？在《爬行人》中，你会很纳闷，堂堂著名大学的教授怎么在找了个比他年龄小得多、年轻靓丽的老婆后，突然半夜里开始手脚并用爬着走路呢？……

福尔摩斯和华生带领我们解开了一个又一个谜团，就如拼拼图一样，在谜底没有揭开之前你绝对不可能有十足的把握判断凶手是谁。随着"拼图"的接口不断衔接上，读者的心也不停地绷紧，吸引着你继续读下去。痛快！痛快！

福尔摩斯在办案的过程中，也传授给我们一些解决问题的好办法。他说，在侦探艺术中，最主要的就在于能够从众多的事实中，看出哪些是要害问题，哪些是次要问题。否则，你的精力不但不能集中，反而会被分散。如果一个情节似乎和一系列推论相矛盾，那么，这个情节必定有某种其他的解释方法。凡是异乎寻常的事物，一般都不是什么阻碍，反而是一种线索，在解决这类问题时，最主要的事情就是能够用推理的方法，一层层地回溯推理，追根以究源。

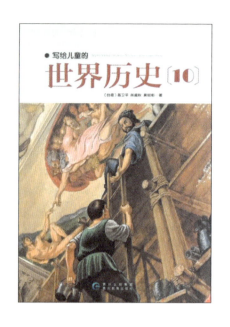

# 写给儿童的世界历史

陈卫平　林满秋　黄郁彬 — 著

> 猫儿、狗儿不会一代一代把经验累积起来，所以它们没有历史。只有对于
> 我们人类来说，才有"历史"这样的东西。正是因为有历史，人类才越来
> 越聪明

　　历史是鲜活、真切、有血有肉的前车之鉴，让它成为亲切的叮咛，
让孩子们亲炙前人的世界，是这套书的理想和标的。

　　这套《写给儿童的世界历史》系列丛书，共16册，111个精彩单元，
以亲切温和、深入浅出的语言，配备生动有趣的插图，描述了地球的诞
生、动植物的衍变、古代原始人的进化，再从四大文明古国到21世纪的现
代社会，描绘了光辉灿烂、五彩斑斓的世界历史，搭建起一座美不胜收的
历史殿堂。

　　这套书还有一个有意思的特点：有两篇序言，一篇是写给父母看
的，另一篇是写给小朋友看的。

　　作者在写给父母的序言中说到，这是一部从中国人的立场来看世界

的世界历史。中国的孩子要如何观察和面对世界，应由中国人来用心书写。这是一部现代人的世界历史。意大利哲学家克罗齐说过："一切历史都是当代史。"意即每个时代的人都有他们所面对的特殊问题、所关切的特殊事物，因此需要有一个属于当时的特殊观点来看待过去的历史。这是一部培养创意的世界历史。经由精心构作的文字、插画、地图、年表以及亲子共赏等设计，孩子可以获得驾驭文字的能力、美感经验的默化、对空观念的掌握，进而锻炼自己独立思考的习惯，且被激发出一生受用不尽的学习潜力。

作者在写给小朋友看的序中说道："小朋友，当你翻开这本书的时候，你会发现我们进入到一个过去的世界，那就是所谓的历史的世界。在这个世界中，有许多你不曾听过、意想不到的一些人物和故事，它们有的令人感动，有的令人憎恨，有的令人疑惑，有的则令人欣喜或惋惜。这段历程，就好比是一次伟大的旅行探险，会让人觉得丰富多彩，趣味盎然……你可以和书上所写的那些古代人做朋友，不论他们是和蔼可亲的智者、野心勃勃的将军、聪明的工匠、自大的国王，还是胆小的叛国者、善辩的演说家、贪婪的富豪、可怜的穷人……你都应该试着去接近他们，你甚至可以大声地说出，你喜欢谁、讨厌谁，并且还可以批评他们不该做什么，或是建议他们该怎么做才更好。"

从序言中看出，作者希望这套书是可以让父母和孩子一起读、一起交流、一起成长进步的。所以在书中的每个精彩单元之后，都设置了一个亲子共赏栏目，让父母和孩子一起思考。比如，原始人的生活自由自在，爱做什么就做什么。但是他们也随时会受到别人的侵犯，甚至被别人杀害。在这种情形下，你认为道德和法律是对我们的限制，还是保障呢？还有，人类最早的文字，是根据东西的模样创造出来的，所以与其说写字，不如说是画字。后来的人们觉得画起来很不方便，渐渐都改用拼音文字，唯独中国人不觉得麻烦，一直画到今天。你们觉得我们老祖宗的选择是对的吗？再有，大水淹没了埃及人的田地，这原是个大灾难，但经埃及人细心地观察，发现了河水泛滥的规律，把灾难化为福祉。在你的周遭，是否也有令你感到讨厌或麻烦的事情呢？不妨多观察、思考一番，或许也能化腐朽为神奇呢！

历史确实很精彩，通过这套介绍世界历史的丛书，你将了解古埃及人怎样做木乃伊，古印度的孩子玩什么玩具，古罗马的战士如何攻城，粗野的维京海盗如何驾船，古阿拉伯人如何传教，古印第安人怎样筑神殿，等等。通过学习历史，你的知识必将增加，视野必将开阔，心胸必将扩充，历史会对你的一生产生深远的影响。

除了这套《写给儿童的世界历史》，这三位作者写的《写给儿童的中国历史》，共14册，同样精彩，值得一读！

# 牧羊少年奇幻之旅

[巴西] 保罗·柯艾略 — 著

丁文林 — 译

*谁正追寻自己的天命，谁就能知道他所需要知道的一切，只有一样东西能使梦想无法成真，那就是对失败的担心*

本书是巴西当代著名作家保罗·柯艾略的一部畅销书，被翻译成68种语言，是唯一一本被翻译语种超过《圣经》的书，还是唯一全球销量超过3500万册的当代文学经典。凭借这本书，据说作者保罗·柯艾略在巴西的知名度，与上帝、足球并列；在美国，他是唯一的"二十年畅销外国作家"；在丹麦，他是唯一的"第二个安徒生"……总之，这是一部几十年一遇、可以改变一个人一生的书。

这本书如此精彩，到底是讲什么的呢？其实，这部成就非凡的小说，作者只用简朴的叙事和简短的文字，就创造了一个意味深长的传说。作品描写了西班牙牧羊少年圣地亚哥接连两次做了同一个梦，梦见在埃及金字塔附近藏有一批财宝。为了寻宝，他跨海来到非洲，穿越撒哈拉大沙漠，一路奇遇迭起，险阻频现，最终来到了埃及，虽然在金字塔附近没有找到财宝，但却在老家发现了真正的宝藏。作品富有浓厚的象征色彩，启示人们实现梦想要经历艰难的过程，需要勇气、智慧、执着并经受考验。西方评论家把本书誉为影响年轻人心灵一辈子的现代经典。

圣地亚哥从孩提时代起，就梦想着了解世界。他鼓足勇气告诉父亲，不想当神甫，要去云游四方。在父亲的帮助下，圣地亚哥买了60只羊。在放羊的过程中，他接连两次做了同一个梦：梦见一个小孩告诉他，在埃及金字塔附近有一处隐秘的宝藏。可就在小孩要把具体地点告诉他时，圣地亚哥却醒了，两次梦都是如此。他找到一个老妇人解梦，老妇人说："这个梦表明，你应该前往金字塔。你将在那里找到宝藏，变成富翁。"

圣地亚哥后来在广场碰到了一位老人——撒冷王。撒冷王告诉他："在这个星球上，存在一个伟大的真理：不论你是谁，不论你做什么，当你渴望得到某种东西时，最终一定能够得到，因为这愿望来自宇宙的灵魂。那就是你在世间的使命……完成自己的天命是人类无可推辞的义务。万物皆为一物。当你想要某种东西时，整个宇宙会合力助你实现愿望。"撒冷王鼓励他去追求自己的梦想，并且给他讲了一个非常有启示的故事。

有一个掘矿人抛家舍业去寻找绿宝石，他敲开了999999块石头，还剩一块石头，只差那一块石头，他就能够发现他梦寐以求的绿宝石了。恰恰在这个关口，掘矿人打算放弃了。这个人为了实现天命已经牺牲了一切，因此撒冷王决定帮他一把。他变成一块石头，滚落在掘矿人脚下。白白浪费了5年时光的掘矿人，带着积蓄已久的绝望和怒气捡起石头，朝远处扔去。这一掷力量极大，那石头砸在另一块石头上，竟把另一块石头砸得爆裂开来，砸出了世上最美丽的一块绿宝石。

圣地亚哥把羊都卖了，准备带着这些钱去追寻自己的梦想。但是可怜的圣地亚哥，在当天就被一个少年骗走了所有的钱。一无所有的他，通过帮水晶店的老板把柜台里的器皿擦干净而挣得了一顿饭。然后，他为老板辛勤工作了一年，挣得了厚厚的一沓钱，足够用来买上120只羊、一张回家的船票和一张贸易许可证。这时，撒冷王的声音又在他耳边响起："永远不要放弃你的梦想！"

圣地亚哥和一个懂得炼金术的英国人跟着一支商队，毫不犹豫地向沙漠走去。圣地亚哥认为："我从羊群中学到了东西，从水晶身上学到了东西，我也能从沙漠中学到东西。我觉得沙漠更沧桑，更智慧。"由于躲避战争，他们来到一个处于中立地区的绿洲。在那里，圣地亚哥遇到了一见钟情的少女——法蒂玛。和法蒂玛在一起的时光是那么幸福愉悦，但是法蒂玛一样劝他继续前行，去追求他的梦想。

有一天，圣地亚哥出现幻觉，感觉有一支军队正往绿洲而来，于是他告诉了部落的头领。果然，第二天，500名骑兵直奔他们而来，幸好事先做了准备，不到半个小时他们便将骑兵消灭。为此，部落头领奖励他50枚金币，并请他做绿洲的顾问。此时，他碰到了一个炼金术士。炼金术士告诉他，他虽然能成为富商，但他的余生都将在沙漠和椰枣树之间游荡，等他明白自己没有完成天命，那时再想去做，已经为时晚矣。

圣地亚哥接着走向沙漠，炼金术士告诉他："要倾听自己的心声，用心了解所有事物。"圣地亚哥不断倾听自己的心声："在寻找财宝的过程中，每一天都充满光明。因为我明白，每时每刻都在实现梦想……世上每个人都有一份等待他去发掘的宝藏。"当他们俩被一队士兵抓住时，炼金术士说在三天内，圣地亚哥只借助风的力量就可以摧毁这个营地。当心中有爱的时候，人们就能化成天地万物中的任何一种。果然圣地亚哥让狂风刮起，几乎摧垮了那座军营。

圣地亚哥终于到了埃及，他在金字塔旁边拼力深挖，不仅没挖出财宝，还差一点儿被强盗要了命！幸亏圣地亚哥是个诚实人，他如实告诉了强盗来此挖宝的动机，强盗讥笑他说，自己也曾经两次梦见在西班牙一处废弃的教堂榕树底下，有一大批财宝。圣地亚哥相信了强盗的话，回到自己的家乡，挖出了一大箱财宝，又娶了自己心爱的女人——法蒂玛。

这个故事不长，但让人深思，我们每一个人都有自己的梦想，但又有多少人实现了呢？不管遇到什么困难，不管遇到什么诱惑，永远都不要放弃自己的梦想，这就是圣地亚哥告诉我们的。

# 海底两万里

[法] 儒勒·凡尔纳 — 著

张竝 — 译

你只有探索才知道答案

　　《海底两万里》是19世纪法国著名作家、被誉为"现代科学幻想小说之父"的儒勒·凡尔纳的代表作之一，是"凡尔纳三部曲"（另两部为《格兰特船长的儿女》和《神秘岛》）的第二部。这是一部神奇的科幻小说，主要讲述了巴黎自然历史博物馆教授皮埃尔·阿罗纳克斯及其仆人孔塞伊和捕鲸之王内德·兰德一起跟随"鹦鹉螺"号潜水艇，在10个月的时间里，在海底穿行了两万里的旅程，绕行地球一圈，穿越太平洋、印度洋、红海、地中海、大西洋、南极和北极海域的故事。

　　凡尔纳的小说充满了科学元素，他的"幻想"是有着严肃的科学基础的——许多在当时被认为是不可思议的预言，都为后来的科学发展所证实。因此，他既是科学家中的文学家，又是文学家中的科学家。可以说，这部作品集中了凡尔纳科幻小说的所有特点——曲折紧张、扑朔迷离的故事情节，瞬息万变的人物命运，丰富详尽的科学知识和细节逼真的美妙幻想于一体。在漫长的旅行中，作者时而将读者推入险象环生的极端环境，时而又带进充满诗情画意的美妙境界。同时，《海底两万里》富含地理、生物等知识，又是一本关于海洋知识的百科全书。在阅读的过程中，读者可以对照着地球仪，按照他们航行的进程，了解海洋的分布和特点。

1866年，发生了一件咄咄怪事，好几艘船都遇见了"一个庞然大物"，海难事件接二连三发生，震惊了全世界。公众断然要求，一定要不惜一切代价将这头可怕的鲸类怪物从海洋中清除出去。速度奇快的"亚伯拉罕·林肯"号护卫舰全副武装，阿罗纳克斯教授及其仆人孔塞伊和捕鲸之王内德·兰德也被邀参加了追捕"海怪"的行动。但是，这个"海怪"太厉害了，炮弹竟然从它圆滚滚的脊背上滑开了，捕鲸叉投上去就撞飞了。"海怪"愤怒地吐出两股巨大的水柱，猛地砸到护卫舰的甲板上，把舰上的人冲得人仰马翻，落水的阿罗纳克斯教授等三人意外地爬到了"海怪"的身上，发现所谓的"海怪"其实是一艘潜水艇。

"鹦鹉螺"号潜艇不仅里面装饰得金碧辉煌，收藏了不少奇珍异宝，而且非常坚固，用电驱动，动力强劲，可以快速航行，也可以随时潜入海底。由于尼莫船长怕他们泄露其中的秘密，不放他们走，他们只好跟着尼莫船长一起周游各大洋，开始了一段段惊心动魄的海底之旅：狩猎在克雷斯波森林，搁浅在托雷斯海峡，遭遇巴布亚岛上的野人，漫步于珊瑚公墓，捕鱼锡兰，穿越阿拉伯海的海底隧道，观看桑托林岛大火，历险南极、血战章鱼，经历墨西哥湾暖流暴风雨，观察"复仇者"号残骸，目睹装甲舰所有船员与舰一起沉没的可怕场景……

在这次旅行中，最为惊险的一次是他们在离开南极的过程中，"鹦鹉螺"号受到了冰山的撞击，并且在行驶了一段路途后，发现前方道路被冰雪堵死，于是他们就往回开，但是又与后面堵上的冰山撞上了，"鹦鹉螺"号被困在厚厚的冰墙中，上下左右都动弹不了。他们凿冰墙，从下部的薄弱冰层凿起，但四周的冰墙已经开始了冰冻作用，于是尼莫船长喷开水以升温，为凿冰工作争取了时间。这个时候，由于供氧不足，教授躺在图书室的沙发上，根本喘不过气，脸色已呈青紫色，耳朵也听不见了。幸亏他的两位朋友，他们自己不吸氧，留给了他，才挽救了他的生命。最后，下部冰层还有一米厚的时候，"鹦鹉螺"号用重量把它压碎，并且以惊人的每小时40海里的速度前行，再用那巨大的冲角沿对角线的方向冲开冰层，他们终于获取了新鲜的空气，没有被闷死在冰中。

在旅行的过程中，教授他们一直密谋着逃跑，但时机总是不成熟，要么离大陆太远，要么在海底航行。最后，当"鹦鹉螺"号潜水艇航行到挪威海岸附近时，他们乘小艇逃脱，可是遭遇了大的旋涡，幸好被当地的渔民救起。

最后，阿罗纳克斯教授根据自己的笔记和记忆写下了这本书。

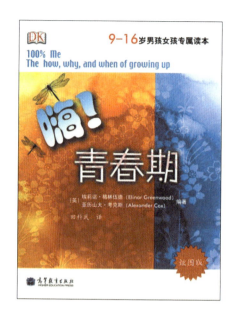

# 嗨！青春期

[英] 埃莉诺·格林伍德 — 著

亚历山大·考克斯 — 著

田科武 — 译

学会欣赏自己！你是一个什么样的人，远比你有什么样的外表更加重要

　　孩子进入青春期，身体得到迅速的发育，心灵也变得更加敏感，对人生的种种问题，都或多或少会觉得困惑。成长，在如花的季节，同时伴随着孤独羞涩和难以言说的焦虑。对于身体的问题，中国的父母往往羞于启齿，那怎么办呢？阅读是一个有效的沟通途径。有些书，是一扇窗，打开它，你便能看到不一样的风景；有些书，是一座桥，你走过去，就发现自己拥有了另外一个世界。而这本《嗨！青春期》，也许就是一道彩虹，让孩子抬头就能遇见青春时期的缤纷美好。

　　该书通过生动的文字、精美的图片、简洁的表格，外加若干有趣的小测试，全面展示了青春期男孩女孩的身体、心理、情感和社会交往时所发生的各种变化，教会男孩女孩们如何应对青春期可能遭遇的种种问题和困惑，给他们成功跨越青春期这一重要人生阶段的信心和勇气。

全书分成三个部分，在写给女孩子的部分，你可以了解有关乳房、月经、雌性激素以及生物学方面的知识；在写给男孩子和女孩子的部分，你可以了解生育常识以及粉刺、厌食症等方面的知识；在写给男孩子的部分，你可以了解有关变声、阴茎勃起、刮脸修面、雄性激素以及生物学方面的知识。当然，如何面对那些普遍困扰着青春期男孩女孩的情感问题，本书也会涉及。在这些内容中，有一些很好的观点值得男孩女孩好好学习，努力实践，将会终身受益。

第一，关于和父母争执。进入青春期后，男孩女孩可能觉得父母开始烦你——比以往更加频繁。这是怎么回事？原因在于：你将要告别自己的孩提时代，长大成人。这是成长过程中必不可少的一部分，大多数家长了解这些情况，并且会予以特别的重视。尽管如此，还是会产生一些冲突。这时，孩子们请考虑以下几点：你的父母是爱你的，希望你什么都好；父母为自己的孩子担心，有的时候是过了头，但是他们的爱都是发自内心的；你即将长大成人，父母也需要逐渐适应这一变化；父母有他们的家庭规则，你正在长大是事实，但这并不意味着这些规则都已不复存在。孩子们理解了父母的良苦用心，沟通就会更加顺畅，心情也会更加愉悦。

第二，关于身体锻炼。"生命在于运动"，运动在生活中的重要性，几乎和吃饭、喝水、睡觉相当。运动能使你的心肺功能生产突增，从而使你能从事更多活动；运动有助于你达到理想体重，避免肥胖；运动有助于你的骨骼储存钙质——在青少年时期尤其重要，可以积累骨量，供你终身使用；运动有助于减少因激素水平变化导致的情绪波动；现在养成的运动习惯能够持续一生，对你老年时的身体健康非常有好处。

第三，关于饮食习惯。俗话说："病从口入，祸从口出。"健康饮食向来都非常重要。由于青春期的发育速度特别快，健康饮食就显得更加重要。在青春期努力养成的健康饮食习惯，会伴随你的一生。均衡饮食的结构是这样的：杂粮等碳水化合物占33%，水果和蔬菜占33%，牛奶和乳制品占14%，肉、鱼和蛋白质占12%，其他8%。具体建议是多吃杂粮、水果、蔬菜、鱼类，少吃盐、糖、肉类等。

第四，关于交朋友。友谊能给青春期的孩子以巨大的宽慰。不过，青春期也是一个压力期，特别容易受到来自同伴的压力，所以要确保自己结交合适的朋友、好的朋友，忠诚、值得信赖、诚实、乐于助人、愿意倾听的朋友会让自己开心愉悦，幸福美满；而不好的朋友，比如行事偷偷摸摸、控制欲强、自私、强迫他人、爱数落人的朋友会让自己心情低落，人生郁闷。

第五，关于谈恋爱。少女怀春，少男钟情，这是人之常情。由于青春期的孩子还不够成熟，这时对异性的情感更多的是一种迷恋。当你迷恋的人拒绝你时，肯定会感到痛苦。有以下办法可以确保你的生活不会因为对方的拒绝而陷入麻烦：向你的朋友吐露你内心的秘密，并让他们帮助你分散注意力；专心致力于学业，确保自己不会掉队；培养起新的业余爱好，参加丰富多彩的活动；给自己留出一些时间想象自己迷恋的人，但不要让其左右你的生活。

青春代表着理想，代表着希望，代表着力量，代表着信心，代表着美好的明天……"年轻只有一次，青春不能重来"。时光飞逝，青春稍纵即逝。翩翩的少年，玉立的少女，请欢欣愉悦地接受身体的成长，好好珍惜你们的青春，享受你们的青春，在美好的青春中绽放人生的光彩！

# 少年音乐故事

丰子恺—著

艺术对于人心都有很大的感化力。音乐为最微妙而神秘的艺术，故其对于人生的潜移默化之力也最大

丰子恺有着多重的身份：画家、艺术教育家、翻译家、散文家，同时他又是一位特别喜欢孩子，并为此创作了大量儿童漫画的画家，写了大量儿童题材作品的儿童文学作家。他热爱孩子，甚至到了"崇拜孩子"的地步。他说："我的心为四事所占据了：天上的神明与星辰，人间的艺术与儿童。"他认为孩子"有着天地间最健全的心眼"，是世间"彻底真实而纯洁"的人。他的儿童文学作品同他的儿童漫画一样，之所以历经了好几十年，至今依然为广大小读者与大读者所喜欢，究其原因，就是他心中装着太多的童心、童真、童趣，对儿童体现出真正的至诚、至爱、至情。

《少年音乐故事》这本书从讲"独揽梅花扫腊雪"开始，

乍一看，不知道什么意思。其实，这正是7个音阶的"阶名"：do,re,mi,fa,sol,la,si。音阶的这7个字，好像一个家庭中的7个人物："do"字是音阶中的主脑，最重要，最多用，好比家庭里的主人，故称为"主音"；"sol"字与主音最协和，常常辅佐主音奏和声，好比家庭里的主妇，从属于主人，故称为"属音"；"mi"字和"la"字与主音也很协和，也常辅佐主音奏和声，虽不及主音、属音重要，却也常用，故"mi"称为"中音"，好比这人家的儿子，"la"称为"次中音"，好比女儿；"re"附在主音上，称为"上主音"，好比这人家的男仆；fa附在属音下，称为"下属音"，好比这人家的女仆；还有一个"si"，是引导一个音阶到其次的一个音阶时用的，称为"导音"，就好比是这人家的门房。这比喻多么确切、多么有趣啊，对这几个音阶的功能和定位很快就了解清楚了。

作者通过讲述孩子学吹口琴、用碗豆梗做笛子、学拉小提琴等几个音乐故事，让我们充分体会音乐的快乐和意义。在我们的感觉中，视觉与听觉被称为"高等感觉"，是因为这两者与味觉、嗅觉等其他感觉相比，一方面需要因修养而进步，另一方面感觉的对象可以共享，而不像味觉，比如一粒糖，被张三吃了，就他感觉到甜，别人不能共享，要共享时必须把糖分开，就减少了每个人所分享的分量。画或歌，则不一样，大家可以一起看或听，不会因为人多而减少享受的分量。人类为高等感觉创造出两种艺术："视觉艺术"与"听觉艺术"。视觉艺术中主要是美术（绘画、雕塑、建筑），听觉艺术中主要是音乐。

自然界有很多可以欣赏的声音，如风声、水声、鸟声是感觉最美的。人类听了自然界的美音，就设法给它们整理，从而创造出音乐。例如在风声中发现音有高低之别，就对其高低加以限制，且在其间划分一定的阶级，这样，便创造出do,re,mi,fa,sol,la,si的"音阶"；又如，在水声中发现音有强弱长短之别，就把其强弱长短加以部署，规划出段落，这样，便造成所谓三拍子、四拍子等的"拍子"以及各种节奏形式；再比如，在鸟声中发现音有独到的特色，就把这点性状推广起来，在人声中区别"音色"各殊的种种声部，又造出"音色"各殊的乐器。因此，"声乐"与"器乐"可说是自然界美音的艺术的发展。

我们的生活，无论求学、办事、做工，都要天天运用理智，不但身体勤劳，精神上也是很辛苦的，感情生活也经常被压抑着。能给我们以舒展感情生活机会的，只有艺术。而艺术中最流动的、活泼的音乐，给我们精神上的安慰最大。因此生活辛劳的人，都自然地要求音乐。像农夫有田歌，舟人有棹歌，做母亲的有摇篮歌，一般劳动者都喜欢唱山歌。音乐对人类而言同食物一样重要。食物是营养身体的，音乐是营养精神的。不仅个人，团体受音乐的支配也很强。比如，爱国歌曲可使万民慷慨激昂，军歌可使三军勇往直前，追悼歌可使大众感慨流泪，这便是音乐神秘的支配力的体现。

音乐作为最善于表现感情的艺术。作者忠告音乐的初学者，要先觉悟了尊崇器乐、勤练音阶、辨别曲趣这三件事后，才能进一步用功。音乐分声乐与器乐两大类。声乐就是用人的喉音来歌唱，声乐曲的曲谱下附有歌词；而器乐就是用乐器来演奏，器乐曲没有歌词只有曲谱。唯有器乐曲，不靠歌词的帮助，由声音来表现感情，这才是正格的音乐，才是音乐的本体。一开始就必须从音乐的本体上研究，即必须尊崇器乐。佛教徒说："多念南无阿弥陀佛，可以往生西方。"音乐者也说："多唱do,re,mi,fa,sol,la,si，可以进于音乐的世界。"别小看这"音阶"，这是渡向音乐世界的法宝！音阶唱正确了，一切音乐都可以唱得好，奏得好。所以不能怕枯燥，要勤练音阶，曲趣就是乐曲的趣味。例如有的乐曲雄壮，有的优美，有的悲哀，辨识曲趣，全靠用各人的感情，这好比识别东西的味道，只有用舌头来尝，没有别的办法。辨识曲趣，首先要学会分辨其高尚与卑浅，凡是曲趣高尚的乐曲，初听时稍感其美，再听时觉得更美，三听、四听，愈听愈加觉其奇妙丰满，至于百听不厌。

大人们喜欢音乐，不过一时鉴赏音乐的美，好像喝一杯美酒，以求一时的陶醉。儿童学音乐，则会终生难忘，终身受益，永葆童心。所以，从孩提时代起，就要认真地学一学音乐。

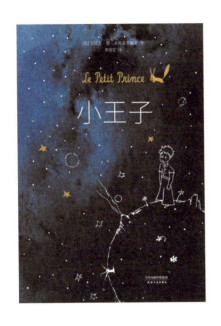

# 小王子

[法] 安托万·德·圣埃克苏佩里 — 著

李继宏 — 译

*看东西只有用心才能看得清楚，重要的东西用眼睛是看不见的*

每个男孩都想成为令人羡慕的"王子"，每个女孩都想找到心中潇洒的"王子"。那么这个"小王子"是怎么样的一个王子呢？

这本书讲述了"我"——一位飞行员因飞机故障，被迫降落在无边无际的撒哈拉大沙漠中，与小王子奇妙相遇之后的寓言故事。这本书很薄，只有100多页，中间还有很多精美的插图，曾被法国读者票选为20世纪最佳图书。作者原来是一名诗人，又是一名飞行员。他以既简单纯洁又哀婉惆怅的语言写出了令人感动的富有哲理的童话，让我们感受到小王子纯真的爱，是那么温馨、那么真挚、那么感人！

飞行员和小王子相处的这几天，他知道了关于小王子的故事。这个小王子住在一颗很小的星球——B612号小行星上，真的很小：只有三座火山，一朵玫瑰花，一个小人。小王子挪动椅子就能欣赏日出和日落，3棵小面包树就能霸占所有的空间。但是，小王子很爱他的星球，尤其爱那朵玫瑰花，玫瑰花骄傲又美丽。小王子说："如果有人爱上一朵花，天上的星星有亿万颗，而这朵花只长在其中一颗上，这足以让他在仰望夜空时感到很快乐。他会告诉自己：'在星空的某处有我的花。'但如果绵羊把花吃掉了，对他来说就等于所有的星星突然熄灭了！"

小王子总是把玫瑰花的话当真，然而，很多话她只是随口说说而已，敏感的小王子很不开心，他离开了自己的星星，抛下了玫瑰，开始了自己孤单的旅行。

他先后游历了附近的6个星球，分别碰到了6个人：一个权欲熏心的国王，只想别人听从他的命令；一个爱慕虚荣的人，只希望别人崇拜他是全世界最优秀、穿得最漂亮、最富裕和最聪明的人；一个颓废贪杯的酒鬼，只知道一个劲地喝酒；一个唯利是图的商人，只想着如何挣更多的钱；一个循规蹈矩的掌灯人，只知道每分钟要点亮和熄灭路灯一次；一个脱离实际的地理学家，只知道记述探险家描述的山脉和海洋。

作者以小王子的孩子般的眼光，透视出这些大人们的空虚、盲目和愚昧。这些人过于关注外在的东西，从而丧失了内心的安宁和快乐。这给予我们很好的启示，权力、金钱、财富等都是生不带来、死不带去的东西，人生如果只追求这些东西，就会丧失人生的方向和美好，越追求越痛苦。

小王子来到地球，遇到了玫瑰盛开的花园。他有些不开心，因为B612号小行星的那朵花曾经对他说，她是宇宙里唯一的玫瑰花。而这里仅是一个花园就有五千朵和她一模一样的花！沮丧的小王子这时碰到了一只狐狸，狐狸请求小王子"驯化"它："对我来说，你无非是个孩子，和其他成千上万个孩子没有什么区别。我不需要你，你也不需要我。对你来说，我无非是只狐狸，和其他成千上万只狐狸没有什么不同。但如果你驯化了我，那我们就会彼此需要。你对我来说是独一无二的，我对你来说也是独一无二的……"

小王子按照狐狸的要求，耐心地举行了"驯化"的仪式，将狐狸"驯化"，他们成了要好的朋友。人生都需要一些好朋友，否则就会孤独寂寞、痛苦难耐。狐狸建议小王子再去看看那些玫瑰花，就会觉得自己的玫瑰花是独一无二的。小王子看着那些盛开的玫瑰花，忽然领悟，对那些玫瑰说："你们很美丽，但也很空虚，不会有人为你们去死。当然，寻常的路人会认为我的玫瑰花和你们差不多。但她比你们全部加起来还重要，因为我给她浇过水。因为我给她盖过玻璃罩。因为我为她挡过风。因为我为她消灭过毛毛虫。因为我倾听过她的抱怨和吹嘘，甚至有时候也倾听她的沉默。因为她是我的玫瑰花。"

离别时，狐狸劝告小王子："重要的东西用眼睛是看不见的，正因为你为你的玫瑰花付出了这么多，才使得你的玫瑰花是如此的重要。你要为你的玫瑰花负责。"小王子记住了，他说："我的花，我要为她负责！她是那么的脆弱，那么的天真，她只有四根刺可以用来保护自己。"负责任的忧伤的小王子无法忍受想念的痛苦，他要急切地回去。最后，小王子倒下了。他慢慢地倒下，像树被砍倒那样，甚至连声音都没有，因为地上全是沙子。

小王子在自己游历宇宙的过程中渐渐了解到原来自己从未知道的世界，但是，他却遗失了自己最美丽的东西。当他发现时，已经来不及。每个人都是一样，我们都在不断寻找美丽的新世界，而忘记了，"现在"的可能就是最美的。失去了才懂得珍惜，遗失了才知道美好，我们不要在经历教训后，才能学会珍惜现在的美好。

每一次读着这些清新淡雅的文字，都会被这种孩子般地看待世界的态度感动。多么天真、幼稚，而又多么纯洁、真诚！童话，其实不管年纪多大，人人都需要它。童话，会陪伴我们的一生。让我们的心灵永远像孩子般的纯真，永远珍藏着那份美好和幸福！

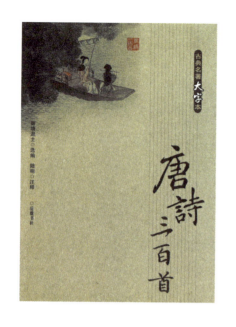

# 唐诗三百首

蘅塘退士 — 选编

*行到水穷处，坐看云起时*

　　最近，中央电视台的《中华诗词大会》热遍大江南北，引起大家的广泛关注。其实，古诗词热，就像一篇文章所说：仿佛一股清泉，浸润我们共同的文化基因；仿佛一面镜子，折射我们对优秀传统文化的旺盛需求；仿佛一声号角，召唤我们更好地传承经典、筑牢文化自信。

　　"熟读唐诗三百首，不会作诗也会吟"。在古诗词中，唐诗对我们的影响更是无处不在，文学作品中，日常生活中，大家经常会用到唐诗。可能刚会说话不久，父母就教我们背李白的《静夜思》："床前明月光，疑是地上霜。举头望明月，低头思故乡。"再大一些，就学王维的《鸟鸣涧》："人闲桂花落，夜静春山空。月出惊山鸟，时鸣春涧中。"到了小学，就会学杜甫的《春望》："国破山河在，城春草木深。感时花溅泪，恨别鸟惊心。烽火连三月，家书抵万金。白头搔更短，浑欲不胜簪。"上中学时，就读白居易的《长恨歌》："汉皇重色思倾国，御宇多年求不得。杨家有女初长成，养在深闺人未识。天生丽质难自弃，一朝选在君王侧。回眸一笑百媚生，六宫粉黛无颜色……"还有他的《琵琶行》："浔阳江头夜送客，枫叶荻花秋瑟瑟。主人下马客在船，举酒欲饮无管弦。醉不成欢惨将别，别时茫茫江浸月。忽闻水上琵琶声，主人忘归客不发……"在熟读这些唐诗的同时，我们心中或许会有疑问：为什么唐诗那么受欢迎，能够被人们一直传诵？

唐诗是我国优秀的文学遗产之一，也是世界文学宝库中的一颗璀璨的明珠。唐代诗歌就像一座大花园，群芳竞妍，姹紫嫣红。正如一位学者所点评的："总的来说，唐诗以其反映之深刻，题材之广阔，手法之新颖，体制之完备，文字之精湛，感情之真挚，风格之多样，使后世望尘莫及。鲁迅先生在给杨霁云的信中说'我以为一切好诗，到唐已被作完'，这的确不是溢美之论。"

在唐代众多的诗人中，李白飘逸浪漫的气质，杜甫沉郁顿挫的格调，白居易为民请命的热忱，不仅是前无古人，而且是后无来者，达到了我国古典诗歌的高峰，他们三人是诗坛巨匠，历来为后世所仰慕。

李白被称为"诗仙"，杜甫被称为"诗圣"。这是因为，在诗的国度里，李白是一个不遵守人间规则的人，比如他的好酒，他的游侠性格，他对人间规则的叛逆等，可以说李白把道家或老庄的生命哲学做了充分的发挥，变成一种典范。杜甫是"诗圣"，体现了孔孟哲学的最高完成，需要在人间完成，在群体生活中自我锤炼，而"诗仙"是个人化的自我解放，是生命力量的直接爆发。李白可以描写纯情："郎骑竹马来，绕床弄青梅。同居长干里，两小无嫌猜……"可以描写险阻："蜀道之难难于上青天，使人听此凋朱颜……剑阁峥嵘而崔嵬，一夫当关，万夫莫开……"还可以描写孤独："花间一壶酒，独酌无相亲。举杯邀明月，对影成三人。"描写人间有愁苦："抽刀断水水更流，举杯消愁愁更愁。人生在世不称意，明朝散发弄扁舟。"但也有欢乐："人生得意须尽欢，莫使金樽空对月。天生我材必有用，千金散尽还复来"；在困难中看到希望："行路难，行路难，多歧路，今安在？长风破浪会有时，直挂云帆济沧海"；在行进中体会速度："朝辞白帝彩云间，千里江陵一日还。两岸猿声啼不住，轻舟已过万重山"；在离别中歌颂友情："此地一为别，孤蓬万里征。浮云游子意，落日故人情"。

李白才气纵横，潇洒飘逸，从文学的技巧上来说，很难学。而杜甫有严格的规范，社会性很强，便于学习。杜甫的每一首诗都有非常具体的事件，可以说是诗人中最具备纪录片导演个性的。纪录片最大的特征是不能加入自己太多的主观感受，总是力求绝对客观的角度。比如《石壕吏》中描写的"老妪力虽衰，请从吏夜归。急应河阳役，犹得备晨炊。夜久语声绝，惟闻泣幽咽。天明登前途，独与老翁别"，只讲抓丁，讲战争让民间一个家庭破碎的过程，这个家庭里的男孩要么战死，要么正在戍边，老父亲逃走了，老母亲最后也被抓去做苦役。还有杜甫描写的"朱门酒肉臭，路有冻死骨""安得广厦千万间，大庇天下寒士俱欢颜"，也体现出他的人道主义关怀。

白居易的写作，有一个很有名的故事。他写完诗以后，要人拿去念给不识字的老太太听，只要老太太有任何字听不懂，他就开始改。白居易对自己的创作有一种期待："非求宫律高，不务文字奇，惟歌生民病，愿得天子知。"他认为文学里的格律、形式、文字都不重要，真正关心的只有三个字：生民病，也就是老百姓的痛苦，所以在他的作品中经常体现出悲天悯人的人文主义关怀。如"可怜身上衣正单，心忧炭贱愿天寒"，描写卖炭翁的矛盾心理，天气正冷，穿的衣服很少，但为了炭能卖个好价钱，还是希望天再冷一些。当然，白居易最重要的作品是《长恨歌》和《琵琶行》，可以说是文学中的极品，这两首长诗改变了当时中国人善于写精简短诗的风气。《长恨歌》描写了唐明皇与杨贵妃的爱情故事，《琵琶行》则讲述了一个歌妓演奏琵琶的故事。至今，这两个故事还一直被人传颂。

这本书，是能让你花最少的时间读完最美的唐代诗歌的经典之作，为你达到"腹有诗书"的境界打开了一扇方便之门。书中收录的诗歌在思想和艺术上具有非常高的成就，比较全面地反映了唐代诗歌的全貌。

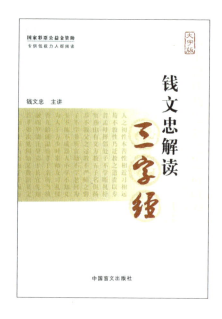

# 钱文忠解读《三字经》

钱文忠 — 著

当你意识到学习是快乐的时候，这位学生就很可能将来要成就大作为了。如果一个人能够在学习中感到快乐，那就很可能成为大师级人物

一本古代的儿童启蒙读物，一本传统的儿童识字课本，为什么被大家尊称为《三字经》？为什么它一经问世就广为流传？在看似简单易懂的文字背后，到底包含着什么样的深意？

《三字经》是儒家思想占据主流地位、传统中国社会众多的儿童启蒙读物里最著名、最典型的一种，且居于简称为"三百千"的《三字经》《百家姓》《千字文》之首。它短小精悍、琅琅上口，千百年来，家喻户晓。其内容涵盖了历史、天文、地理、道德以及一些民间传说，所谓"熟读《三字经》，可知千古事"。对于这种国粹，作为华夏民族的我们，怎可不读呢？

《三字经》虽然不到1100个字，但内容很丰富，主要可以分为三部分：

第一部分，充分阐述了学习的重要性及学习的主要内容。如"人之初，性本善。性相近，习相远。苟不教，性乃迁。教之道，贵以专。"意思是说，人的本性是善良的，差距并不大，由于后天的熏染和环境的影响，差别就会越来越大。如果不接受教育，善良的本性就会发生变迁。因此，应该用一种终身学习的态度来度过在世间的一生。"玉不琢，不成器，人不学，不知义。为人子，方少时，亲师友，习礼仪……首孝弟，次见闻，知某数，识某文……为学者，必有初，小学终，至四书……孝经通，四书熟，如六经，始可读……经既明，方读子，撮其要，记其事……"这些是告诉我们，懂礼仪、讲孝悌后，然后再学数学、语文，从小学到熟读四书、六经、诸子百家等。

第二部分，"廿二史，全在兹，载治乱，知兴衰。读史者，考实录，通古今，若亲目"。通过大概二百字简述了中华民族自三皇五帝到明代的历史。中国几千年的历史是光辉灿烂、五彩缤纷的，也是鱼目混珠、光怪离奇的。人人称赞的禹临终留言"衣衾三领，桐棺三寸，坟高三尺，勿伤农田"，流芳百世；夏桀王"以酒为池，悬肉为林"，遗臭万年；周幽王为讨褒姒一笑而"烽火戏诸侯"，终于国破人亡；春秋五强、战国七雄乱世争霸，各显神通；秦始皇一统江山，梵书坑儒；楚汉相争，项羽最后四面楚歌，乌江自刎；汉武帝采用董仲舒的建议"罢黜百家，独尊儒术"；南唐李后主在狱中兴叹"雕栏玉砌应犹在，只是朱颜改。问君能有几多愁？恰似一江春水向东流"；北魏汉文帝迁都洛阳，推行"胡服骑射"；北齐后主是"一笑相倾国便亡，何劳荆棘始堪伤。小伶玉体横陈夜，已报周师入晋阳"；唐太宗李世民"玄武门之变"夺取皇位，深知"水能载舟、亦能覆舟"，容忍魏征"犯颜直谏"，实现辉煌灿烂的"贞观之治"；唐玄宗李隆基宠爱杨贵妃"在天愿为比翼鸟，在地愿为连理枝"，终究"天长地久有时尽，此恨绵绵无绝期"；后唐太祖李存勖称帝后整日享乐演戏，"方其盛也，举天下之豪杰，莫能与之争；及其衰也，数十伶人困之，而身死国灭，为天下笑"；宋太祖赵匡胤黄袍加身后"杯酒释兵权"；宋太宗赵光义酷爱读书，说"宰相须用读书人""开卷有益"；明太祖朱元璋"高筑墙，广积粮，缓称王"，终成大业。

第三部分，"昔仲尼，师项橐，古圣贤，尚勤学。赵中令，读鲁论，彼既仕，学且勤。披蒲编，削竹简，彼无书，且知勉。头悬梁，锥刺股，彼不教，自勤苦。如囊萤，如映雪，家虽穷，学不辍……勤有功，戏无益，戒之哉，宜勉力"。这部分通过介绍一些生动具体的勤学故事，告诉我们不管是有学问的、身居高位的，还是贫穷的、上不起学的，都以时不我待的紧迫感和自强不息的进取精神在努力学习。古语讲："书山有路勤为径，学海无涯苦作舟。"其实，人生就是一座山，人生就是一片海，我们必须经历过勤苦才会有快乐，才会有成功。本书最后要告诉我们的是"少壮不努力，老大徒伤悲""莫等闲，白了少年头，空悲切"。让我们牢记在心，并努力实践。

初中篇

*Junior High School*

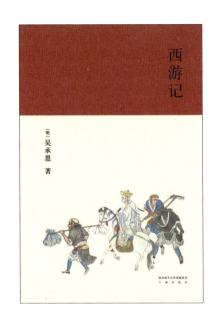

# 西游记

吴承恩 — 著

*千日行善，善犹不足；一日行恶，恶自有余*

　　《西游记》在青少年当中的影响要甚于我国古典四大名著中的其他三部，它魔幻般的魅力吸引无数读者成为其忠实的拥趸。小说通过丰富奇特的艺术构思、妙趣横生的故事情节和幽默诙谐的语言对白，讲述了孙悟空、猪八戒、沙悟净保护唐三藏西天取经，一路降妖伏魔并屡屡化险为夷，最终到达西天、取得真经的故事，以其极具想象力的笔触，将贯穿始终的四个典型人物勾勒得栩栩如生，刻画得入木三分，让"泼猴""严师""憨猪""忠僧"的形象在读者心间始终萦绕。

　　孙悟空是活泼、聪慧、忠勇机智的。仙石崩裂"蹦"出一猴儿，成功闯入水帘洞而成为花果山诸猴的"美猴王"；孙悟空的横空出世很"亮眼"，更"梦幻"，轻巧映衬出他的灵动与活泼。花果山乐享天伦数百年后，孙悟空外出访师问道，拜菩提祖师为师学艺，神通初成后先闯龙宫取得金箍棒，再入地府勾去生死簿，后上天宫大闹金銮殿，并自封为"齐天大圣"。小说颇具层次感的构思和画面感十足的描写让调皮而勇敢、聪慧又任性的孙悟空跃然纸上，他在读者心目中的崇高形象在此时达到了顶峰。后与如来斗法失败，被压五行山下，五百年后经观世音菩萨指点被唐僧救出，拜其为师并踏上西天取经路。从曾经逍遥自在的"美猴王"到此时遁入空门的"孙行者"，孙悟空的"人生"翻开了新的篇章。西天取经路途漫漫，种种妖魔鬼怪，处处艰难险阻，有过被神仙莫名的刁难，有过对妖怪的束手无策，有过被误解后的逐出师门……但始终未曾动摇孙悟空保护师父的赤诚忠心和惩恶扬善的内心初衷。"三打白骨精""车迟国斗法""女儿国遇难""智取红孩儿""三借芭蕉扇"……经历九九八十一难，终于到达西天，取得真经，修成正果。作为小说的主人公，孙悟空始终以"活泼、聪慧、忠勇"的形象示人，闪耀着灵动的风采，凝聚着自由的灵魂，俨然是读者心目中英雄的不二选择。

唐三藏是仁慈、执着、严守信念的。唐僧西去取经原是一个真实的历史事件。唐太宗贞观年间，僧人玄奘前往天竺国取经，历时17年，途经百余国，克服千难万险，终于取回真经，对我国佛教文化的发展产生了深远影响。《西游记》中，作者对唐僧坚忍的性格、超凡的毅力和朴素的品格进行了再刻画，为读者重现了千年以前佛界圣人的超凡形象。小说中的唐僧是一位严格的师父，时常教导徒弟要以慈悲为怀，对犯错的徒弟必加严惩，如"三打白骨精"中，将连伤"良家三人性命"的孙悟空逐出师门；他又是一位慈悲的僧人，心地善良，乐善好施，取经路上时时为人们排忧解难，处处播撒善良的种子；他更是一位坚韧的学者，为求真经，不辞千辛万苦，不惧千难万险，不为财色迷惑，不被死亡征服，其坚强的意志和执着的精神着实令人叹服。

猪八戒是功利、懒惰、憨厚率直的。曾经执掌天河水军的天蓬元帅，被贬下凡错投猪胎，后被悟空降服，共保唐僧西天取经，由"仙"到"妖"再到"僧"，这就是猪八戒的"人生轨迹"。《西游记》中关于猪八戒的描写基本集中在取经路上，囫囵吞吃人参果，探妖路上打瞌睡，遇到困难想散伙，见到女色笑开花，碰到妖怪喊猴哥，贪吃、嗜睡、懒惰、好色、胆小，几乎成为贴在猪八戒脸上的标签，让人可气又可笑。虽然本领不算神通广大，但是猪八戒也有他本事的一面，且看他在"智取芭蕉扇""四探无底洞""大战盘丝洞"等章节中的表现，绝对是孙悟空降妖伏魔的得力帮手。对师父的忠心不二，对悟空的言听计从，对妖怪的深恶痛绝，如此种种，也反映出猪八戒憨厚的内心和率真的本性。整部小说中，猪八戒始终是一个颇具戏剧性的人物，优点不多，缺点不少，但所言所行中透露出的憨厚老实却更富人情味，给读者留下了深刻的印象，让人觉得他可亲又可爱。

沙悟净是忠诚、勤恳、任劳任怨的。沙悟净的经历和猪八戒颇为相似，也是由"神"到"妖"再到"僧"，曾经是天宫中的卷帘大将，因惹怒王母被贬入人间，在流沙河占河为妖，后被唐僧师徒收服。取经路上的沙悟净，肩挑千里重担，毫无半句怨言；师兄间产生冲突，居中调停和解；师父遇难之时，誓死挺身而出。没有孙悟空的灵动，也不如猪八戒圆滑，平素少言寡语的沙悟净，为人忠厚老实、忠心耿耿，处事任劳任怨、勤勤恳恳，是唐僧西天取经路上的忠诚卫士。《西游记》中沙悟净戏分不算多，但作者通过巧妙的角色安排，让他成为师徒四人关系的"平衡器"，说到孙悟空你会想到"闹"，提起猪八戒你会想起"逗"，而说起沙悟净你能想到的必然是"忠"和"稳"。

《西游记》本身或许没有过于深刻的思想魅力和哲学意义，但它"幻"的情节构思和"趣"的人物设计，为读者展现了异于眼前的另外一个世界，你可能被人物所吸引，或许被情节所感动，抑或被语言所感染，也许被思想所触动……总之，你定会有别样的收获。

# 三国演义

### 罗贯中 — 著

*谋事在人，成事在天！不可强也！*

　　《三国演义》作为我国长篇章回体历史小说的开山之作，以其取舍精当的选材构思，引人入胜的情节设计，惟妙惟肖的人物刻画，再现了从东汉末年至西晋初年几十年间的历史风云，其文学价值颇受推崇，艺术影响深远流长。"滚滚长江东逝水，浪花淘尽英雄……一壶浊酒喜相逢，古今多少事，都付笑谈中。"小说以一首《临江仙·滚滚长江东逝水》开始，通过"七分史实而三分虚构"的叙事手法，顺沿历史脉络叙写故事和塑造人物，讲述了三国盛衰的历史进程，揭示了乱世争雄的尔虞我诈，展现了英雄人物的叱咤风云，为读者呈现出一幅波澜壮阔、跌宕起伏、精彩壮美的历史画卷。

　　《三国演义》叙写了"三分天下，鼎足而立"的磅礴历史。小说依据正史而博采传说，其整体架构、情节构思、人物设计均围绕"三国史实"这一主线展开。东汉末年，桓、灵二帝宠信宦官，导致朝纲大乱，政治腐败，黄巾军揭竿而起，四方州牧趁机割据。黄巾起义被镇压后，董卓权倾朝野，袁绍率天下诸侯联合讨伐，后来董卓败亡，天下大乱。建安元年，曹操劫持汉献帝到许昌，挟天子以令诸侯，白门楼诛吕布，官渡之战破袁绍，逐鹿中原十一载，终于一统北方。赤壁之战，吴蜀联合抗魏，火烧连环大破曹军，刘备借机取蜀地，魏蜀吴三国鼎足而立。三分天下后的几十年间，三国间战事不断，各显神通，互有胜负，后来诸葛亮病逝于五丈原，司马炎废魏国皇帝而自立，魏蜀吴统一于晋，三足鼎立终于宣告终结。

《三国演义》讲述了耳熟能详的历史故事。小说通过描写三国时代政治集团的风云际会和英雄人物的丰功伟绩，将三国历史演绎得生动而又深刻，其中的故事内容更为精彩，历史典故广为流传。刘备、关羽、张飞为"上报国家，下安黎庶"，共同发誓"不求同年同月同日生，只愿同年同月同日死"，桃园三结义；曹操宴请刘备，煮酒论英雄，说"今天下英雄，惟使君与操耳"！吓得刘备落"匙箸"于地，以惧雷巧饰才使曹操消除疑虑；关羽为寻故主，"降汉不降操"，"过五关斩六将"，千里走单骑；诸葛亮舌战群儒，说服孙权"即日商议起兵，共灭曹操"；鲁肃协助孔明草船借箭，周瑜慨然叹曰："孔明神机妙算，吾不如也。"此外，《三国演义》中被奉为典故的历史故事还有不少，部分甚至已为成语或俗语，如：火烧赤壁，单刀赴会，借东风，空城计，周瑜打黄盖，挥泪斩马谡等。

《三国演义》塑造了家喻户晓的英雄人物。小说在讲述历史故事的同时，更是着墨于人物形象的塑造，无论是叱咤风云的各方霸主、运筹帷幄的能人志士，还是驰骋疆场的盖世英雄，个个性格鲜明、形象生动。

"仁"之刘备。刘备早年以"贩屦织席"为业，后与关羽、张飞结为异性兄弟，三顾茅庐请诸葛亮为军师，占荆州，取益州，得汉中，建立蜀汉。刘备是施行"王道""仁政"的代表，崇尚忠义，弘毅宽厚，胸怀天下而尽忠守义，仁德待民且尊贤礼士，思贤若渴又知人善任，被黎民百姓奉为"明君"，为能人志士尊为"贤主"。

"智"之孔明。诸葛亮先前隐居隆中，后感于刘备知遇之恩，一生追随，事必躬亲，为蜀国大业建立了不朽功勋。诸葛亮是"智慧"的化身，舌战群儒、草船借箭、七擒孟获等，无不凸现他经天纬地、运筹帷幄的超群智慧。诸葛亮更是"忠贞"的代表，为报"三顾茅庐"和"临终托孤"之恩，他"亲理细事，汗流终日"，以致"鞠躬尽瘁，死而后已"，其谦逊谨慎、忠贞不渝的品质深深影响着后世众人。

"勇"之关羽。在众多战将当中，关羽出类拔萃的气概最为突出。"温酒斩华雄""诛颜良斩文丑"表现他万人莫敌的"勇武"；"单刀赴会""刮骨疗毒"描写他凛然不可犯的"神威"；寻故主千里走单骑，报旧恩华容道义释曹操，更显其"报主之志坚"和"酬恩之义重"，其"义不负心，忠不顾死"的品格始终为后人所敬仰。

"柔"之孙权。孙权"紫髯碧眼"的相貌格外卓尔不群，但其非凡的政治才华更是令人侧目。他18岁继承东吴基业，颇具赏人之鉴和用人之明，确保江东雄踞于天下。赤壁之战，合兵刘备大破曹军，其英武果敢和超凡胆略一时无人左右。曹丕称帝，孙权谋大势而称臣于魏，其能屈能伸之气度更显其过人的政治谋略。孙权之雄才伟略，连曹操都得说一句"生子当如孙仲谋"。

"奸"之曹操。曹操被公认为"治世之能臣，乱世之奸雄"。他破黄巾、擒吕布、灭袁绍、收袁术、除马腾，一统北方，其政治军事才能毋庸置疑。身为"建安七子"之一，曹操还有不少传世佳作，其中以《观沧海》《短歌行》《龟虽寿》尤为著名。曹操更是一代"奸雄"的代表，虽有雄才伟略，但多疑、残忍、奸诈、自私，其"宁教我负天下人，休教天下人负我"的人生哲学终不被世人所认可，"名为汉相，实为汉贼"的骂名更是背负一生。

除此之外，《三国演义》还塑造了众多栩栩如生的人物，如刚烈之张飞，勇猛之赵云，残暴之董卓，见利忘义之吕布，老奸巨猾之司马懿等，个个都给读者留下深刻的印象。

# 数理化通俗演义

梁衡 — 著

*在那高高的天空，茫茫的星河，无边的大地，到底有多少奥秘？这世界上万物的变化有没有个规律？人们既然提出了问题，自然会找见答案的*

以前有句名言："学好数理化，走遍天下都不怕。"这也是许多崇尚科技、望子成龙的家长对子女的教导。然而，对不少学生而言，他们对数理化兴趣不大，觉得比较枯燥。如何将一些对普通人而言高深的数理化理论、公式用浅显易懂的语言表述清楚，让青少年感兴趣？这是一个很大的挑战。然而，梁衡的这本《数理化通俗演义》做到了。用中国科学院院长白春礼同志的话说，便是："这本书，以栩栩如生的事例、深入浅出的语言、旁征博引的叙述、章回小说的体裁，为读者提供了一部难得的科普读物，为枯燥的数理化知识包上了'一层薄薄的糖衣'。"这本书的成功，大家有目共睹。从1984年初版至今，已再版36次，荣获中国科普作品一等奖，为中央文明办、民政部、新闻出版总署、国家广电总局联合推荐的优秀科普读物。

公元前四世纪的时候，屈原就在湘江边发问："遂古之初，谁传道之！上下未形，何由考之？……"那高高的天空，茫茫的星河，无边的大地，到底有多少奥秘？这世界上万物的变化有没有规律？为此，许多东方和西方的学者从各个方面不断探寻着客观世界的本质。可谓是"路漫漫其修远兮，吾将上下而求索"。

在这个求索过程中，可以看到，实践产生理论，理论指导实践，并又进一步在实践中检验真理。从古代科学发展至近代科学，科学发现的轨迹是这样的：当人们对世界还一无所知时，便有屈原、泰勒斯、毕达哥拉斯、德谟克里特等先知们从宏观的哲学角度提出世界是什么，然后就是不计其数的科学家一点一点去探寻和求证。试想第谷观星、伽利略研究运动、戴维找元素、法拉第找电和磁，就如探险家深山探宝一样，没有任何明确的目标，全靠辛苦且不懈地摸索。但是在实践一段后，各学科相继都产生了理论，比如开普勒的三定律、牛顿的万有引力、麦克斯韦的电磁理论和门捷列夫的元素周期律等。有了这些理论的指导，科学家手里就有了一张"藏宝图"，以后的探宝活动就不那么盲目了。勒维烈坐在家里就推算出海王星的存在，门捷列夫足不出户就推算出十几个未知元素，然后再由天文台，由实验室一一证实。理论显示出非常强大的指导作用。

看到一名名科学家功成名就，他们的成就如天上的星星一样煜煜生辉，大家可能很欣赏、很羡慕，但是科学研究之路并不平坦。要在科研的道路上有所突破，需要做到以下几点：

第一，要有不怕牺牲、甘于奉献的精神。在古代，当人们对社会、自然的认识还很模糊的时候，科学、政治、宗教、派系等，也都混混沌沌搅在一起，就像一块似明不明的毛玻璃，人们就借这块毛玻璃观察世界。用占卜迷信认识自然，用宗教统一思想，用政治、派系，甚至个人感情对待学术，等等。所以科学这棵幼苗是在愚昧、迷信、无知、专制的混沌状态下艰难生长的，当然就少不了许多牺牲。因此一部科学史绝不只是一本公式、定理、符号的记录，不只是人与自然的斗争史，它同时也是人类内部不同思想和代表这些不同思想的人的斗争史。在发明、发现的光环背后，演绎的是波澜壮阔，惊心动魄和血泪斑斑。比如，希帕索斯由于否定了老师毕达哥拉斯的观点，提出了"无理数"的概念，从而被同伴们扔到海里淹死；布鲁诺由于否定了教会的"地心说"，坚持宣扬哥白尼的日心说，从而在十字架上被教会活活烧死等。到了近代，科学家不会被处死了。可是但凡有志于从事自然科学研究的人，都要准备将自己短暂的一生全部投入到无限的事业中去，需要彻底的无私。所以开普勒在发现了天体运行规律后说："大事告成，书已写出，甚至可能要等一个世纪才有读者，这我就管不着了。"爱因斯坦在完成了广义相对论的论文后说："我死不死无关紧要，广义相对论已经问世了，这才是真正重要的。"他们甘为事业捐躯的心怀多么坦然。只要有了这一点便无坚不可摧，无峰不可攀。

第二，要有不怕吃苦、认真工作的态度。天地有奥秘，却将其藏于深山，封于绝壁，以虎豹断其路，以荆棘塞其途，风沙漫漫，雨雪凄凄，只有那些大智大勇，能吃大苦，不以眼前之苦为苦，而以拼搏胜利之乐，刻苦认真工作的人，才有权利、有机会得到这奥秘。为此达尔文才甘冒风浪之险，环球5年，去寻觅物种起源的根据，终于提出了"进化论"；为此居里夫人才不避烟火，炼镭8年，去寻找放射性物质的踪迹，终于两次获得诺贝尔奖；为此赫歇尔才不惮其苦地观察记录了10万多颗恒星，终于弄清了银河系的结构；为此卢瑟福才不厌其烦地分析了2.5万张基本粒子的照片，终于从6张照片中找到了人工转变元素的根据。人们为对付自然假象的蒙蔽，克服主观与客观间的误差，最有效的武器莫过于"认真"二字。因此，在知识学习和科学研究中，最不能原谅的就是认真的对立面——"马虎"。

第三，要有不怕困难、科学研究的方法。找到规律并不容易，但世界上的事物都是互相联系的，而这种联系常常表现为它们之间的各种相似，抓住这个相似点也就抓住了它们的纽带，伟大的发现常常由此而得。阿基米德身在澡盆里由物落水溢而悟出浮力定律；牛顿见苹果落地而推及地球与苹果相互吸引，终于发现"万有引力"定律；富兰克林由毛皮摩擦的电火花而想到雷鸣电闪，因此探得电的本质；波义耳因酸雾使紫罗兰变成褐色便反向联想到以此来检验酸碱，竟发现了化学试剂。善于发现物与物之间的相似性，善于由这种相似现象进而探究其内在的联系，这是科学研究的一种重要方法。犹如进瓜地而先理其藤，藤在手则瓜无所漏；入宫寻宝而先寻其路，路既通则宝无所遗，新的发现就会层出不穷。

# 老人与海

[美] 厄尼斯特·海明威 — 著

李继宏 — 译

我跟你奉陪到死，因为当渔夫正是我生来该干的行当

这本书的作者海明威自认为："这是我这一辈子所能写的最好的一部作品，可以作为我全部创作的尾声，作为我写作、生活中已经学到或者想学的那一切的尾声。"果然，凭借这本书，海明威获得了1954年的诺贝尔文学奖。并且，这本书也确实是他1961年自杀之前最后的比较重要的作品。

这本书比较薄，主要讲述了老渔夫圣地亚哥捕一条大鱼的故事，尽管他一开始处于不利的地位，84天没捕到鱼，认为"倒了血霉"，而别的渔夫都把他看作失败者，他"消瘦而憔悴"，手上有"刻得很深的伤疤"，没钱买食品，得靠一个要好的孩子救济，然而他的英勇正在于知其不可而为之，在第85天决心"驶向远方"去钓大鱼。

果然功夫不负有心人，老渔夫终于钓上了一条大马林鱼。但是，这条大鱼的力量明显比他强。老渔夫毫不气馁，坚决与大鱼战斗到底。"我跟你奉陪到死，因为当渔夫正是我生来该干的行当。"一个人与鱼斗争的过程是非常孤单的，老渔夫只好自找其乐。当感觉孤单的时候，看见雄浑的海水深处的彩虹七色、面前伸展着的钓索和那平静的海面上奇妙的波动，也就不那么寂寞了。和鱼斗到了第三天，他已有两次感到头昏目眩，"我不能让自己垮下去，就这样死在一条鱼的手里，既然我已经叫它这样漂亮地过来了，求天主帮助我熬下去吧"。

　　经过三天三夜的争斗，他终于将大马林鱼杀死。但是马林鱼太大了，小船根本装不下，只好将鱼在海里拖着走，鱼的血腥味吸引了一群鲨鱼的攻击。他说："人不是为失败而生的，一个人可以被毁灭，但不能给打败。"于是，他用一切个人手段来反击。刚开始用鱼叉搏斗，鱼叉被鲨鱼带走了，他把小刀绑在桨把上乱扎。刀子折断了，他用短棍。短棍也丢掉了，他用舵把来打。尽管鱼肉不断被鲨鱼咬去，但什么也无法摧残他的英勇意志，他一直奋斗到底。可怜的老人最后回港时，大马林鱼只剩下鱼头鱼尾和一条脊骨。

　　这是一本很著名的励志小说，就如同《致加西亚的一封信》一样，老渔夫相信自己，坚持不懈，好不容易钓上一条这么大的马林鱼，遇到再大的困难也要克服，最终把鱼抓住。对于学生来讲，主要职责是学习，有时很枯燥，很单调，很无聊，还会遇到不少困难，此时要向书中的老渔夫学习，拥有坚忍不拔的毅力和克服困难的信心，"书山有路勤为径，学海无涯苦作舟"，能吃苦，善思考，勤总结，想尽一切办法来培养对学习的兴趣，提升学习的效率，就会取得更加优异的学习成绩。

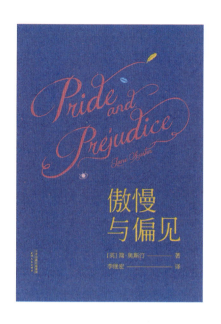

# 傲慢与偏见

[英] 简·奥斯汀 — 著

李继宏 — 译

*骄傲让别人无法来爱我，偏见让我无法去爱别人*

　　《傲慢与偏见》是英国女小说家简·奥斯汀的代表作。作者以无比细腻、优雅的手法描述了小乡绅本尼特有五个待字闺中的千金，本尼特太太整天操心着为女儿物色称心如意的丈夫，重点讲述了乡绅之女伊丽莎白·本尼特的爱情故事。这部作品以日常生活为素材，以反当时社会上流行的感伤小说的内容和矫揉造作的写作方法，生动地反映了18世纪末到19世纪初处于保守和闭塞状态下英国乡镇中人们的生活和世态人情。故事非常精彩，引人入胜，虽然跨越了200多年，现在依然吸引着国内外众多读者的欣赏与讨论，并且多次被改编成电影和电视剧。

　　故事中的男主人公——达希先生，出现在好友宾格利举行的一次舞会上。他不仅长得英俊，而且也很富有；但同时他也很无礼、傲慢，他对舞会上的任何一位女士都没有好感，还让女主人公伊丽莎白受到了他的怠慢。然而达希先生慢慢发现伊丽莎白机敏聪慧，谈吐不凡，并且对她产生了爱慕之情。但是由于看不起她的家人，极度克制自己的感情，没有向伊丽莎白求婚。然而情感的力量是无穷的，达希先生终于凭着对伊丽莎白强烈的爱，克服了家庭、地位的障碍，向她表明了心意。

伊丽莎白是本尼特姐妹中排行第二，也是本故事的女主人公，她不仅美貌出众，而且聪明过人。在舞会上受到达希先生的怠慢后，她的自尊心受到伤害。达希先生傲慢无礼的样子和周边人的闲言碎语，让伊丽莎白对他产生了很深的偏见，当达希先生向伊丽莎白求婚时，伊丽莎白拒绝了他。

然而，伊丽莎白曾对达希说过："我们的性情非常相似，我们都不爱交际，沉默寡言，不愿开口，除非我们说出的话会语惊四座，像格言一样具有光彩，流传千古。"就是因为这思想上的一致，才使得他们在恋爱和婚姻上百般受到阻碍时，能够不断推进。同时也是因为伊丽莎白的聪敏机智，有胆识，有远见，有很强的自尊心，并善于思考问题，才使她在爱情问题上有独立的主见，能够去除偏见，让达希先生克服傲慢，最终两个人组成美满的家庭。

《傲慢与偏见》并非大气磅礴，却精雕细琢；不算深刻广袤，却温馨动人。书中始终洋溢着一种女性视角下的安详、静谧、和谐、秩序的氛围，是一部需要你用理智与情感双管齐下去品味的佳作。

# 简·爱

[英] 夏洛蒂·勃朗特 — 著

黄源深 — 译

*我认为自己无比幸福——幸福得难以言传，因为我完全是丈夫的生命，他也完全是我的生命*

　　这部小说从1847年问世至今，虽然已有170年历史了，但时间的尘埃丝毫遮没不了它耀眼的光芒。女主人公简·爱虽然出身低微、长相一般、遭受磨难，但始终坚持维护独立人格，追求个性自由，不向命运低头。最后，在自己的努力下，和自己心目中的"白马王子"罗切斯特，有情人终成眷属，过上了幸福美满的生活。

　　简·爱从小父母双亡，寄养在舅舅家，可惜舅舅又死得早。舅妈的嫌弃、表姐的蔑视、表兄的侮辱与毒打，以及势利的用人们的为虎作伥，这些都没有使她屈服。相反，她以弱小的身躯，做出了令对手们胆战心惊的抗争。有一次，当她的头被表兄打出血后，她发疯似的与他对打起来。作为惩罚，简·爱被关进了冷冰冰的、令人毛骨悚然的"红房子"中，更大的惩罚是，她被逐出了舅妈家，送到半慈善性质的罗沃德寄宿学校。

可怜的简·爱在罗沃德寄宿学校的生活，也是以肉体上的受罚和心灵上的被摧残开始的。学校的创办者罗克赫斯特不但当着全校师生的面诋毁她，说她行为恶劣，忘恩负义，而且把她置于耻辱台上示众。但她从同样受辱的海伦那里获得了一种内在力量，变得格外坚强。同时，她在老师坦普尔小姐的帮助下，澄清了罗克赫斯特的诬陷，证明了自己的清白。简·爱就像一棵顶风冒雪的小树，不屈不挠地成长起来。她不断奋发进取，在学习上飞速进步，终于一跃而成为班上的第一名。在学校读了六年书后，她又被授予教师职务，满腔热情地干了两年。

简·爱在学校待了八年后，对学校的规定、任务、习俗、礼仪、语言、服饰、价值观等常规教学，突然感到厌倦。她憧憬自由，渴望自由，向往新的生活。于是就在报纸上刊登了一个广告，想当家庭教师。结果没多久就收到了请她当家庭教师的信。

简·爱来到了桑菲尔德府，做了不满10岁的小姑娘阿黛勒的家庭教师。她真诚地关心阿黛勒的幸福和进步，默默地喜欢这个小家伙。然而，当她见到桑菲尔德府的主人罗切斯特时，被他焕发着天生的精力的外表和内心真正的力量所吸引，其他人所显示出的风流倜傥、恬淡文雅和英武出众，都跟他没法比。同时，罗切斯特也被简·爱的娇美、温柔、独特的气质所吸引。

虽然两个人的地位相差太悬殊，一个是有钱的雇主和老爷，一个是并不比仆人好多少的家庭教师，但简·爱从来认为他们是平等的，所以敢于对着罗切斯特说："难道就因为我一贫如洗、默默无闻、长相平庸、个子瘦小，就没有灵魂，没有心肠了？……我的心灵跟你一样充实！……我不是根据习俗、规矩，甚至也不是以血肉之躯同你说话，而是我的灵魂同你的灵魂在对话，就仿佛我们两人穿过坟墓，站在上帝脚下，彼此平等——本来就如此！"当罗切斯特问她还需要什么时，她立刻回答："你的尊重。而我也报之以我的尊重，这样这笔债就两清了。"

的确，简·爱身上有一种不可战胜的内在人格力量，她正直、高尚、纯洁，心灵没有受到世俗社会的污染。她不贪图钱财，在罗切斯特面前，她显得分外高大，以至于在精神上两者的位置正好颠倒了过来，也使罗切斯特自惭形秽，同时对她肃然起敬，并更加地爱她。正因为罗切斯特无视世俗的樊篱，跨越阶级的鸿沟，真心地爱着她，她才真正接受了他的爱，并同意与他结婚。但一旦发现罗切斯特已婚，而且家里有结发妻子，简·爱出于自尊自重，不顾罗切斯特再三挽留和恳求，毫不犹豫地离她的心上人而去。她的爱情观不掺和杂念，她不做金钱的奴隶，不做他人的附庸。

没带多少钱出来的简·爱搭着马车茫然地走着，在惠特克劳斯慌忙下车时，又把包裹忘在了车上。处于饥寒交迫之中的简·爱又碰上大雨，可怜的她晕倒在一户人家门口。幸好热情的三兄妹救助了她，并帮她在村子里找到了一份教孩子的工作。此时，简·爱的好运终于来到。她远方的叔叔生前给她留下了2万英镑的财产，后来她又发现救助她的三兄妹，还是她的表哥表姐。欣喜的简·爱并没有独吞财产，她将之与表哥表姐平分，每人5千英镑。表哥既有才华，又有抱负，他要去印度传教，想让简·爱陪他去并嫁给他。但简·爱认为："仅以这样的身份依附他，我常常会感到痛苦，我的肉体将会置于紧紧的枷锁之中……""……做他的妻子……永远受到束缚，永远需要克制……这简直难以忍受"，她终于毅然拒绝了表哥的求婚，她觉得自由高于一切。

你也许以为在地点和命运的变迁中，简·爱已经忘掉了罗切斯特。其实没有。无论她走到哪里，她都渴望知道他的情况。每当她走进自己的卧室，就会陷入对他的沉思默想中。她尝试着给桑菲尔德府写信，可两次去信都石沉大海，一点儿回音都没有。终于，她决定亲自回去看一看。结果，当她得知罗切斯特在大火中为拯救发疯的妻子而不幸双目失明，躯体严重残疾、丧失独立生活能力同时又妻亡财毁时，她便毫不犹豫、以全身心的爱投入了曾被她断然拒绝的罗切斯特的怀抱。他们终于过上了幸福美满的生活。

若问人间何为真爱，这就是真正的爱！

# 德兰修女传
## ——在爱中行走

华姿—著

*我们常常无法做伟大的事，但我们可以用伟大的爱去做些小事*

    1979年12月10日，在挪威首都奥斯陆的一个大礼堂里，诺贝尔和平奖的颁奖典礼正在进行，在人们热切的期待中，一位矮小瘦弱的老妇人，激动而安详地走上了这个令全世界瞩目的领奖台。她是那样的瘦小，以至于她开始领奖演说时，人们努力抬头，也只能看到她那张苍老的皱纹纵横的脸。但她庄严的讲话，是那样质朴，却又那样美妙，深深地感动了在场的每一个人。

    她说："事实上，这项荣誉，我个人不配领受。但我愿意代替世界上所有的穷人、病人和孤独的人，来接受这项资金。因为我相信，你们是愿意借着颁奖给我，而承认穷人也有尊严，也有在这个世界上生存的权利。"

她就是——德兰修女！

德兰修女，又称特蕾莎修女或特丽莎修女，创建了仁爱传教修女会和兄弟会，在127个国家和地区有600多所分院，拥有7000多名修女修士，还有数不清的追随者和义工。在这本书中，你将看到德兰修女对需要帮助的人所付出的全部的爱，她通过设立临终关怀院、儿童之家、麻风病收留中心和艾滋病人之家等方式，给穷人和病人以充分的尊重和爱，使他们被她那美丽的光芒所温暖和照亮。整本书，你将会被她浓浓的无私的爱和奉献所感动！

她就像一位先知被派到这个世界上来，告诉我们真正的"福音"是什么，真正的"爱"是什么。她更用具体的行动，提醒我们：上帝如何殷切地盼望着我们能够相互了解，彼此相爱。而我们生来就是要爱人，同时被人所爱的，这就像草要绿，花要开一样，都是非常自然的事。

德兰修女虽然获得了很多的荣誉，显赫的名声，世界各地有无数的人敬仰她，把她看成"活圣人"，但她仍然像从前一样默默地工作着。她认为，既然选择了贫穷和服侍穷人，那么，无论外界看待她的眼光如何变化，她都要忠于她的选择。从她怎么度过一天，就可以看出她心中的爱、生活的俭朴和人生的奋斗。

早上4点半，她起床，先做默想和晨祷，6点钟参加清晨弥撒，然后做杂务——有时是打扫院子，有时是清理厕所。7点半吃早餐，8点钟开始服务工作——有时去麻风病院照顾病人，有时去安息之家服侍和安慰垂死者，或者去育婴之家照料孩子，或者去贫民区帮助穷人，或者到医院、学校查看。每一天她都会去不同的处所服务。对她而言，只要是对人有帮助的事，就没一件是卑下的。

中午，午饭后休息半小时。

下午，参加一小时的集体祈祷，然后读《圣经》，或其他神修著作，接下来处理修会里的杂务。有时候，修会里来了很多客人，急切地等着见她。她没有会客室，就站在教堂外的走廊里和客人说话。

晚上，晚饭后半小时做杂务，然后参加集体敬拜圣体的仪式，最后以集体晚祷结束一天。夜里10点钟，修女们就寝之后，她还必须在那间只有一桌一椅的斗室里继续工作——有许多来自世界各地的信件等着她处理，她必须持续工作到深夜。

再来分享两个小故事，让你更好地了解德兰修女。

1980年6月，有一个仰慕她的西班牙青年，经过长途航行来到了印度，但修女们告诉他德兰修女刚刚去了孟买，于是他马不停蹄地赶往孟买。等青年到达孟买时，孟买的修女又跟他说德兰修女启程去了马德里。青年立刻买了一张机票飞往马德里。等他回到马德里时，又听说德兰修女去了来嘉奈。然而青年拜见德兰修女的渴望是那么强烈，他一分钟也没有耽搁，又紧跟着来到了来嘉奈。

还好，这一次他总算没有白跑，一个修女告诉他，德兰修女正在后院工作。于是青年欣喜若狂地往后院走去。因为激动，还有些紧张，他的心跳明显加快。但是，当这个崇拜德兰修女的青年走进修会的后院时，他看到了什么呢？他看到一个瘦小的老太婆，正在手把手地教几个小修女晾晒衣服。她把绳子拉长、绷直、固定，再把衣服一件一件晾上去。她对小修女们说，如果不把绳子固定在一个适当的地方和适当的高度，房屋的阴影就会妨碍晒干衣服。

青年惊讶得连话都说不出来，原来修女所说的工作竟然就是晾衣服。事后，这个青年对他的朋友说："真是令人惊讶，一个诺贝尔和平奖的获得者，一个圣人，居然在晾衣服。"

而在加尔各答，人们甚至常常看到这个享有盛名的老修女，坐在货车车厢高如山包的面粉袋上左摇右晃。许多人不理解她为什么要如此奔波劳碌，但德兰修女说，如果不押送，这些送给穷人的面粉，就有可能被偷走许多。然而，最重要的是，她并不觉得这是辛苦或劳碌，她也不觉得这是在浪费时间，因为她正好可以利用那段时间来祈祷和默想。

在我们看来，德兰修女无疑是20世纪最伟大的女性之一，是一个圣人，但她却谦卑地说："我只是一支铅笔——只是一件小小的工具。"

# 从一到无穷大

[美] G.伽莫夫 — 著

暴永宁 — 译

*重力现象仅仅是四维时空世界的弯曲所产生的效应。太阳的质量弯曲了周围的时空世界，行星的世界线正是它们通过弯曲空间的短程线*

　　有这么一个著名的故事：古代印度的舍罕王要重赏国际象棋的发明人和进贡者——宰相西萨·班达依尔。这位聪明大臣的胃口看来并不大，他跪在国王面前说："陛下，请您在这张棋盘的第一个小格内，赏给我一粒麦子；在第二个小格内给两粒；第三格内给四粒；照这样下去，每一小格都比前一小格加一倍。陛下啊，把这样摆满棋盘上所有64格的麦粒，都赏给您的仆人吧！"

　　"爱卿，你所求的并不多啊。"国王说道，心里为自己对这样一件奇妙的发明所许下的慷慨赏诺不致破费太多而暗喜。"你当然会如愿以偿的。"说着，国王下令把一袋麦子拿到宝座前，开始摆放麦子。可还没到第二十格，袋子已经空了。一袋又一袋的麦子被扛到国王面前。但是，麦粒数一格接一格地翻倍增长，即使把全印度的粮食拿来，也兑现不了国王许下的诺言，因为这需要有18446744073709551615颗麦粒！这竟然是全世界在2000年内所生产的全部小麦！

这就是本书中讲到的一个经典例子，让你对数的无穷大有个直观的感觉。

《从一到无穷大》是伽莫夫最著名的代表作。伽莫夫是俄裔美籍科学家，在原子核物理学和宇宙学方面成就斐然，是科普界的一代宗师。这本书享誉全球，启迪了无数年轻人的科学梦想，一直畅销不衰。被公认为世界顶级的科普作品。

书中主要有四部分内容，先介绍了一些基本的数学知识，做做数学游戏，然后用一些有趣的比喻阐述了爱因斯坦的相对论和四维时空结构，并讨论了人类在认识微观世界（如基本粒子、基因等）和宏观世界（如太阳系、星系等）方面的成就。作者不仅用通俗的语言，并配以生动的图画，对科学概念进行准确的描述，使科学知识妙趣横生，让人在恍然大悟和莞尔一笑中意犹未尽地领略科学的魅力。此外，作者还向读者传达一种精神，一种思考的方法，能带给读者一种独特的视角，以及一种科学的品位，一种人文的观念。

这本很有个性与特色的书，与其他常见的按主题分类来写作的科普著作不同，作者完全是一种大家的写作风格，把数学、物理乃至生物学的许多内容有机地融合起来，仿佛是想说什么就写什么，将叙述的内容信手拈来。事实上，仔细思考，就会感觉到各部分内容之间内在的紧密联系。

看到第一部分对数的组成系统有了基本的认识，有了虚实的概念，便进入了第二部分。了解我们感官感知的这个世界是由点、线、面组成的，所有的实际物体都是四维的：三维属于空间，一维属于时间。比如，你所住的房屋就是在长度、宽度、高度和时间上伸展的。作者为我们的认识增加了一个"时间"概念后，世界的一切都为之动了起来，我们不再是静止的，在一个时空点去观察世界的一个片段，会更深刻地体会这一个变化运动的世界。然后再了解时间和空间的相互转变、弯曲空间和重力之谜。

第三部分是微观世界。我们要知道这个世界到底是由什么组成的，有没有一个不可分割的"原子"存在，答案在一段时间内是肯定的，但随着科技水平的不断提高，人们的认识不断深化，知道原子是由原子核和电子组成的，原子核又是由质子和中子组成的，通过对原子核的撞击，可以产生裂变。在微观世界中，作者还为我们揭示了生命之谜，分析了遗传和基因的传承和突变。

第四部分是宏观世界。作者为我们勾画了一个足以令人震撼的、现在可知的宇宙。由一大群星星所组成的银河系，它最显著的一个性质，就是它也和我们这个太阳系一样，处于迅速的旋转状态中。就像水星、地球、木星和其他行星沿着近于圆形的轨道绕太阳运行一样，组成银河的几百亿颗星也绕着所谓银心转动。如果把行星系统比作由太阳统治着的封建帝国，那么，银河系就像是一个民主国家，有一些星星占据了有影响的中心位置，其他星星则只好屈尊于外围的卑下的社会地位。对于宇宙是否有限，现在还不能确定，需要科学家进一步努力去探索和证实。

也许，你就是将来可以做出突出贡献的科学家！不过，在有宏伟理想的同时，更需要脚踏实地，认认真真先把这本书读完。

# 万物生光辉

[英] 吉米·哈利 — 著

余国芳 谢瑶玲 — 译

> 将刚出生的小公牛拖到它妈妈面前，它妈妈马上从头到脚，从脚到头，热诚无比地舔遍小牛的全身，真是百看不厌的场面，也是我干兽医这行最值得的一件事，真希望所有的生产都有这样圆满的结局

"阳春布德泽，万物生光辉。"这是汉乐府《长歌行》中的一句著名诗句。这里介绍的吉米·哈利的第五部"万物"系列作品，就是以《万物生光辉》为名的。让我们尽情领略来自吉米笔下最为纯正的光辉力量吧。"感受最纯真的幽默，邂逅最可爱的动物"，全书以此为核心，通过诸多小故事描绘着一片纯净之下的万物光辉！

吉米是一个有趣的英国男人，曾经获得大英帝国勋章，受到英国女王共进午餐的邀请，写过荣登《纽约时报》榜首的系列畅销书，可是，他却坚持在乡间从事兽医工作50余年。这本书是作者从兽医的视角，凭借细致入微的观察能力，刻画深入的描述手法，以及风趣生动的语言风格，将他的人生感受以文字的形式展现出来。爽朗热情的糖果店主人贺菲先生和他的招财猫，喋喋不休的"拖延症"裁缝班洛和他忠诚的大狗，将吉米奉若神明的道森先生，非常怕狗如命的马蹄铁专家丹尼先生，特立独行、令人发噱而又技术高超、多才多艺的助理卡隆……从这些故事中体现出作者乐观的生活态度、幽默的性格，让我们从中体会到他对职业、对动物、对他人、对这个世界发自内心的热爱，让我们读后心里感觉很温馨、很舒坦、很快乐！

兽医工作可以被列入世界最粗、最脏、风险最高的职业之一，尤其是在条件还不够完善的20世纪四五十年代，还经常会遇到质疑和批评。然而在作者吉米的笔下，他坦然接受工作中遇到的挑战，享受来自挑战之后的成就感，古老的约克郡乡村在他眼里永远散发着惊艳迷人的魔力！

有一次，凯特威先生家一匹名贵的马身上长了好多斑点，吉米认为是普通的荨麻疹，就给打了一针刚出炉的特效药。结果那匹马先是不停地发抖，然后砰然倒地，四条腿抽搐地蹬了两蹬，就不再动弹了。把他和凯特威先生都吓傻了，吉米心想这下害死了这匹登峰造极的帅马，那可怎么办？幸好没多久那马又自己站了起来，复原之快，真是不可思议，身上的斑点也全没了。一离开那农场，吉米便把车停靠在石墙的挡风处，翻下后视镜照照自己，有些苍白、自责与昏乱的感觉仍旧挥之不去，想转行的念头又再次浮现，比乡下兽医好干的行业，肯定多的是。然而，靠着椅背，闭起眼睛，等他睁开双眼时，太阳已破云而出，为绿色山坡与闪烁的雪岭带来活泼生气，那种一如既往的感觉又再次涌上来：能够在这个多姿多彩的乡间与这么多动物为伍的感觉真好，能够在约克郡当一名兽医真是福气！

在医治一些牲畜时，附近的医生莫特仑总是有意见，认为吉米抢了他的生意，对吉米横挑鼻子竖挑眼，让人感觉很不爽。但有一次莫特仑出远门了，他心爱的一匹叫"火柴盒"的马突然得病，危在旦夕。他的助手半夜找到吉米，吉米和他的伙伴立即去帮着处理，经过好几个小时的努力，终于让"火柴盒"转危为安。经过此事后，莫特仑寄给吉米一打香槟，还登门拜访，说道："我是由衷地感到抱歉和惭愧，我也不知道当时为什么会说那些话，好像太刻薄了……我真希望早点就能跟吉米多多认识，交个朋友。"从此以后，他们俩就成了亲密无间的好朋友。

能让牲畜得到手术救治，对农夫而言虽然可喜，但像道森先生这样感激涕零的人并不多见。只是道森先生一向就是那样，他对吉米赞不绝口，虽说那么多年吉米在他农场中的处理病例不可能全部都是成功的，但在道森先生的想法中却是如此，就算过去曾出过错，他也是绝不承认的，道森先生的态度一直是吉米心灵的慰藉，有人毫无保留地全力支持，是一个人前进的强大动力！

当糖果店老板贺非先生的狗阿福生病时，贺先生在那里的一举一动活像一架机器，形容憔悴，面无笑容，死板板地把糖果递给顾客，即使开口说话，他也是冷淡地发出一个单音。更令吉米震惊的是，他的声音已经完全失去原来的音质，但当吉米想尽一切办法把他的狗阿福治好以后，贺非先生又声若洪钟，笑容可掬，幽默有神了。对于一名兽医而言，这是多么有成就感的事情啊！

虽然做兽医没早没晚，一有情况就要出诊，周末也在外面，陪孩子的时间很少，但两个孩子对兽医不仅不嫌弃，而且还抢着跟他"出差"，学习所有的医护细节，乐此不疲！吉米认为最简单的理由是，他们对动物也有难分难舍的依恋，只要能跟这些可爱的动物在一起，什么苦都可以忍受。

人生就是这样，不管干哪一行，都有哪一行的辛苦和快乐。关键是要干一行爱一行，爱一行专一行，更多地从中体会带给自身的幸福和快乐！

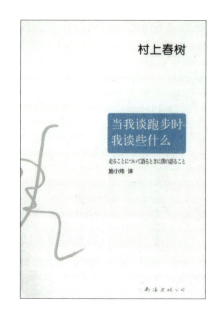

# 当我谈跑步时
# 我谈些什么

[日] 村上春树 — 著

施小炜 — 译

*不管全世界所有人怎么说，我都认为自己的感受才是正确的。无论别人怎么看，我绝不打乱自己的节奏。喜欢的事自然可以坚持，不喜欢怎么也长久不了*

中国现在时兴跑步热，绝大多数人的微信朋友圈，都有不少朋友在晒自己的跑步线路图，而在这些个体健身跑的背后，是国内一场场不同规模的马拉松赛事在吸引着大家。中国田径协会官方网站数据显示，2010年中国举办的马拉松赛事仅为13场，而到2016年，在中国田协注册的马拉松及相关运动赛事就达到了328场，几乎相当于平均每天举办一场马拉松，参赛人次也超过280万，创历史新高，比2015年增加了130万人次。

在全世界众多坚持跑步、跑马拉松的人当中，有一位比较引人注目，他就是——村上春树。作为日本的著名作家，他的代表作《挪威的森林》，在20世纪80年代风靡中国。他被称为诺贝尔文学奖的常年陪跑者，这是因为自2009年至2016年，他已连续8年被视为诺贝尔文学奖的热门人选，但均没能获奖。

村上春树的经历还是比较传奇的，他25岁时开了个爵士乐酒吧，每晚打烊后才开始写作，有时写着写着就天亮了。第一部小说《且听风吟》就获得日本的群像新人奖。他32岁成为专业作家，然后开始跑步，现在坚持了30多年。所以这本关于跑步的书，他是很有发言权的，从中可以看出跑步带给他的酸甜苦辣，以及他对跑步的热爱和执着。

关于跑步，村上春树写了很多，为何选择跑步，如何坚持前行，跑步中不同地方的风景，跑步时音乐带来的心境，以及跑步各阶段身体和心灵的不同感受。文字简短，语言平实，朴素而有趣。这是作者写了几十年"别人"之后，第一次只写自己。小说之外，故事之外，均是不施雕琢而娓娓道来：清淡如云，宁静如水……

村上春树最深刻的体会是，喜欢的事情自然可以坚持，不喜欢的事情怎么也坚持不了。无论何等意志坚强的人，何等争强好胜的人，不喜欢的事情终究做不到持之以恒。他刚刚成为专业作家的时候，由于从早到晚伏案写作，很重要的一个问题就是如何保持身体健康。跑步有几个显而易见的好处：不需要伙伴或对手，也不需要特别的器具和装备，更不必特地赶赴某个特别的场所。只要有一双适合跑步的鞋，有一条马马虎虎的路，就可以在兴之所至时爱跑多久就跑多久。跑步更适合村上春树，那是因为他喜爱独处的性情，在跑步时不需要和任何人交谈，不必听任何人说话，可以欣赏周围的风景，也可以思考自己的问题，多么自由自在。可以说，跑步，是他一生中养成的诸多习惯里，最为有益的一个。由于30多年不间断地跑步，他的身体和精神都保持了良好的状态。

跑步是一个循序渐进的过程。刚开始，村上春树跑不了太长的距离。跑个二三十分钟，便气喘吁吁地几乎窒息，心脏狂跳不已，两腿颤颤巍巍。然而坚持跑了一段时间后，身体积极地接受了跑步这件事，与之相应，跑步的距离一点一点地增长。跑姿一类的东西也得以形成，呼吸节奏变得稳定，脉搏也安定下来了。就这样，跑步如同一日三餐、睡眠、家务和工作一样，被组编进了生活循环，成了理所当然的习惯。

然而，坚持跑步也不是一件容易的事。坚持的理由不过一丝半点，中断跑步的理由却足够装满一辆大型载重卡车。村上春树说，再怎么说长跑和自己的性情相符，也有这样的日子——"今天觉得身体好沉重啊，不想跑步啦"。他曾经采访过奥运会长跑选手濑古利彦："濑古君这样高水平的长跑选手，会不会也有今天不想跑啦、觉得烦啦、想待在家里睡觉这类情形？"濑古君立即怒目圆睁，然后用了类似"这人怎么问出这种傻问题来"的语气回答："那还用问！这种事情经常发生。"

对于村上春树，无论做什么事情，一旦去做，非得全力以赴不可，否则不得安心。当年要做专业作家，就把正赢利的酒吧毫不犹豫地全部转让给别人。跑步也一样，非常认真。当他身体适应后，就给自己定了目标：每周60公里，一个月大约260公里。本来每周7天、每天跑10公里最好，可是有的日子会下雨，有的日子会因为工作太忙抽不出时间，还有觉得身子疲惫实在不想动步的时候，所以预先设定了一天"休息日"。

经过一段时间的跑步，他觉得自己可以试试马拉松比赛了。结果30公里一过就痉挛了，最后十几公里基本上是背心加短裤，在凌冽的寒风中走到终点。这次惨痛的教训，使他决心下次跑之前一定要认真准备，严格训练。最有趣的是他到雅典去跑马拉松，到那儿才发现是酷暑，但自己已经夸下海口的，要亲自跑一趟原始马位松路线，于是只好早上五点半就在众人诧异的眼光中开始奔跑。太阳出来后，空气极端干燥，汗一下子就从皮肤蒸发了，只剩下白色的盐。舔舔嘴唇，竟有一股类似凤尾鱼酱的味道。跑了大约30公里，从大海方向迎面吹来的劲风，吹得皮肤生疼。到37公里时，他深深地感到一切令人厌烦，实在不想再跑了，体内的能量都消耗尽了。那心情就好比揣着空空如也的汽油箱继续行驶的汽车。最后在他的咬牙坚持下，终于跑到了终点。

后来，村上春树又参加100公里超级马拉松和铁人三项。对于这些铁人三项比赛，村上春树说："成绩也好，名次也好，别人如何评论也好，都不过是次要的问题。对于我这样的跑者，第一重要的是用脚实实在在地跑过一个个终点，让自己无怨无悔：应当尽的力我都尽了，应当忍耐的都忍耐了。从那些失败和喜悦之中，不断汲取教训，并且投入时间投入年月，逐一累积这样的比赛，最终达到一个自己完全接受的境界。"

# 射雕英雄传

金庸 — 著

*他要娶别人，那我也嫁别人。他心中只有我一个，那我心中也只有他一个。……我跟他多耽一天，便多一天欢喜*

武侠小说是中国文学中一个独具特色的分支。从汉初司马迁《史记》中的游侠、刺客列传，《吴越春秋》中的越处女，唐代《传奇》中的聂隐娘、昆仑奴，唐代杜光庭《虬髯客传》中的虬髯客、红拂女，到清代中期出现的著名小说《三侠五义》，中国古典文学中很早就孕育了洋溢侠义精神的豪侠形象。北大学者陈平原在其专著《千古文人侠客梦》中，梳理武侠小说的历史流变，把唐宋豪侠小说和清代侠义小说称为中国武侠小说的两大历史渊源。在这些古典文学积淀基础上，清末民初涌现出了王度庐的《卧虎藏龙》、还珠楼主的《蜀山剑侠传》等一批脍炙人口、影响深远的武侠小说。但是，真正掀起长盛不衰、席卷华人世界的武侠小说风潮的，是20世纪50年代开始的，以梁羽生、金庸、古龙等著名作家为代表的新派武侠小说。其中，金庸以14部武侠巨著奠定了自己在武侠小说世界中当之无愧的大宗师地位。

《射雕英雄传》是金庸的第三部武侠小说，1957年至1959年在《香港商报》连载刊出。这部小说一经问世，旋即席卷华人世界，掀起经久不衰的热潮。从小说诞生至今，已被改编成电影、电视剧等10余种，甚至被改编为京剧、潮州剧。1983年，香港TVB版的电视剧《射雕英雄传》被引入内地电视台播放，在改革开放初期的内地引发强烈反响，晚间电视播放时间万人空巷。金庸从此在大陆成为家喻户晓的名家。

该书讲述了大宋忠烈遗孤郭靖身负国恨家仇，在红颜知己黄蓉的帮助下，拜武林高人勤奋学艺，历经种种江湖磨难，最终成长为为国为民的一代大侠的故事。小说采取将信史融入虚构情节的写作方式，把公元1196年至1221年20多年间南宋、金国、蒙古的真实历史作为故事发生的背景，格局宏大，视野宽阔。真实历史与虚构情节彼此交融，甚至到了难分真假的地步，是金庸大多数武侠小说的突出特点之一，到封笔之作《鹿鼎记》已经达到了炉火纯青的地步。把郭靖的成长史放在宽广的历史背景下，使玄虚的传奇故事增加了说服力和可信度，也使郭靖的人物塑造、性格描写，各种喜怒哀乐，在小儿女的爱情、为父报仇的仇恨这些感情之外，增加了爱国主义、民族精神的厚重感，从而引发读者的强烈共鸣。

该书讲述了一系列精彩纷呈的故事。故事的展开具有金庸小说的突出特点，如同一壶正在烧的水，一开始只看到火苗轻跳，随后看到了水汽氤氲，水汽越来越浓，慢慢咕噜咕噜水花沸腾，一直到终章不断奇峰突起，情节变化无穷，但前有伏笔，后有呼应，前后衔接严丝合缝，让人惊叹作者天马行空的想象力和缜密细致的逻辑思维。书中的许多情节，让人读罢回味良久，终身难忘。荒山顶上的骷髅头骨与黑风双煞，张家口市集上郭靖与黄蓉的初遇，中都大兴府穆念慈的比武招亲，九指神丐洪七公慷慨传授降龙十八掌，桃花岛上郭靖与欧阳克为迎娶黄蓉比拼的3道试题，周伯通的双手互搏绝技，郭靖为救黄蓉辛苦求见一灯大师的路上与渔樵耕读四子的斗智斗力，郭靖跟随成吉思汗蒙古大军西征的铁甲风云，天下高手华山论剑的境界气度……这些比比皆是的精彩情节都是书中让人过目难忘的经典桥段。

在这些引人入胜的情节展开过程中，该书塑造了一大批性格迥异的人物。除了诚朴厚重的郭靖、机智灵巧的黄蓉两个主角之外，正气凛然、贪恋美食的洪七公，离经叛道、狂放不羁的黄药师，慈祥敦厚、参透佛理的一灯大师，毒辣无情、富于心计的欧阳锋，还有上百号形形色色的人物，上至皇室贵族、武林宗师，下至乡野村夫、贩夫走卒，有的作者泼墨挥毫、不吝文字，有的惜字如金、寥寥数笔，但是大多性格鲜明，形象鲜活，跃然纸上。

金庸在修订该书时曾强调这本小说的"中国传统小说特征"。实际上，浓郁的中国民族传统文化特色是贯穿这本小说的重要内容。在《射雕英雄传》创造的武侠世界中，时时可见中国民族文化中的儒、佛、易、道、兵、法诸家，琴、棋、诗、书、画、算各种技艺等文化因素，一些比较玄虚的所谓五行奇门之术、九宫八卦也丝丝入扣地融合到了情节之中，让人大开眼界，感受到民族文化的奥义精深。

但与这些知识层面的传统文化因素相比，更突出的是，金庸在该书中所坚守的传统文化中的道德价值。对于传统价值观念中的积极内容，如忠孝、仁义、气节、锄强扶弱的侠义精神，该书中并没有道德灌输的毛病，但在情节演绎、人物塑造中，不动声色却非常执着地渗透和坚守了这些价值观。郭靖的成长史，不仅是从懵懂少年到武林高手的成长史，也是从一个怀抱杀父之仇的少年到满怀家国情怀、尽忠报国的民族英雄的精神成长史。时代在变化，但这些传统文化中的核心价值千百年来并未褪色。对于这些传统文化中的价值观的热血激昂又不无悲怆的坚守，穿越了历史的风尘，成为该书的精神魅力基础。《射雕英雄传》传递的这些超越政治、超越意识形态、超越时代阻隔的精神和思想具有长久的历史生命力，从而也成就了这本小说经久不衰的生命力。

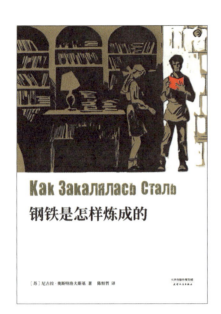

# 钢铁是怎样炼成的

[苏] 尼古拉·奥斯特洛夫斯基 — 著

陈恒哲 — 译

*人最宝贵的是生命。生命对于每个人来说只有一次。人的一生应当这样度过：当他回首往事，不会因为虚度年华而悔恨，也不会因为碌碌无为而感到羞耻，临终之际，他能够说：我的整个生命和精力，都献给了世界上最壮丽的事业——为解放全人类而斗争*

主人公保尔·柯察金出身贫寒，经历了第一次世界大战、俄国十月革命、苏联内战和国民经济恢复时期的严峻考验后，成为一名坚定的、忠诚、勇猛的无产阶级革命战士。他是在革命的烈火和熔炉中锤炼出来的新一代青年的杰出代表，集中体现了老一辈无产阶级革命家的精神风貌和共同特征：崇高的道德品质，为了共产主义理想而献身的精神，不畏艰苦一往无前的革命气概，钢铁般的意志和毅力。他嫉恶如仇，爱憎分明；他不怕牺牲，勇于革命；他任劳任怨，拼命工作；他酷爱学习，不断进步；他不畏艰难，挑战病魔；他永不言败，顽强生活……奥斯特洛夫斯基塑造了保尔·柯察金执着于信念和有着高尚人格的光辉形象，超越时空，超越国界，震撼着人们的心灵，激励着一代又一代的青年不断奋发向上，追求理想。

保尔从12岁开始就到车站食堂洗碗，到发电厂做锅炉小工。1917年十月革命取得胜利后，保尔的家乡建立了苏维埃政权。但好景不长，德军又入侵了。有一天，共产党员朱赫来为了躲避追捕来到保尔家中，让保尔明白了只有布尔什维克党才是坚持不懈的、为穷苦老百姓利益而奋斗的革命党派。没过几天，保尔在街上看到一个端着刺刀步枪的人押着朱赫来在走。保尔紧张得不知道怎么办才好，这时想起朱赫来告诉过他："为了事业，需要一帮无畏的人们……"于是，保尔鼓起勇气，突然向押运兵扑过去，帮助朱赫来逃跑了。可没想到朋友告密，把他抓到监狱去了。敌军接二连三地审问他、折磨他、拷打他。虽然只有16岁，但保尔坚持什么都不说，他要成为像书里看到的那些英雄人物一样，英勇顽强，不屈不挠。

侥幸出狱后，保尔成为科托夫斯基骑兵旅的一名战士。他是部队最好的侦察兵，同时还在努力学习，阅读《牛虻》等进步书籍。他已经完全融入到集体之中了，忘了"我"字，脑袋里只有"我们"——"我们旅，我们团，我们骑兵连"。英勇顽强的保尔在冲锋时被炸成重伤。康复后，他来到朱赫来主持的省肃反委员会工作，到铁路总厂担任不脱产共青团书记。他们一起努力，将阴谋暴动消灭在萌芽状态。但是，全城又面临着新的威胁——铁路运输告急，人们将面临饥饿和严寒的折磨。唯一的办法，就是在3个月内，从车站修一条窄轨铁路直通伐木场。这是一项十分艰巨的任务。因为不仅天寒地冻，匪徒还不断进行破坏和袭击。大家下定决心，就是豁出性命，也要铺好这条轨道。朱赫来视察时说："这儿的年轻人不用鼓励。他们真是无价之宝。钢铁就是这样炼成的！"保尔由于过度疲劳和寒冷的侵袭，晕倒在车站上。经医生诊断，是格鲁布性肺炎和伤寒。经过全力抢救，青春的力量终于赶跑了病魔。

保尔神奇般地从死亡边缘回来了。

保尔后来在铁路工厂车间工作、在团委会里担任政治教育部长、以民兵第二大队政委的身份来到别列兹多夫小镇成立新的团组织、到一个工业区担任团州委书记，不管在哪里，不管担任什么职务，他都是夜以继日，加班加点地工作。有休息疗养的机会，他都让给其他同志。保尔就像革命的老黄牛，毫无怨言，埋头苦干。但是他确实太累、太辛苦了，这期间患过一次急性风湿病，发生过一次车祸，保尔的右腿残废了。医疗委员会和党中央委员会已经做出决定：鉴于病情严重，立即将他送至神经病理学院治疗，恢复工作一事暂不予考虑。但是保尔认为，"只要我的心脏还在跳动，你们就不能让我离开党。只有死才能让我离开工作岗位"。没办法，组织只好安排他做一些比较轻松的工作，但他的身体状况实在是太差，什么工作都做不了。

对于才24岁的保尔而言，在最美好的青春年华，失去了最珍贵的东西——战斗的能力。他想："在现在和悲惨的未来，我如何才能生活得更有意义？用什么来充实生活呢？难道光是吃喝和呼吸吗？眼看着同志们在斗争中前赴后继，勇往直前，而自己只做一个无用的旁观者吗？能这样心安理得成为队伍的多余的一个吗？我应不应该毁掉这个背叛了他的肉体呢？往胸中打一枪——什么都妥了！"他把手枪都抽出来了。不过又狠狠地骂自己："只有笨蛋才会自杀！这是最懦弱、最容易的解决问题的方法。活着太难受就自杀！你有没有试着去战胜困难？你是否已尽了最大的努力冲出这个铁环？难道你已忘了在夺取诺沃格勒-沃伦斯基的战斗中一天做了17次冲锋，最后终于拿下了那个城市吗？把手枪藏起来吧，永远别让他人知道你有过轻生的想法！即使生活到了绝境，也要想方设法活下去，要使你的生命有益于人民！"

后来保尔完全瘫痪在病床上，还双目失明，但即便如此，也要为革命做贡献。经过他的不懈努力，终于完成了一部有关科托夫斯基的英勇骑兵师的中篇小说——《暴风雨所诞生的》。即将出版之时，保尔兴奋不已，日思夜想的愿望终于实现了！禁锢他的铁环已被砸碎，他拿起新的武器，回到了战斗的队伍。生活开始了新的篇章！

《钢铁是怎样炼成的》给予我们非常好的启示，时光飞逝，人生短暂，每一个人都要有自己的理想追求，要有坚忍不拔的意志品质，要有克服困难的坚强决心。如果在年轻的时候没有抓紧时间，没有努力拼搏，那么在年老的时候就只能"老大徒伤悲"了。

# 高老头

[法] 巴尔扎克 — 著

傅雷 — 译

*我们的心灵是一座宝库，一下子掏空了，就会毁灭*

　　这部小说的精彩之处在于故事情节的跌宕起伏、人物刻画得入木三分，以及从中所反映的人生哲理。巴尔扎克的作品仿佛是天才的巨斧砍劈而成：生机勃勃，出神入化，只是还没来得及细细打磨。他的语言没那么细腻，但是并不影响其伟大。巴尔扎克的气质，正如罗丹为他塑的雕像：粗糙、笨重，然而深邃、豪壮，具有震撼人心的气势和威力。雨果在巴尔扎克的葬礼上说："在最伟大的人物中间，巴尔扎克属于头等的一个；在最优秀的人物中间，巴尔扎克是出类拔萃的一个，他的才智是惊人的，不同凡响的，成就不是眼下说得尽的……"

　　《高老头》作为巴尔扎克的代表作之一，全书不到18万字，刻画的人物形象多姿多采，引人入胜；把全部钱财给了两个女儿，一个当了伯爵夫人，一个当了银行家太太，穷得病死的老父亲——高老头高里奥；表面上光鲜艳丽，实际上内心憔悴的贵妇人；还在大学读书，就被上层社会的纸醉金迷所吸引的大学生欧也纳·特·拉斯蒂涅；吝啬贪婪、十分势利、时刻关注自身利益的老板娘伏盖太太；神通广大、奸诈狡猾、帮着苦役犯理财的秘密头领伏脱冷等。

　　高里奥是全书最为悲剧性的人物，他创业时苦干40年，扛口袋，出大汗，节衣缩食，攒下一大笔钱。但是中年丧妻，于是把他的两个女儿当作他的全部生活。只要她们玩得痛快，活得幸福，吃得好，穿得好，那他穿什么，住在哪里，都没什么关系。高老头把女儿像天使一样供着，即使她们给他造成痛苦，他也甘之如饴。大女儿阿娜斯大齐生得美，被特·雷斯多伯爵相中，而她本人也想当贵族，便离开父亲，一头扎进了上流社会。小女儿但斐纳喜欢金钱，嫁了原籍德国、后封为帝国男爵的银行家——纽沁根。她们刚结婚的时候，对他可真是体贴入微啊！当时高老头给她们每人将近80万法郎，她们连同各自的丈夫都不敢对他无礼，好好接待他。但是，当他的钱越来越少，她们对他的态度越来越差，特别是有一次由于他说了句蠢话，丢了阿娜斯大齐的脸，就被轰出了女儿家的大门。

　　高老头租住在伏盖太太公寓那里，过得很寒酸，但女儿成了他的癖好、他的情人，总之，他的一切！她们需要首饰什么的，就会派女仆告诉他，高老头为了得到她们的好的接待，就把自己贵重的东西卖掉，买来首饰送给她们。最后，为了阿娜斯大齐能盛装参加舞会，高老头把餐具和腰带扣卖了600法郎，把他的终身年金以400法郎押出去，终于凑足1000法郎让阿娜斯大齐风风光光地好好过了一个晚上。然而，当他病重、哭天喊地想在死前见女儿一面时，两个女儿都要参加舞会。参加完舞会后，阿娜斯大齐由于偷卖了老公家传家的钻石，被丈夫扣押在家不能出来；斐纳虽然想来，但身上没钱，吵着向老公要钱，最后赶到时高老头已经断气了。高老头临死时才醒悟过来："别生孩子! 你给他们生命，他们给你死亡。你带他们到世界上来，他们把你从世界上赶出去……我所有的牺牲都一文不值。"当高老头的遗体被抬上了灵车后，来了两辆有爵徽但没人坐的马车，那是特·雷斯多伯爵和特·纽沁根男爵的车子，幸好有个租房的邻居欧也纳借钱把他安葬了。

这是一个典型的悲剧，本来高老头一心为两个女儿好，不怕苦不怕累，全身心地培养女儿，结果女儿长大成人后，却爱慕虚荣，挥金如土，不仅没有孝敬父亲，连父亲生前最后一面都没见上。这个故事告诉我们，一方面做父母的不能对孩子过分溺爱，该严格要求的就应该严格要求，不能无底线无原则地满足孩子的一切要求；另一方面，孩子对父母的严格要求也要理解，父母毕竟是为自己好。

# 一只蚂蚁领着我走

蒋子丹—著

印度圣雄甘地说："从对待动物的态度可判断这个民族是否伟大，其道德是在进步还是在堕落。"

在家里，作者用一种特殊的毒饵诱杀蚂蚁，蚂蚁吃了以后，毒性就会慢慢发作，然后在蚁穴里自相残杀，直到一窝窝蚂蚁同归于尽。作者不忍心所有蚂蚁都死去，就把一只有个性的蚂蚁送到阳台外边的花坛上，于是就有了这本书名的由来：一只蚂蚁领着我走。大家可别小看蚂蚁，一本专门研究蚂蚁的科学专著有这样惊人的结论：蚂蚁占有全球三分之一的动物量，把所有蚂蚁加在一起，其重量大致与地球上所有人体的重量相等。

地球上刚有了人的时候，人与其他动物之间仅仅是猎手与猎物的关系。是狗的出现，使人类与动物的关系中添加了一种新的元素，动物学家称之为共生关系：一种看来对双方互利，其实对人类更为有利的不平等关系。狗的帮助使人类早期驯化有蹄动物成为可能，也使人和动物的共生关系得以扩大。逐渐地，动物也成为人类的宠物。

热爱宠物的美国医生贝克尔坦言："下班时感觉疲惫不堪但一息尚存的我们，最不希望的就是再跟人打交道。你永远不知道你的另一半心情如何，更不知道你的孩子是否关心你在不在家。但是你的狗会像欢迎基督再次降临一样迎接你回家。"全世界目前有8亿只动物被当成宠物饲养；美国人养狗总数超过了6000万只，每年花在宠物身上的钱达到340亿美元；北京在册登记的狗也有50多万只。

人类虽然有对动物的宠爱，但更多是对动物的残暴。仅美国这一个国家，每年用于实验的动物的数字，最保守的估计也大大超过2000万只。其中有一些著名的实验模式之所以著名，与其说它有多大研究价值和成果，不如说它在残酷方面别出心裁。此外，如何用最小的场地，养最多的动物，是每个养殖场技术更新的硬指标。于是动物短暂的生命，就在残酷的环境中度过：可爱的小鸡，为了下蛋，一辈子都不能挪动脚步；可爱的小狗，吞食拌在饲料中的激素和抗生素，以保证不生病地快速长大，然后被宰了吃；可爱的小猪，被关在一个个小小的铁笼子里，迅速成年后被当作生育机器，不断怀孕不断被催情……

犹太裔作家以撒·辛格说："就人类对其他动物的行为而言，人人都是纳粹。"用作者的话讲："在过去的那些日子里我所做的事情，与其说是写作，不如说是将大量有损于身心健康的信息垃圾吞咽进去，然后添加思想的催化剂将其消化，再尽我之所能转化成文字……我的真切体会是，当我们真心关注生态，就等于踏上了一条绝望的路，这不是一个可以让我们游山玩水或者跟动物亲密接触的愉悦过程，而是一个痛切反思人类和忏悔自己的过程。如果真的关心大自然、关心生态、关心人类的前景，面对当下的现状，我们的心必将是沉重的。"

1975年，英国著名伦理学家彼得·辛格在《动物解放》（被称为动物保护运动的圣经）这本书中首次提出了"动物解放"的新伦理观点，思想的核心原则是生命间的平等尊重，强调这种平等尊重，不仅应该打破人们在种族、性别、年龄、国籍等方面的隔阂和界限，而且还应进一步扩大到有感知力的生命。他认为如果人道主义只追求黑人、妇女以及其他受压迫人类群体的平等，却拒绝对非人类生命给予平等的考虑，这种人道会站不住脚。动物自身不具备为自己争取平等的条件，没有能力用投票、示威、舆论或者法律等人们惯用的自卫手段来对抗迫害，需要人类站在这些不能为自己说话的动物的立场上，替它们争取权益，动物解放运动与任何其他解放运动相比较，要求人类尽更大的努力发挥利他精神。"劝君莫打三春鸟，子在巢中盼母归"这则千古流传的格言，指的就是我们用心接纳动物的关键——感同身受。这是一切生命平等的起点。

如何更好地保护动物？纵观历史可以看到，无论奴隶解放，还是妇女解放，都不仅仅是人类道德伦理自觉的结果，不仅仅是人类善心大发的伟业。如果不依靠科学技术所带来的生产力发展，不重视道德的必要物质条件，某些热情而且激昂的道德呼吁可能就太书生气了。奴隶制度的终结主要有赖于以蒸汽机为代表的现代生产力，而不仅仅是一场爱心运动的产物。妇女地位的提高直接受益于近代工业革命。技术含量越来越高的机械，把劳动强度减弱到了妇女可以胜任的水平，妇女才得以广泛就业。同时，因为避孕技术的进步，她们减少了生育与家务的拖累，在一场性别权利战争中有了更多的回旋余地和轻巧身段。

在这个意义上，科学技术经常是情感与道德的盟友，是任何生命解放的现实性支点。同样，若无科学技术的相助，食肉这个核心难题几乎无法解决，而迄今为止人类各种珍爱动物和保护动物的举措，在这个死结解除之前几乎只是杯水车薪，甚至是自欺欺人。在将来，人类也许可以绕过活生生的动物，直接从水、空气、泥土中提取原料，制作出高仿真的肉制品，乃至将鸡鸭鱼肉各种美食的口感、香味、营养成分完全复制以供人类食用。只有人类走到了这一步，人与动物的关系才可能发生最根本的改善，就像奴隶和妇女的地位曾经发生过的根本性提升那样。

正如歌德所言：万物相形而生，众生互惠而存。每一个物种的灭绝，都会带来另一些物种的连锁式灭绝，就像倒下一片"多米诺骨牌"时出现的情境那般。按照目前的情况继续下去，地球上将有一半以上的物种，在21世纪后半期将消失。物种的消失同样会影响到人类的幸福。虽然现在努力的效果有限，但我们每一个人，还是要有责任感，努力从自身做起，尊重动物，珍惜动物，保护动物，给予动物应有的人性关怀。

# 狼图腾

## 姜戎 — 著

*在草原，狼既是牧民的仇敌，又是牧民（尤其是老人）心目中敬畏的神灵*
*和图腾，是他们灵魂升天的载体*

　　这是世界上迄今为止唯一一部描绘、研究内蒙古草原狼的"旷世奇书"。本书讲述了陈阵等北京知青在额仑草原插队期间与狼群从遭遇、战斗到敬畏的转变历程，由几十个有机连贯的"狼故事"一气呵成，情节紧张激烈而又新奇神秘。全文以3条主线展开，人与自然、人性与狼性、狼道与天道环环相扣，充分揭示了狼的神奇魔力、狼的狡黠和智慧、狼的军事才能和顽强不屈的性格、草原人对狼的爱和恨。

　　人与自然之间的关系，以草原牧区和农耕牧区对待大草原的态度及生产、生活上的矛盾为主线而展开。农区牧民还是习惯以前的生产、生活方式，企图通过改造草原生态的方式来满足自己的需求。他们猎杀天鹅、对狼赶尽杀绝、用炸药炸旱獭子山，破坏了草原的生态环境，致使自然环境遭到极大毁坏。草原生态系统本身自成一体，环环相扣，狼群是个关键的大环，这环坏了，草原生态平衡就会遭到破坏，生产、生活就很难维持下去。这也是环境保护与生态平衡方面活生生的案例。

人性与狼性的辩证统一关系。以狼为主线，把人、羊、马、狗、旱獭、野兔甚至大黄蚊等生灵，包括养小狼等事件，和大草原有机地联系在了一起。本书以初遇狼、狼捕黄羊、狼猎军马等3个彼此关联又跌宕起伏的故事，描绘了草原狼的谨慎、机敏、凶狠，严明的组织纪律，同时又具备娴熟运用战略和战术的能力。

陈阵由于没有听从毕力格老人的叮嘱，骑着大青马擅自抄近道返回蒙古包，冒雪误入狼群。不过他机敏地利用狼群谨慎、犹豫的间隙，抄起钢蹬互相撞击同时大喊呼叫，唬住狼群捡回了一条命。

狼捕黄羊即是在毕力格老人的引领下，陈阵第一次近距离观察狼群捕猎。话说盲流性质的黄羊群从境外来到额仑草原，贪婪啃噬着草原的同时，还破坏着当地植被。大白头狼迅敏地捕捉到此次捕猎时机后，从容调兵遣将，采取三面包抄的策略，成功将黄羊群赶入了大雪湖中。此场战役真正的作战时间很短，但战前狼群耐心伏击、精妙设围、细致观察，巧妙营造"山雨欲来风满楼"的紧张氛围，给人印象深刻；而作战时的迅雷不及掩耳、放掉还有战斗力的黄羊而击其余部分的智慧，颇有些卑鄙却极其实用的狼抓黄羊的绝招，又让我们拍案叫绝，赞叹不已。这动静之间，已将草原狼卓越的智慧、耐性、组织性和纪律性淋漓尽致地表现了出来。从毕力格老人和陈阵的谈话中，我们可获知狼群千百年来练就的抵御寒冬的方法：用雪湖当成冰箱，储存过冬及来年开春的粮食。然而，农区牧民不懂这个道理，把狼群储存的食物——黄羊一抢而空。从而为狼群凶狠报复军马群埋下了伏笔。

狼猎军马事件的另一个导火索是捕狼和掏狼崽行动。狼群在缺少食物又遭受人类无情摧残的情况下，还是大白头狼瞅准了牧、军区交接空当期，且瞅准了在马群缺少种马的情况下，发起了凶残而猛烈的攻击。结果军马群全军覆没。

狼猎军马事件之后，牧区新领导班子对狼群下了格杀令。毕力格老人也不得不下套杀狼。陈阵趁着老人煮狼夹子的时候，前去探望，这才进一步得知狼天生的谨慎和敏锐。为了骗过精明的狼，钢做的大狼夹子得用马肉汤煮好几遍，下夹子时还得拌上马粪等带有马气味的东西，并且不得留下一丝半点人类的痕迹。然而，在下狼夹子的当口，陈阵也感受到了人与狼战斗的残酷和血腥。本书中打狼、捕狼、杀狼也是主线之一，就大规模集体行动而言至少3次。从前期动员准备，到实施捕狼行动，再到分狼皮记工分等，给我们展示了一幅充满了人与狼斗智斗勇，可又有点辛酸难表滋味的画面。

养小狼的念头，陈阵一直有。此前，苦于没有机会，掏狼窝、抓狼崽行动正中他的下怀。这个事情，是整部小说中，人与狼关系最密切的部分，同时又是人性和狼性冲突最多的部分。在掏狼窝的行动中，陈阵私自截留了一窝狼崽，养了一只体格最壮、狼性最足的。从喂奶、搭狼窝、喂饲肉食、与小狗混居到后来驯狼、与狼群抢夺小狼、搬迁之痛、狼性初露直至小狼悲哀地死亡，无不体现了人性与狼性之间剧烈的冲突。

狼道与天道则以狼的祭祀、老天的惩罚（白毛风、火灾、旱灾、狼灾和蚊灾）等故事为主线展开，均给读者留下了深刻的印象。老鼠、野兔、旱獭和黄羊，是草原四大害。狼是它们的天敌，但由于多次大规模捕狼、掏狼窝的行动，额仑草原上狼群数量明显下降，正是由于狼群的减少，"四害"的数量立刻迅猛增加。"四害"中数旱獭的害处最多，毁草原、别马腿、穴养蚊。翻过山头铺天盖地的额仑草原大黄蚊就出现了，它们虽不具有狼的智慧，但却具有比狼更亡命更凶猛的攻击性。大黄蚊闻到动物气味，立即扑上去就刺，毫不试探毫不犹豫，没有任何战略战术，如同飞针乱箭急刺乱扎。最后，还是在人们顽强的拼搏下，采用了烧艾叶烟、燃干牛粪火堆等方式，草原上的生灵才暂时躲避了大黄蚁的攻击。

　　读罢本书，我们不能不被狼的精神所感动，在日常的学习生活中，我们有时一遇到困难就抱怨、胆怯、退缩，这些都是我们必须克服改进的，需要我们学习狼的精神，不屈不挠，勇敢顽强，团结协作，有头脑，有智慧，有办法，让《狼图腾》的热情与壮烈像烈火一样在我们的胸中燃烧，永放光芒！

# 平凡的世界

路遥 — 著

*命运总是不如人愿。但往往是在无数的痛苦中，在重重的矛盾和艰辛中，才使人成熟起来*

    这部百万字的长篇巨著（共三册），以恢宏的气势和史诗般的品格，全景式地表现了改革开放时代中国城乡的社会生活和人们思想情感的巨大变迁，更是以孙少安和孙少平两兄弟通过自己的努力和奋斗，体现了普通老百姓在平凡的世界里创造属于自己的人生，实现属于自己的精彩，体会属于自己的幸福。什么是平凡？那种迷失在平凡的生活之中，思想上甘于平庸，生活上安于现状的人，才是真正的平凡。而像少平、少安那样自强不息、奋斗不已的人生则是在平凡中体现伟大！这部小说当时还未完成就在中央人民广播电台广播，拍成几十集的电视连续剧也受到观众的热捧，并于1991年荣获第三届茅盾文学奖。

    少平由于家境贫穷，在县城念高中的时候，只能吃最简单的饭菜。

但由于他喜欢阅读，特别是读《钢铁是怎样炼成的》，他朦胧地意识到，不管什么样的人，或者说不管人在什么样的境况下，都可以活得很不错！在领会到这一点的那一瞬间，生活的诗情画意充满了他16岁的胸膛。他的眼前不时浮现出保尔瘦削的脸颊和生机勃勃的身姿，因此学习的动力十足。

少平毕业后回到村子里，待了一年多，他不愿意到他哥少安的砖窑上去帮忙，想自己到外面闯一番天地。等他到了黄原城后，严酷的现实立刻便横在这个漂泊青年的面前。他既没有闯世界的经验，又没有谋生的技能，仅仅凭着一股勇气就来到这个城市。在大桥头等待别人来挑选他去打工的时候，他思量：“过去战争年代，像你这样的青年，多少人每天都面临着死亡呢！而现在是和平年代，你充其量吃些苦罢了，总不会有死的威胁。想想看，比起死亡来说，此刻你安然立在这桥头，并且还准备劳动和生活，难道这不是一种幸福吗？幸福不仅仅是吃饱穿暖，而是勇敢地去战胜困难。”于是，他找到远方的舅舅，帮助介绍他到当地的村书记家去做事。他不管做什么都很用功勤奋，到另一个工地后，少平在黄原图书馆办了个借书证，他迷上了一些传记文学，如《马克思传》《斯大林传》等。他体会到，连伟人的一生都充满了那么多的艰辛，一个平凡人吃点苦又算得了什么呢？

在好友田晓霞的帮助下，少平抓住机会到铜城矿务局大牙湾煤矿做工人。第一次下矿体验，让人感觉到的是，工作危险、紧张，连气也透不过来。但少平更多的是看到这里好的一面：不愁吃，不愁穿，工资高，而且是正式工人！由于少平十分勤奋，从不旷工，所以他的收入是最高的，得到了家境条件好的室友们的充分尊重。少平深深地体会到：“只有劳动才可能使人在生活中强大。不论什么人，最终还是要崇尚那些用双手创造生活的劳动者。”

少平和晓霞一直书信往来，情投意合，相谈甚欢。有一次，晓霞借采访的机会来看他，两人一起爬山，还第一次拥抱、亲吻。此时，血液在热情中燃烧，世界变得如此光辉灿烂。正当他沉浸在幸福的喜悦当中时，晓霞在抗洪救灾前线为了救一个小孩而英勇牺牲了。少平陷入了无限的痛苦之中，可以说是痛不欲生，但他想："生活总是美好的，生命在其间又是如此短促，既然活着，就应该好好地活。思念早逝的亲人，应该更珍惜自己生命的每个时刻。"振作精神，他又正常地投入生活之中，努力地工作。带他的师父死后不久，少平就被提拔为班长。可是好景不长，他在救他的同伴时受了重伤。他好友金波的妹妹金秀医学院毕业，在医院照顾他时对他动了感情。但由于少平对煤矿有一种不能割舍的感情，便毅然地回到了深爱着的大牙湾。

少安和田润叶从小青梅竹马，两小无猜，但由于家穷，少安上完小学后就回家劳动，供弟弟少平和妹妹兰香读书。润叶中专毕业后就在县城的小学教书。有一天，润叶把少安叫到城里，走时给他一个纸条，上头写着：少安哥，我愿一辈子和你好。少安从没敢想过让润叶做他的媳妇，不管从哪方面看，这都是绝对不可能的。可是，突然福从天降，一张白纸条如同一道耀眼的电光在他眼前闪现，照得他一下子头晕目眩了！他感到一股巨大的暖流在他的胸膛汹涌澎湃，感到天旋地转，整个世界都眉开眼笑，成了另外一个样子。但是，温暖而幸福的激流很快就退潮了。他立刻就回到了自己所处的实际生活中来。一切简单而又明白：这是不可能的！

少安忙着家里、队里、村里的事，有一种无法言语的难受和痛苦。一切都太苦了，太沉重了，他简直不能再承受生活如此的重压。少安穷得在当地找不到媳妇，因为没钱给彩礼。正好他二婶介绍了个老家远门侄女，可以不要彩礼。少安和贺秀莲一见钟情，立即结婚，虽然过得很艰苦，但两人还算和谐。不久，改革的春风吹来，农村实行了联产承包责任制。少安借钱买了个骡子，帮人运砖，大挣了一笔。勤快敏捷的少安看到基建的需求很旺，就开始烧砖窑，生意很火，就迅速贷款烧起了大砖窑。但由于请来负责烧砖技术的专家是个骗子，千辛万苦烧制的成品砖成了一堆毫无用处的废物。

从哪里跌倒就从哪里爬起来，少安又借钱贷款，重新开启砖窑，终于他成为石圪乡最有声望的农民企业家。可惜在他捐建的新学校典礼仪式上，心爱的妻子贺秀莲吐血晕倒，被诊断为肺癌，不久就去世。

对于我们大多数人来说，生活的变化是缓慢的。今天和昨天似乎没有什么不同，明天也可能和今天一样。也许人一生仅仅有那么一两个辉煌的瞬间——甚至一生都可能在平淡无奇中度过。不过，细想起来，每个人的生活同样也是一个世界，即使最平凡的人，也得为他那个世界的存在而战斗。在这个意义上，从少安、少平两兄弟身上，我们看到了人生的自尊、自信与自强，人生的奋斗、拼搏与追求，虽然也有无奈、挫折与痛苦，但更多体现出的是在平凡世界中的精彩、收获与幸福！

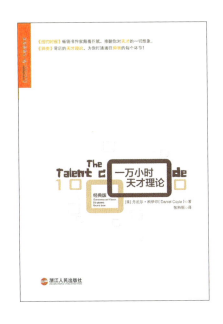

# 一万小时天才理论

[美] 丹尼尔·科伊尔 — 著

张科丽 — 译

　　"一万小时法则"的关键在于：没有例外之人。没有人仅用 3000 小时就能达到世界级水准；7500 小时也不行；一定要一万小时——10 年，每天 3 小时——无论你是谁

　　天才是天生的还是后天的？基因与环境哪个力量更强？

　　我们都会不假思索地说，丁俊晖是斯诺克天才，菲尔普斯是游泳天才，詹姆斯是篮球天才，艾米莉·勃朗特是写作天才。但是，丁俊晖说："我不是神，我的成功是一点一滴努力的结果。"菲尔普斯认为，他的成功很大部分要归功于训练，如果休息一天，实力就会倒退两天；如果想让篮球小皇帝詹姆斯跳投不准，最有效的办法就是让他一个月不训练；《呼啸山庄》的作者艾米莉·勃朗特写了无数的笔记和书稿才成就了自己的不朽著作。大家都以为这些人是上天的宠儿，但是他们自己知道，他们只不过是做了正确的事情，一直坚持努力而已。

　　作者在大量实例的支持下，否定了天才天生的观念，天才拥有的细胞类型，我们平常人基本上也拥有。达尔文就说过："我一直认为，除了傻子，人在智力上差别不大，不同的只是热情和努力。"其实，一旦有人花费一万小时进行精深练习，任何人都可能获得世界级技能！

书中提出了一个"一万小时法则"，这一"法则"是由20世纪70年代的心理学家提出的，他们认为所有世界级专家（从作曲家、外科医生到足球运动员）都需要经历一万个小时（一般超过10年）的刻苦练习。这与我们俗话所说的"台上一分钟，台下十年功"也是相吻合的。作者把天才的成功总结为3个方面：精深、激情和伯乐。要有刻苦的训练、激情的支撑，还要有良师的指导。这三者相加，就可成就某个领域的天才。用简单的一条公式解释，就是：精深练习×一万小时=世界级技能。

精深的练习是建立在一个悖论之上的：朝着既定目标挣扎前进，挑战自己的能力极限，不断犯错，这会让你更聪明。类似的说法是，做那些不得不放慢节奏的事情，犯错并加以改正。美国的许多儿童知道，"如果不成功，那就再试一试"；德国的许多孩子知道，"如果想变聪明，请犯错"。这些错误并不是真正的错误，而是信息，就像地图上的一个点，它为你指出正确的前进方向和错误的方向。这与我们传统所说的"失败乃成功之母"有异曲同工之妙。

这本书提出一个很好的科学观点，说髓鞘质是"交流、阅读、学习技能，人之成为人的关键"，髓鞘质是给一个庞大的神经回路包裹上的东西，需要大量的精力和时间才能形成。如果你不爱它，就不可能逐步完善，达到巅峰水平。正如"无他，唯手熟尔"，任何领域的任何专家都要经过一万小时专心致志的练习。"优秀运动员训练时都做了些什么？训练中，他们沿着回路产生精确的脉冲，从而发出信号把那条线路髓鞘质化。所有的训练完成后就拥有了超强的线路——畅通的带宽，高速的T3传输线，就是那条线路让他们出类拔萃。"

精深练习就是要构建神经回路，并使之裹上绝缘体，形成髓鞘质。

如何进行精深练习？作者介绍了"三大秘技"。第一式：组块化。整体了解一项任务，即一个大的组块，形成大的回路；尽可能把它分解成最基础的组块；花时间慢动作练习，再加速，以了解其内在的结构。第二式：重复练习。练习并不能使之完美，反复的练习才能使之完美。第三式：尝试体会。精深练习不是简单的挣扎，而是有目的的奋斗，每天3至5个小时：选定目标、努力争取、评估差距、回到初始步骤。

激情：这是天才理论的第二大元素——动力燃料。因为精深练习不是一碟小菜，它需要精力、激情和投入。一个小小的念头就可能产生了无穷的力量。大部分孩子不是天生就想成为音乐家、艺术家或运动员的，他们的理想源自某个清晰的信号，源自他们的亲人、家庭、老师身上的某些东西，那个信号触动了几乎无意识的反应，产生了强烈的变化。这种反应具象化成一个念头：我想成为像他们那样出类拔萃的人。可能这个念头纯粹出于偶然，但是偶然带来必然的结果，这个结果正是他们的激情被点燃，并能一直燃烧。正像许多学校和家长培养孩子，让他们到著名的大学参观，然后让孩子产生想上那所大学的念头，从而为之不懈努力。

伯乐：伟大的教练的教学更像艺术家，而非科学家。有经验的教练拥有同样的目光：坚毅、直入人心、坚定，倾听的时间多过说话的时间，花大量时间纠正细小而有针对性的具体问题。训练高度刺激、超负荷、高强度、高要求，不断讲解、示范、模仿、纠正，然后重复。正如2017年热播的印度电影《摔跤吧！爸爸》中的爸爸教练一样，对自己的女儿要求严格，高度敏感，能够根据女儿的特点，使用不同的有效指导方式。同时，能够激发女儿的自信和激情，然后把小火花培养成熊熊之火。

哈佛图书馆的箴言是：谁也不能随随便便成功，它来自彻底的自我管理和毅力。中国也经常用"十年磨一剑"来鼓励大家坚持不懈地努力。其实，我们每个人，只要认准了一个方向，找到自己喜欢做的事情，每天坚持，10年下来，也许不一定能达到世界级的水准，但在这个领域内肯定能取得自己比较满意的成就。

# 活着

## 余华—著

你千万别糊涂，死人都还想活过来，你一个大活人可不能去死

  余华是我国现代的著名作家，他写的《活着》和《许三观卖血记》同时入选百位批评家和文学编辑评选的20世纪90年代最具有影响的10部作品。1994年，《活着》还改编成电影，由张艺谋执导，葛优、巩俐等主演。该片获得第47届戛纳国际电影节评委会大奖、最佳男演员奖等奖项。1998年，《活着》还获得了意大利格林扎纳·卡佛文学奖。

  关于这本小说的创作，余华说是听到了一首美国民歌《老黑奴》，歌中那位老黑奴经历了一生的苦难，家人都先他而去，而他依然友好地对待这个世界，没有一句抱怨的话。这首歌深深地打动了他，于是决定写一篇这样的小说，这就是《活着》，要写出人对苦难的承受能力，对世界乐观的态度。一位诗人说：人类无法忍受太多的真实。可从本书主人公福贵的经历让大家深刻地体会到，人要忍受生命赋予我们的责任，忍受现实给予我们的幸福、苦难、无聊和平庸。人是为活着而活着的，而不是为了活着之外的任何事物所活着。生活是属于每个人自己的感受，不属于任何别人的看法。

主人公福贵出身地主家庭，年轻时吃喝嫖赌，他坦然地认为："凭什么让我放着好端端的日子不过，去想光宗耀祖这些累人的事。再说我爹年轻时也和我一样，祖上的两百多亩地，到他手上一折腾就剩下一百多亩。"然而，福贵在与龙二的一场大赌中，输掉了所有的田地和房屋，气得他爹都自杀了。穷困潦倒之际，富贵一家四口（福贵、他娘、妻子家珍、女儿凤霞）只好搬到茅屋里，向龙二租了4亩地，靠辛勤劳动过日子，虽然又苦又累，但每天福贵一挨到床就呼呼地睡了，心里反倒踏实了。

安稳的日子刚过不久，福贵的岳父就把怀孕的家珍带走了。幸好，家珍还是念及这个家，又高高兴兴地带着半岁的儿子有庆回来了。就在他们认为日子会慢慢地好起来、家境会重新发起来的时候，福贵的娘不时头晕昏倒，他就凑了些钱去县里请郎中。但倒霉的他却被抓壮丁抓走了，成为一名国民党士兵。他在部队一直想逃走，但担心一旦被抓住的话很可能被打死，于是富贵就在国民党军队一直待着，直到被解放军包围。

解放军很好，给福贵发了回家的路费。正好村里土改，福贵分到了原来租的5亩地，而龙二可就倒大霉了，当地主不到4年就被枪毙了。有地的日子福贵才有了主人翁的感觉，日子过得很快，女儿凤霞17岁了，但由于小时候感冒发烧未及时医治，变得又聋又哑，嫁不出去；妻子家珍得了软骨病，生活自理变得困难；儿子有庆上学了，善长体育，是学校的长跑冠军，但在给县长老婆献血的时候，由于抽血过多而死去。

幸好有村长的介绍，给凤霞找了个城里的"偏头"叫二喜，二喜会干活挣钱，风风光光地迎娶了凤霞，又很心疼她，让全村的人都很羡慕。可惜好景不长，凤霞在生儿子苦根时大出血而死。儿女双亡，家珍再也撑不住了，不过她死前认为："凤霞、有庆都死在我前头，我心也定了。用不着再为他们操心，怎么说我也是做娘的女人，两个孩子活着时都孝顺我，做人能做成这样该知足了。"

二喜带着苦根在城里干活，不时来看看福贵，日子也过得不错，可是人有旦夕祸福，二喜在干活时被一排水泥板压死了。可怜的苦根跟着外公福贵很听话，很讨人喜欢，但有一次实在太饿了，吃了很多豆子，竟然被活活撑死了。最后只剩下福贵一个人孤苦零丁的。他买了一头老牛相伴，别人都觉得他很可怜，可福贵认为："年轻时靠祖上留下的钱风光了一阵子，往后就越过越落魄了。这样反倒好，看看龙二和春生（其在国民党军队的战友，解放后当县长，"文革"时自杀了），风光了一阵子，到头来命都丢了。做人还是平常点好，争这个争那个，争来争去赔了自己的命。像我这样，说起来越混越没出息，可寿命长，认识的人一个接着一个死去，我还活着。"

对福贵而言，活着是一个人对自己经历的感受，一个小人物在大时代与命运的抗争。可无论怎样，他都相信生命的下一个路口会有曙光，即使生活给他的痛苦远远大于他那微乎其微的幸福感，他依然坚毅地活着。活着的意志，这是福贵身上唯一不能被剥夺的东西，也是对生命最本质的解读。

活着，简单两个字给予了人生最简短的总结，也赋予了世人最大的勇气。所以，不管遇到多大的困难、挫折或打击，我们都要活着，像福贵那样顽强地活着！

# 我与父辈

### 阎连科 — 著

*一个人的成长，最重要的需求不是物质的吃穿和花费，不是精神上大起大落的恩爱和慈悲，而是物质和精神混合在一起的那种细雨无声的温情与滋润*

　　书，能让人看哭的很少，而这本，很有可能就让你情不自禁地流下感动的泪水！

　　曾记得20世纪80年代末台湾拍过一部电影《妈妈，再爱我一次》，当时去看电影的人们，特别是女同胞，一定要带上手绢，因为这部以母子亲情为主题的电影，感人至深，催人泪下，基本上没人能抵抗这股强烈的情感冲击，观影时只听见哭声一片。母爱，是人性永不磨灭的光辉！而电影的主题曲"世上只有妈妈好，有妈的孩子是块宝，没妈的孩子像根草……"不时被人们传唱。

　　这本书，则是作者阎连科对父辈的一次祭奠，是一个常有过错的儿子跪在祖坟前的默念、回想和悔恨。在回忆父辈时，他不止一次地将自己的丑陋与父亲叔伯们的宽宏作比较，不止一次地对自己应尽而不为的行为表达出捶胸顿足的悔恨。他说："这让我想到我们这些做晚辈儿女的，总是要把父母对我们少年时的疼爱无休止地拉长到青年和中年，只要父母健在，就永远把老人当做当年三四十岁的壮年去对待，永远把自己当成少不更事的孩童去享受父母给我们的关心和疼爱，哪怕自己已经是壮年，而父母长辈们已经步入老年的行列。因为这种疼爱像河流般源远而流长，我们便以为那疼爱是可以取之不竭的；因为取之不竭、用之不尽，所以我们也并不把那爱放到心上去。许多时候，甚或把那疼爱当作累赘和包袱，当作烦琐和厌恶，想把长辈的疼爱扔掉就像割掉长在我们背上的瘤。直到有一天，长辈老了、父母病倒了，我们才明白父母和长辈，都早已为了生活和儿女、日子和碎琐，精疲力竭，元气耗尽，而我们，也已经早就不是了少年和青年、不是了青年和壮年。"

在书中，阎连科不构思、不设计、不精雕细刻和推敲琢磨，让笔沿着他最心疼、最心暖的思绪走下去，有之则言，无之则止，让他笔下的一朵云、一根草、一声鸟鸣都和柴米油盐联系在一起，都和那块土地的黄土生长在一起。让我感动的是，作者所叙述的他的父辈们在他们的一生里，所有的辛苦和努力，所有的不幸和温暖，都是为了活着和活着中的柴米与油盐、生老与病死，都是为了柴米油盐中的甘甘苦苦与生老病死中的挣扎和苦痛。当然，更让我感动的是在这种艰辛和苦痛中，父辈给予下一辈的无私的、浓浓的爱。

身为农民的父亲，自做了父亲的那一日开始，他们就刻骨铭心地懂得，自己最大最庄严的职责，就是要给儿子盖几间房，要给女儿准备一套陪嫁，要目睹着儿女们婚配成家、有志立业，这几乎是所有农民父亲的人生目的，甚或是唯一的目的。同时，房子也是一个农民家族富足的标志和象征。为了盖那几间房，阎连科父亲领着他和哥哥姐姐，破冰过河去山沟里拉做地基的石头。这不是冒着寒冷劳动了一个冬天，而是顶风冒雪打了一场为盖房子不得不打的卓绝的命运与人生的战役。只穿裤衩和布衫，蹚过齐腰的河水，把石头运到河这边，再拉到村子里。1984年，在家排行最小的阎连科在最后盖起的两间瓦房里成了婚。可不久，父亲就离大家而去了。父亲30多岁就得了哮喘病，但病情加深，最直接的原因，是对阎连科山高海深、无休无止的担忧。20岁的他去当兵后，正好碰上对越自卫反击战。在战争持续的一个多月里，阎连科父亲彻夜不眠，独自到后院顶着夜寒通宵散步，好不容易稍好的病又复发，且更加严重，成为6年后故逝的直接原因。如果不是亲历，不会体会到，一个有儿子参军的父亲，会对战争与儿子有那样的敏感和忧虑。可怜天下父母心，担忧的是"古来征战几人回"啊！

　　每年四叔从新乡城里回农村探亲时，都让阎连科羡慕和向往，但当他进城与四叔一起打工时，看见四叔在一片油污中干了3个半小时才修好机器，特别是看到四叔没有好衣服，坐着等头天晚上洗的那件"的确良"白衬衫干了，才穿着去参加同事的婚礼，喝醉了回来对他又反复地说："人活着咋这样辛苦哪！"阎连科才深刻体会到四叔曾说过的"天下没有一碗好吃的饭"。

　　大伯家有8个孩子，生活的艰辛可想而知。大伯作为一名偏僻乡村的农民，可以说极尽平凡和卑微，而他，却用他的努力和善良，成为堪用"超凡"去形容的尊贵的生命和尊贵的人。大伯的儿子铁成当兵不到一个月就自杀了，大家要去部队告状时，大伯却说："我们家遭灾了，就别让别人跟着这灾遭难遭殃了。"阎连科感到大伯内心的苦痛仿佛一眼望不到底的井，可大伯的所说所为，却宽阔如无边的田野和大地；有一次去邻县运卖苹果时，大伯的第八个孩子、那个总是笑声不断最为开朗的、才十七八岁的连云遇车祸去世了。大伯到部队找阎连科聊天，当他看着阎连科泪流满面时，还劝说："连云走了很长时间啦，你不用伤心，这就是她的命，是她的命让她这么小就离开我们的。也许走了好，其实人活着也是活受罪。吃不完的苦，受不完的罪。"后来，阎连科工作繁忙时，大伯对他说："人生啊，活着就不要特别劳累自己，你年轻活着时，要好好和生活相处在一起；到你年老，疾病和孤独降临时，你一定要和死亡好好相处在一起，别忘了死亡其实每时每刻都如影随形地跟着你，也别每天都记住死亡每时每刻都和你在一起。"

父爱如山！爱得那么深沉、那么无私、那么伟大！比起父辈们的养育与教导之恩，我们为他们做再多都不足以回报！孝敬父母应该从小就开始，体会父母的艰辛不易和良苦用心，从思想上、行动上尊重、心疼父母，而不要有"子欲养而亲不在"的悲哀！

# 明朝那些事儿

当年明月 — 著

*历史证明，只要中国人自己不折腾自己，什么事都好办*

　　这套书几乎是一个流行文化研究的经典案例，具备了流行文学传播的一切因素。最开始源于天涯煮酒论史论坛，并在天涯引发了著名的"明矾倒版运动"，后又得到新浪的强势介入和支持，进一步催化了网络疯狂流行。更为关键的是，这是一套穿着流行文化外衣的严肃历史作品，几乎忠实于《明史》，这一股标新立异的"反串"范儿，本身就令人着迷。2006年，其在网络连载后出版成册，立即就畅销大江南北，现在销量已超过2000万册，被冠以"新中国成立以来，最畅销的史学读本"美名。这套是2011年修订增补的9册版本，比以前的版本增加了很多插图、表格和"参考消息"，更加丰富多彩、幽默有趣。作者本名石悦，被大家称为草根讲史的集大成者，1979年出生，从小喜欢历史，据说5岁就读《上下五千年》，中学时已经读了12遍，中南财经政法大学法律专业本科毕业后，一边在海关工作，一边加班写书，真可谓是一分喜好，一分辛劳，一分收获。

正如作者所说，这是一部让人可以在轻松中了解历史的书、一部好看的历史。《明朝那些事儿》既不是以严肃面目出现的编年体或纪传体史书，也不是胡编乱造的小说，绝大部分历史事件和人物，甚至人物对话都是有史料来源的，作者再运用流行文学的描写手法，让大家读得津津有味。"乱拳打死老师傅"，无门无派，不是科班出身的作者自己杀出了一条血路，还被称为"心灵历史开创者"。事实证明，只要你够牛，你自己就是一个体系。

从出生时红光满地、邻居以为失火跑来相救的开国皇帝朱元璋开始，到自挂煤山歪脖树上的崇祯皇帝朱由检结束，这套书介绍了元末1344年到明灭1644年三百年间发生的那些事儿。全书基本以16位皇帝为中心，按照时间顺序描述，着墨较多的是开国皇帝朱元璋、建树卓著的永乐皇帝朱棣、在位时间最长（48年）的万历皇帝朱翊钧以及明朝最后两个皇帝朱由校和朱由检。作者力争以戏说正史的面目呈现给大家，参考资料主要是《明实录》这样的官方记载文献，全书描绘的主要是皇帝、内阁、太监之间斗争的那些事。总体上讲，斗争有发生在内阁与太监之间，也有内阁之间或太监之间，也有看起来是大臣和皇帝之间，事实上皇帝一般是看着大家斗争，最后再一个个抄家灭门，把他们搜罗的金银财宝装入自己的腰包。当然，皇帝也不是为所欲为的，明朝的谏官很厉害，有些事就是不让皇帝干，哪怕被处死也在所不惜。

明朝，本来就是一个奇特而不可思议的朝代，是中国历史上最后一个汉人皇朝，也是唯一的自南向北以南方军队击败北方游牧民族而统一天下的皇朝。艰苦卓绝的开国史、郑和七下西洋、编撰《永乐大典》、张辅平安南、永乐亲征漠北等，无一不是可以写成鸿篇巨制的传奇。除了这些激荡人心的事之外，还有相当多的昏庸皇帝、奸佞权宦和其他趣事。比如，正德皇帝经常自贬身份给自己封个将军当当，万历皇帝几十年不上朝见大臣，天启皇帝的一手好木匠手艺，明宫三大疑案，东厂、西厂、锦衣卫之恐怖，"九千岁"魏忠贤的狠毒，中流砥柱袁崇焕的千古奇冤等，这一桩桩事迹虽称不上惊心动魄，但也足够精彩。于是，"土木堡之变"，于谦、王振等历史人物，就被梁羽生写进其代表作《萍踪侠影》。《倚天屠龙记》《笑傲江湖》《新龙门客栈》等多部流行武侠小说或电影也都喜欢以明朝为背景。

明朝反腐斗争之猛烈在历史上是史无前例的。因官吏贪污导致其父母饿死的朱元璋最憎恨腐败，所以他有一个梦想，要创造一个真正纯净的王朝，一个官员清正廉洁、百姓安居乐业的王朝。他当上皇帝就颁布了最严厉的肃贪法令：贪污银子六十两以上者，立杀。杀了还不解恨，还要把贪官的皮剥下来，塞上稻草，挂在土地祠供大家参观。可是，"贪官杀不尽，春风吹又生"。据统计，洪武年间，因贪污受贿被杀死的官员有几万人，全国从府到县的官员很少能够做到任满，大部分被杀掉了。整个明朝，除了偶像级别的海瑞海青天等极个别人外，基本上是无官不贪。无论是魏忠贤或刘瑾这样的大太监，还是严嵩或张居正这样的内阁首辅，抄家的时候，家中的财富都是令人瞠目结舌的。不说别的，张居正的交通工具——轿子，就奢侈得令人难以相信。轿子面积达50平方米以上（相当于5辆加长林肯并排），分为会客室和卧室两部分，特设卫生间，两旁还有观景走廊，轿中有两个仆人负责饮食起居，需要至少32个人才能抬得起。

历史很精彩，但未必能写成精彩的历史，而本书作者，从浩繁的明朝历史中理出了轻重缓急，有的浓墨重彩，充分分析阐述；有的则一笔带过，绝少拖泥带水。再加上轻松幽默的语言，就特别能吸引人。虽然书很畅销，但也有专家批评："《明朝那些事儿》之类的书，主要是以趣闻方式写历史，大多数不外乎帝王将相，这会使我们的历史观变得狭隘化、狭窄化，无助于我们对历史更为宏观的判断。"对此，我认为，现代的学生思维比较活跃，也具有一定的判断能力，通过快乐的阅读，能够了解历史、增长知识、开阔视野，何尝不是一件幸事？

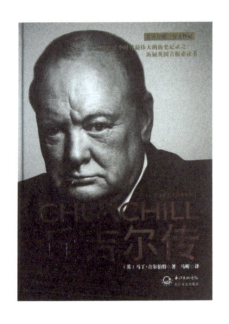

# 丘吉尔传

[英] 马丁·吉尔伯特 — 著

马昕 — 译

*成功不要紧，失败不认命。继续前行的勇气，才最可贵*

　　《丘吉尔传》是非常精彩的一本书，其原因在于：第一，丘吉尔是唯一获得诺贝尔文学奖的国家领导人。这是非常不容易的，丘吉尔一生从政，公务那么繁忙，还笔耕不辍，出版了那么多颇受欢迎的著作，如《世界危机》《第一次世界大战回忆录》《第二次世界大战回忆录》《英语民族史》等；第二，丘吉尔具有坚忍不拔的意志和永不放弃的信念。他一生跌宕起伏，几经坎坷。33岁就担任了商务大臣，但直到他在13个大臣的岗位上就职过后，才以66岁的高龄担任了首相，这是一般人难以做到的。在"二战"中，不管法西斯多么嚣张、战争形势多么危急、英国人的士气多么低落，他都是抱着必胜的信念鼓舞大家去英勇地奋斗，永不气馁，永不言败。1945年"二战"胜利后，他在连任竞选中失败；但在1951年，他又以77岁的高龄再次当选首相。第三，丘吉尔具有非凡的演讲才华。1940年6月他当选首相后在下院的演讲，有人评价："这篇演讲敌得过一千门大炮和一千年来的所有演讲。"精彩的演讲不仅为丘吉尔赢得了政治资本，还为他带来了丰厚的经济收入，仅靠巡回演讲的报酬就可以过上比较舒适的生活。第四，第二次世界大战得以胜利，除了世界反法西斯军民的英勇奋战，重要人物的推动作用也非常关键，丘吉尔就是这样一位关键人物。"二战"中，为了鼓舞法国及一些欧洲国家抗战的士气，为了协调苏联和美国更好地协同作战，他都三番五次飞到这些国家去面谈，亲自做说服工作，为增强盟军的凝聚力和取得战争的胜利做出了突出的贡献。

丘吉尔，1874年出生在英国牛津郡伍德斯托克，他小学时，成绩不太好，但进入哈罗中学后，校园歌曲激起了他的热情，那些振奋人心的歌词表达的爱国情绪从此以后留在他身上，也成为他政治行为的主要推动力。中学里，他对世界形势和历史知识非常感兴趣，并赢得了学校击剑锦标赛冠军。毕业后，他加入了步兵团。1897年，23岁的丘吉尔被提拔为副旅长，当年9月被派到西北边境，其间他给《每日电讯报》写战争快报，同时创作小说，每天花6个小时写作，这当然不是那么容易的事。他对母亲说："我的食指被磨出了一个口子，每句话都是花很大力气和反复润色才写出来的。"《马拉坎德野战军纪实》的出版让他获得了2250英镑的收入。对他而言，显然可以凭借写作谋生了。1899年，他竞选奥海姆的议员失败后，从失败中有了新的收获，他说："现在我在没有准备的情况下也可以很轻松地发表演讲了，这是一个永远用不坏的武器。"

1900年10月，丘吉尔成功当选为奥海姆的议员，并成为本次选举中最受欢迎的两三个演讲人之一。他马上开始从事另一份职业，即收费演讲人。一位职业演讲经纪人为他安排了一次巡回演讲，在英国各地为听众讲述布尔战争，标题为"我眼中的战争"，丘吉尔可以从门票收入中分成。1908年，年仅34岁的丘吉尔进入内阁担任商务大臣，后来又多次担任过内政大臣、海军大臣、军需大臣、陆军和空军大臣、殖民事务大臣、财政大臣等职务。1939年8月31日晚，德国突袭波兰，"二战"正式爆发。在德军高奏凯歌、英军节节败退的情况下，英国首相张伯伦受到大家的一致指责。1940年，丘吉尔成为首相。他在议会下院进行演讲："即使欧洲大片的土地和许多古老著名的国家已经陷入或可能陷入秘密警察和纳粹统治下种种罪恶机关的魔掌，我们也绝不动摇，绝不气馁。我们将战斗到底。我们将在法国作战，我们将在海上和大洋中作战，我们将在空中愈来愈有信心、愈来愈有力量地作战，我们将保卫我们这座岛屿，不惜一切代价。我们将在海滩上作战，我们将在敌人登陆的地点作战，我们将在田野和街头作战，我们将在山区作战，我们决不投降。"整个下院被深深打动了。

经过全世界反法西斯力量的共同努力，1943年9月意大利法西斯投降，1945年5月1日希特勒自杀；8月15日，日本天皇宣布投降。1965年1月，丘吉尔病逝，享年91岁。英国政府为他举行了国葬，这是惠灵顿公爵去世后一个多世纪以来，英国政府首次为平民举行国葬。

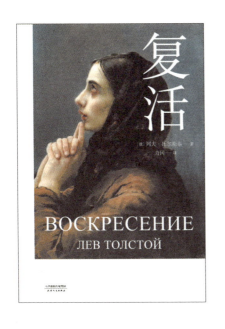

# 复活

[俄] 列夫·托尔斯泰 — 著

力冈 — 译

*如果爱一个人，那就爱整个的他，实事求是地照他本来的面目去爱他，而不是脱离实际，希望他这样那样……*

　　托尔斯泰是世界文学巨匠，最著名的作品有三部：《战争与和平》《安娜·卡列尼娜》和《复活》，他的作品把俄国文学推向了新的巅峰，也征服了世界。《战争与和平》写出了战争给人们带来的灾难与人们对和平的渴望；《安娜·卡列尼娜》反映出幸福的家庭总是相似的，不幸的家庭各有各的不幸。这两部作品都比《复活》要长不少，反映的主题也与《复活》有很大不同。《复活》始写于1889年，完成于1899年，前后持续了10年时间，真可以用"十年磨一剑"来形容，且内容确实是体现了巨匠的才华和水平。

　　《复活》隐喻了一个人泯灭的良知在某种精神力量的感化下可以获得重生。男女主人公涅赫柳多夫和玛斯洛娃的心灵在各自经过心灵的折磨和灵魂的拷问之后，都得到了复活。涅赫柳多夫年轻时欺负了玛斯洛娃，几年后在偶然作为陪审员时发现审判的是玛斯洛娃，心里产生了沉重的愧疚感，然后通过自己的努力去挽救玛斯洛娃，在挽救的过程中心灵得到了重生；而玛斯洛娃在被帮助的过程中，也逐渐燃起了对生活的信心和对生命意义的理解，重新过上了正常的生活。此外，作品对当时俄国社会各阶层的生活状态和各种复杂尖锐的阶级矛盾，也有深刻的描述和分析。通过男女主人公的人生经历，无情揭露了贵族上流社会豪华奢侈的生活、沙皇司法制度的腐败和法官们的昏庸无能、官办教会的伪善和冷酷，充分暴露了监狱的黑暗和囚犯们的悲惨命运，生动描绘了农奴制度下农民们在饥饿线上挣扎的赤贫生活以及他们和地主阶级之间的尖锐矛盾。

其实读《复活》，感触最深的一点是一个人思想的转变。不管是涅赫柳多夫还是玛斯洛娃，在思想转变之前，过的生活表面上愉悦、自在、潇洒，其实回过头来看，实际上是在放纵自己、糟蹋自己。转变之后，觉得生活真的有意义、有价值了，人的精神状态也焕然一新。这也说明了我们一直所提倡的人生观、世界观、价值观的重要性，人为什么活着，人生的意义是什么？事实说明，人最大的价值是在对别人的帮助、对社会的奉献当中得到充分体现的。正如司马迁所说："人固有一死，或重于泰山，或轻于鸿毛。"只有真正实现了价值的死才会重于泰山，流传千古。

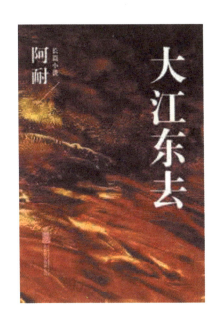

# 大江东去

阿耐 — 著

> 作为一个集体经济的领军人物，如果你先贪财，如果你失去你的信念，如果你没有一点牺牲精神，你那个集体经济将很快缺乏向心力，很快土崩瓦解

　　"大江东去，浪淘尽，千古风流人物……江山如画，一时多少豪杰……"苏轼的这首《念奴娇·赤壁怀古》，是被誉为"千古绝唱"的名作，是宋词中流传最广、影响最大的作品之一，也是豪放词最杰出的代表之一。阿耐的这部小说就以《大江东去》为名，气势磅礴，内涵丰富，共分为上中下三册，将近180万字，以经济改革为主线，全面、细致、深入地展现了1978年之后中国改革开放30年来经济领域的改革、社会生活的变化、政治领域的变革以及人们精神面貌的改变。这部小说被誉为"描写中国改革开放30年的第一奇书"，是近30年唯一可以和《平凡的世界》相媲美的小说，荣获中宣部"五个一工程奖"。

　　这部小说的精彩之处在于：一是人物代表性强，个性鲜明。比如，农民企业家代表雷东宝以及他的"四大金刚"，国营企业的代表宋运辉，个体户代表杨巡，海归派代表梁思申，政府官员代表老徐等，这些人物代表了推进改革开放的主要力量。二是故事逻辑性强，合情合理。比如，宋运辉如何成为雷东宝的小舅子，梁思申又如何成为宋运辉的再婚妻，梁思申外公以投资者兼亲戚的身份如何指导雷东宝和宋运辉推进企业改革等。三是语言可读性强，细腻流畅。女作家的语言运用确实很细腻，描写很生动，特别是外公与梁思申之间的语言交锋，各不相让，可谓是针尖对麦芒，在争吵中体现了他们的人生智慧。四是时间性强，逐年推进。这部小说反映改革开放30年的发展变化，从1978年写到2008年，章节的标题就以年份为题，逐年写下去，读后让我们体会到当年我国政治经济社会领域发生的一些大事和重大变化。

宋运辉从小喜欢读书，积极上进，"文革"后参加高考，总算没有受到家庭成分不好的影响，顺利考上了大学。大学里，他作为小学四年级的辅导员，认识了聪明漂亮的小学生梁思申。梁思申后来去美国读书，一直以宋运辉为赶超对象。宋运辉大学毕业后，由于县委徐书记的推荐，直接被金州总厂的水书记要走了。宋运辉工作非常勤奋，从基层三班倒的工作开始，每天平均在车间工作14个小时，经考核很快就被破格提拔为工程师。此时，常务副厂长程厂长很单纯的女儿程开颜，迷恋、倒追他，两人就结婚了。宋运辉鸿运当头，既负责新车间的建设，又负责出口科的工作。但好景不长，新上任的闵厂长与水书记不和，对宋运辉不断排挤。经过一番激烈的明争暗斗后，宋运辉到系统内的东海厂，先任副厂长，后任厂长。为了稳固自己的地位，他必须保证东海厂有过硬的技术和不可替代的产品，因此需要与国外厂商合作。梁思申读完MBA，代表外商到东海厂进行考察，可说是人见人爱，花见花开。宋运辉与梁思申的感情越来越好，与程开颜的共同语言却越来越少，虽然被自己母亲批评说家里出了个"陈世美"，但宋运辉还是离了婚，与梁思申结婚。两人过上了幸福美满的生活，宋运辉也带领东海厂在改革的大潮中不断发展壮大。

参军转业的雷东宝，在村里先代理副书记，带头搞承包责任制、在村里组织烧砖窑，很快就赢得了村民们的信任。偶然间他碰到宋运萍，宋运辉的姐姐，就喜欢上了。宋运萍对雷东宝的感觉也不错，两人情投意合，并在之后举行了婚礼。能干出色的雷东宝被提拔为大队书记，他适应改革的发展，组织了工程队，豪情满怀地向全村人宣布："每家都有一个劳力像工人一样每月领工资，每个社员能像工人一样报销医药费，所有社员到60岁以后跟工人一样拿劳保，保证饭吃饱。"可是不久，由于雷东宝带领工人到市电线电缆厂讨账，怀孕的宋运萍在家帮着给运输司机签字画押时，不小心踢到刺棱的钢筋，大出血死亡。雷东宝痛苦之至，茶饭不思，寝食不安，此后慢慢才把精力转移到工作中。雷东宝后来又建了铜厂，成立雷霆公司，他和"四大金刚"占的股份更多一些。然而不久，小雷村财务室查出不少行贿证据，又有人举报雷东宝带头组建什么集资公司，侵吞集体资产。就这样，雷东宝被抓了。在宋运辉的运作和帮助下，雷东宝保外就医出来，吸取教训，推行股份制改造，重金挖来技术专家项东，一时发展得春风得意。但项东建议一定要投入资金开发技术含量高的产品，可雷东宝不听，一心一意扩规模。随着1998年亚洲金融危机的来临，小雷村的产品积压严重，内外交困之下，他这个曾经全村人民爱戴并尊崇的书记，被村子里的老人拦住，齐声高喊："雷东宝，退位。雷东宝，退位……"雷东宝忽然觉得眼前一片昏暗，他庞大的身躯轰然倒塌在众老人的面前。

杨巡，刚开始挑担卖馒头起家，然后到东北做电线生意。他拿出来的电线质量与普通的差不多，但价格很低；他人脚勤快，会自己寻上门来问要不要新的品种；他嘴巴甜不说，小恩小惠不断，什么茶叶、米糕、上海奶糖之类江南特产总是多少带上一点，让众人分享；他送货最及时，风雨无阻，就算下刀子也不耽误。只要被杨巡粘上的客户，就没有再想改换门庭的。杨巡在一年多时间里就发达起来了，可由于他借钱给老王卖电缆给煤矿，结果煤矿因电缆问题引发爆炸，炸死了好多人，他们的一排仓库被煤矿的人砸坏，杨巡的手臂骨折。但他不仅没溜，还从医院带伤出来，主动向客户说明情况，商量解决办法，以诚心获得大家的谅解和帮助。后来他又搞电器市场，生意日益发达。梁思申回国与杨巡合作，但杨巡做假账，从账上取走了合资公司的钱，丢弃了以前很好的诚恳热情守信的品德。在宋运辉的教导指点下，杨巡不断反省，才又走上了正道。杨巡看上了他公司的会计任遐迩，任遐迩虽然长相一般，但人心善良，踏实能干，有这么个能耐下心来在数字堆里翻滚的人与他夫唱妇随，那简直是武林高手双剑合璧，天下无敌。杨巡原来有个外号叫"小杨馒头"，两人结婚后，他给任遐迩取个外号叫"面包"，两人背着人就开心地以"馒头""面包"相称。

改革的潮流滚滚向前，在这个过程中人们各显身手，人才辈出；同时，不可避免地会鱼目混珠，泥沙俱下。只有那些顺应改革潮流、刻苦努力、诚实守信、不断创新的人，才能真正走得好、走得远！

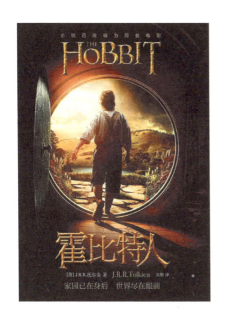

# 霍比特人

[英] J.R.R.托尔金 — 著

吴刚 — 译

*但我相信，能打败黑暗的，不是强大的魔力，而是生活中的小事和微小的爱*

托尔金是英国大文豪，天才的语言学家。他以瑰丽的想象和精深的语言，建立了一个英语世界的全新神话体系，其中影响最为深远的是《霍比特人》和《魔戒》。这两部巨作被誉为20世纪最为新鲜原创而又富于愉悦想象力的文学作品之一。

《霍比特人》完美地融合了史诗气派与童心稚趣。全书既充满悬念，又具有睿智的幽默，深深地吸引着无数读者。故事发生在精灵强盛的时代之后、人类统治的时代之前。那时著名的黑森林依然耸立，群山间仍旧充满艰险。

主人公是个霍比特人，名叫比尔博·巴金斯。虽然家族中有探险基因，但比尔博一直到年近五十，依然舒舒服服地住在由他老爸建造的那个漂亮的霍比特地洞里，看起来就要这么平平静静过上一辈子了。

然而，人生的改变可能就在那一刹那间。有一天，巫师甘道夫带着13个小矮人来到了比尔博家。他们演奏着乐器，尽情地欢唱。听着他们的歌声，比尔博在心中升腾起一股对美好事物的挚爱来，那些美好的东西是由灵巧的双手、智慧与魔法共同创造出来的。他突然间很想去看看那巍峨的山脉，想聆听松树的歌吟和瀑布的轰鸣，想探索一下那些洞穴，想要随身佩上一把宝剑而不只是一根手杖。

于是，比尔博作为"飞贼"——职业寻宝猎人，就跟随巫师和小矮人踏上了探险之旅，目的是抵达孤山，找到恶龙——斯毛格，夺回宝藏。

他们刚出发不久，就在森林里就碰到了三个恐怖的食人妖，他们将13个小矮人捆在袋子里，讨论着怎么吃他们。比尔博则躲在一丛灌木的顶梢，吓得不敢动弹。幸亏巫师及时赶到，让食人妖们一直争论到了天亮，变成了石头。这是因为，食人妖必须在天亮前遁入地下，否则它们就会变成制造它们所用的原料——岩石。

接下来的行程里，他们在山谷中碰到一场大雷雨，好不容易找到一个干的洞穴躲雨，倒霉的是这个洞穴就是半兽人的前门厅。晚上睡觉时，除了巫师反应快，其余的人都被半兽人抓到洞中。就在半兽人头领下令要把小矮人都杀掉时，巫师施展了魔法，熄灭了所有的灯火，并让正中央那堆大火的火星四处飞溅，溅到半兽人的人群中。在一片混乱中，巫师杀死半兽人头领，带着13个小矮人逃出了洞穴。

比尔博在逃跑途中从小矮人的肩上摔下，一头撞上了坚硬的岩石。等他醒来时，发现自己躺在一个非常黑暗的死角。他勉强猜了一个方向后，就朝着那个方向爬了很长一段距离，结果非常幸运地捡到了一个戒指，这成为他探险生涯的转折点。因为只要把戒指戴上手指，人就会隐形。后来比尔博碰到了在黑水边隐居的奇怪的生物咕噜，与他比赛猜谜语，击败了咕噜。咕噜只好给他带路。凭借咕噜的引领加上隐身衣，比尔博终于顺利地逃出。

比尔博赶上了其他矮人们。在森林中，他们受到群狼的攻击，只好逃到树上。群狼将他们团团围住，半兽人又来添乱，将每棵树点上火。危急关头，鹰王带着群鹰赶到，将他们救走。

探险的过程里虽然有艰辛，当然也有欢乐。后来他们遇到一个换皮人——贝奥恩。贝奥恩热情地在自家款待了他们，之后又派小马送他们到了黑森林。甘道夫因为要去参加白巫师大会，就让比尔博和矮人们一起上路了。

在森林中继续遭遇几次险境后，他们终于顺着河流来到了长湖镇。小矮人梭林自豪地介绍："我是孤山下的瑟罗尔王之孙，瑟莱因王之子！我回来了！"这个消息很快就如同野火一般传遍了整个镇子，人们兴奋不已：山下之王已回到故乡！

在镇上人类同胞的支持下，他们最后向孤山进发，进入了恶龙居住的洞穴。恶龙十分强悍，难以打败。比尔博在与恶龙的交谈中发现了它的软肋：在它的左胸有一块光秃的凹陷处。他通过老画眉把这个信息告诉了长湖镇弓箭手队长巴德。于是，长久以来兴风作浪、残害生灵的恶龙，在激战中终于被巴德用最后一支剑射中了它的左胸凹陷处，当即毙命。

长湖镇人和森林精灵组织联合部队前来讨要宝藏，但梭林等小矮人想独占。在对峙中，善良的比尔博找到梭林的心肝宝贝——阿肯宝钻，并送给了巴德，让他跟梭林谈判，换取宝藏中金银的十四分之一。就在第二天中午交付之前，梭林又反悔了。双方剑拔弩张之时，半兽人和野狼组成的部队杀到。大敌当前，人类、精灵和矮人们组成了联军。这是一场无比惨烈的战斗，双方厮杀得难分难解，关键时刻大鹰们和换皮人贝奥恩及时赶到，才使联军取得了最后的胜利。

最终比尔博带着荣耀和财富回到了家中。这趟冒险成为他最宝贵的经历与最美好的回忆。

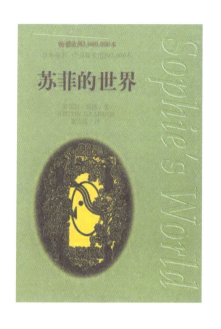

# 苏菲的世界

[挪威] 乔斯坦·贾德 — 著

萧宝森 — 译

*有两件事物我愈是思考愈觉神奇，心中也愈充满敬畏，那就是我头顶上的星空与我内心的道德准则。——康德*

乔斯坦·贾德是挪威一位世界级的作家，担任哲学老师多年，这本《苏菲的世界》是他最著名的小说，已翻译成54种语言出版，全球销售量超过3亿册，获得挪威、德国、西班牙等国图书大奖。乔斯坦·贾德凭借这本书奠定了其全球十大作家的地位。

为何这本书如此得到全球读者的喜爱？这是因为作者能将高深的哲理以简洁、明快的笔调融入小说情境，哲学加侦探、幻想，再加上宇宙观，使读者以阅读侦探小说般的心情浏览从柏拉图以前一直到20世纪的西方哲学史，不仅能唤醒人们内心深处对生命的敬仰与赞叹、对人生意义的关心与好奇，而且也为每一个人的成长——使生命从混沌走向智能、由困惑而进入觉悟之境，挂起了一盏盏明亮的桅灯，点亮一颗颗不灭的天星。

14岁的少女苏菲不断接到一些极不寻常的来信，世界像谜团一般在她眼前展开。"你是谁？世界从何而来？"有的信是写给她的，有的是艾勃特少校请她转交给一位比大一个月的女孩席德的。通过这些信她逐渐了解世界的奥秘。所谓哲学，指的是耶稣基督降生前600年左右，在希腊演进的一种崭新的思考方式。最早的希腊哲学家有时被称为"自然派哲学家"，因为他们关注的主题是大自然与它的循环和变化。他们相信，世上必定有某种"东西"，万物皆由此衍生，而且最终仍旧回归于此。最有代表性的是德谟克里特斯，他相信，大自然是由无数形状各异的原子组成的。其中有些是平滑的圆形，有些是不规则的锯齿形。正因为它们形状如此不同，才可以组合在一起，成为各种不同的物体。然而，无论它们的数量和形状多么无穷无尽，它们都是永恒不可被分割的。

　　苏菲觉得哲学很有意思，但不能忍受这个神秘的哲学家跟她玩捉迷藏的游戏。于是，苏菲给可敬的哲学家写了一封感谢信，同时要求见面。由于怕她妈妈发现，等她妈妈回家后才把信放到信箱里。一天后苏菲就收到了回信，哲学家叫艾伯特，不过艾伯特告诉她，暂时还不能见面，同时为了防范风险，从今以后，他不能亲自送信了，将会派一名使者来。

　　苏菲惊奇地发现送信的使者原来是一条叫汉密士的狗。这是多么有创意的行为啊！来信接着讲哲学，这次讲三位伟大的古典派哲学家：苏格拉底、柏拉图与亚里士多德，他们各自以不同的方式影响了整个欧洲文明。从公元前450年左右起，雅典成了希腊王国的义化中心。从此以后，哲学走上了一个新的方向，从关注自然世界的本质到主要兴趣在个人本身与每个人在社会的地位。三位大哲学家之后，希腊的哲学家们最关心的是何谓真正的幸福以及如何获得这种幸福。主要有四个学派：犬儒学派、斯多葛学派、伊比鸠鲁学派和新柏拉图学派。在这之后，宣称每一个人都可以得到上帝拯救与赦免的耶稣，被狂热的人们判了死刑。基督徒说他是为人类而死，这就是一般所称的"基督受难记"。耶稣的传人保罗通过不懈的努力，让受希腊文化影响的地区都成为基督教的世界。

终于，艾伯特打电话来，说情况紧急，约苏菲凌晨4点在圣玛莉教堂见面。艾伯特穿着棕色僧袍，对她一个人进行了讲述。从4世纪至14世纪是漫长的以基督教为重心的中世纪。中世纪有两个最著名的哲学家，一个是圣奥古斯丁，将柏拉图加以"基督教化"；另一个是圣多玛斯，将亚里士多德加以"基督教化"。

后来他们就一直面对面进行授课了。所谓文艺复兴运动是指14世纪末期时文化蓬勃发展的现象，最先开始于意大利北部，并在15与16世纪期间迅速向北蔓延。文艺复兴运动最重要的影响是改变了大家对人类的看法，使得大家对人本身和人的价值重新产生了信心，不再认为人活着只是为死后的世界做准备。文艺复兴时期，无论艺术、建筑、文学、音乐、哲学与科学都以空前的速度蓬勃发展。英国哲学家培根说"知识即力量"；波兰天文学家哥白尼宣称，太阳并未绕地球运行，而是地球绕太阳运行；意大利科学家伽利略提出"惯性定律"；英国物理学家牛顿提出"万有引力定律"等。

17世纪的巴洛克时期是一个充满冲突的年代，最伟大的两位哲学家是笛卡尔和斯宾诺莎。笛卡尔被尊称为现代哲学之父，这是因为他是第一个创立一套重要的哲学体系的人，"我思故我在"是其名言。斯宾诺莎则强调世间只有一种存在是完全自主，且可以充分自由行动的，那就是上帝（或自然）。

有一天，苏菲跟着汉密士去找艾伯特，突然汉密士停下来，跟她开口说话了："生日快乐，席德！"狗竟然会说话了，不过叫的是席德的名字。带着这种惊讶，苏菲来到了艾伯特的房间。这次是讲18世纪，理性主义思想受到的批判日益严重。当时有些哲学家认为，如果不是透过感官的体验，我们的心中将一无所有，这种观点被称为"经验主义"。

最重要的经验主义哲学家是洛克、休姆和柏克莱。柏克莱说，我们所看见、所感觉的每一件事物都是"天主力量的作用"。艾伯特对苏菲说："对于你我来说，这个'造成万物中之万物'的'意志或灵'可能是席德的父亲——艾勃特少校。只有这样，才能解释我们所经历的这些事情，包括那些到处出现的明信片和标语、汉密士开口说人话……还有我经常不由自主地叫错你的名字。"苏菲震惊极了，暴雨中惊慌失措地回到了家中。

确实有一个女孩叫席德，她就住在"柏客来"山庄，收到她爸爸寄来的生日礼物，发现是一个大大的讲义夹。第一页是用手写的几个大字：苏菲的世界。接着就开始讲述苏菲和艾伯特之间的奇妙故事了。席德读完前面的内容后，开始读艾伯特给苏菲讲的"启蒙运动"了。18世纪欧洲启蒙时期比较重要的几个人物是孟德斯鸠、伏尔泰和卢梭。他们认为，一旦人的理性发展、知识普及之后，人性就会有很大的进步，所有非理性的行为与无知的做法迟早都会被"文明"的人性取代，宗教上所有不合理的教条或教义都有必要去除。康德则认为，我们对于这个世界的观念是我们同时透过感官与理性而得到的，并且他指引了一条新道路，使哲学走出了理性主义与经验主义之间的僵局。哲学史上的一个纪元于是随着康德而结束。

席德看到凌晨快3点才睡觉，一直睡到11点，吃完早餐又接着看。这次艾伯特讲述浪漫主义，这可以说是欧洲最后一个伟大的文化纪元。它从18世纪末开始，一直持续到19世纪中期。当时的新口号是"感情""想象""经验"和"渴望"。贝多芬、席勒、拜伦、雪莱、歌德等是这个时期的杰出代表。接着，就是黑格尔的辩证法，以及祁克果所认为的生命有三种不同的阶段：美感阶段、道德阶段和宗教阶段。

大哲学体系的时代到黑格尔为止，在他之后，哲学走到了一个新的方向，不再有庞大的思考体系，取而代之的是我们所称的"存在哲学"

与"行动哲学"。马克思创立了人类历史进化的理论；达尔文创立了有机物进化的理论；弗洛伊德对潜意识的研究则发现人们的行动多半是受到"动物"本能驱策的结果；尼采认为我们应该重视生命本身；萨特作为存在主义者的领袖，认为人的存在比任何其他事情都重要。

艾伯特给苏菲讲课的时候，一会儿来了个穿着阿拉伯服装的小男孩，说是阿拉丁，擦了擦油灯，然后便像一股浓雾一样消失了；一会儿来了个一头金发、穿着印花夏装的小女孩，说是爱丽丝梦游仙境里的爱丽丝，给了苏菲两瓶液体，把她搞得神魂颠倒。

席德边看边想，可怜的苏菲和艾伯特，他们对于少校的想象力完全没有抵抗能力，就像电影银幕无法抵抗放映机一般。在他爸爸回家途中，席德借鉴他爸爸的办法，以其人之道还治其人之身，一会儿广播，一会儿短信，一会儿字条，把他爸爸也搞得莫名其妙、不知所措。当他们父女见面愉快拥抱时，艾伯特和苏菲也开着红色的敞篷车来到了他们家的花园，可是他们的角色完全颠倒了。以前是席德和艾勃特少校听得见艾伯特和苏菲说话，艾伯特和苏菲却看不见席德和艾勃特少校。现在艾伯特和苏菲能看见和听见他们说话，而席德和艾勃特少校却不知道。故事就是设计得这么有趣奇妙。

高中篇

*High School*

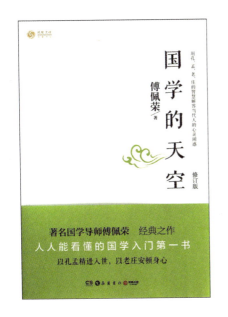

# 国学的天空

傅佩荣 — 著

在年轻时应该凭借学识和胆色入世，以一己之力试图改变周围和世界，到老了，何妨出世，这才是人生的意义和途径

　　国学是中国传统文化的经典，是几千年积淀下来的宝贵文化遗产。国学中的一些名句可以说已经深入我们每一个人的脑海，在学习、生活、工作中会不由自主地闪现。比如，当我们谈学习时，会想到"三人行，必有我师焉""学而不思则罔，思而不学则殆""学而时习之，不亦乐乎？""学而不厌，诲人不倦"；当我们说要珍惜时间时，会想到"逝者如斯夫，不舍昼夜"；当我们说一个人要有志气、有骨气时，会想到"三军可夺帅也，匹夫不可夺志也""富贵不能淫，贫贱不能移，威武不能屈，此之谓大丈夫"；当我们说到君子和小人时，会想到"君子周而不比，小人比而不周""君子喻于义，小人喻于利""君子坦荡荡，小人长戚戚"；当我们谈到朋友时，会想到"道不同，不相与

谋""有朋自远方来，不亦乐乎！""益者三友，损者三友。友直、友谅、友多闻，益矣；友便辟，友善柔，友便佞，损矣"；当我们谈到尊敬父母和关心幼儿时，会想到"今之孝者，是谓能养。至于犬马，皆能有养。不敬，何以别乎？""老吾老，以及人之老；幼吾幼，以及人之幼"；当我们谈到一个人不怕吃苦时，会想到"故天将降大任于是人也，必先苦其心志，劳其筋骨，饿其体肤，空乏其身，行拂乱其所为，所以动心忍性，曾益其所不能"；当我们谈到治理国家时，会想到"治大国，若烹小鲜""政者，正也。子帅以正，孰敢不正？""为政之德，譬如北辰，居其所而众星共之"；当我们谈到留有余地、见好就收时，会想到"持而盈之，不如其已；揣而锐之，不可长保。金玉满堂，莫之能守；富贵而骄，自遗其咎。功遂身退，天之道也"；当我们谈到心态平和、与人无争时，会想到"上善若水。水善利万物而不争，处众人之所恶，故几于道"……

国学对我们的影响如此之大，然而我们对其中的一些内容能否真正地理解，特别是道家的一些内容，比如，"道，可道，非常道；名，可名，非常名""人法地，地法天，天法道，道法自然""道生一，一生二，二生三，三生万物"等，没有专家的讲解，我们很难真正理解。

本书的作者傅佩荣是台湾大学哲学系教授，在教学、研究、写作、翻译等方面都有卓越成就，其学术融贯古今与中西，结构严谨，迭出创见，是华人世界公认的一流国学研究专家。他对国学的研究非常深入，并且能讲得深入浅出，非常生动，让大家很容易理解和接受。

"国学"是个宽泛的名词，但是不论你如何分类，都会把儒家与道家列为重点。儒学的代表是孔子与孟子，道家的代表是老子与庄子。本书就是围绕他们四位进行讲解。通过分门别类地分析孔孟与老庄讲的原话，阐述他们如何澄清概念、设定判准、建构系统。譬如，孔子一再回答学生问"仁",孟子多次说明"心之四端",老子对"道"加以描述,庄子从各种角度形容"游"与"化",这些概念都是他们各自的心得,用以掌握生命的真实本质。另外,为了设定判准,对于真伪、善恶、美丑、是非,都必须反复检验,再提出一套合理的说辞,让读者在学习之后,可以明白人生应该何去何从。学习儒家与道家以后,如果在言行上没有任何改变,那就不能算是学过了。正如印度哲学谈到人的智慧有三个层次:闻、思、修。修就是修行实践,只有真正做了之后才会有真正的体会。

当然,对孔孟老庄来讲,最大的挑战是建构系统。孔子致力于"仁",由真诚而觉悟内在的力量,由此呈现人格的尊严。其人生理想定为"老者安之,朋友信之,少者怀之"。孟子把孔子的"仁"推广应用为"仁政",但是他并未忽略具体生活的需求。他要强调的是"饱食暖衣,逸居而无教,则近于禽兽"。人与动物的差异只有一点点,那就是"心"。"恻隐之心,仁之端也;羞恶之心,义之端也;辞让之心,礼之端也;是非之心,智之端也。人之有是四端也,犹其有四体也。"心有四端,可以扩充为四善:仁、义、礼、智。教育使人明善,配合真诚的自觉,产生向善行动的力量。老子提出,人生只有一个目标,就是悟道。道是"独立而不改,周行而不殆"的,是一切相对而无常的万物之底基。若是离开了道,一切只是梦幻泡影。到了庄子,悟道之后还要与道同游。"以道观之,物无贵贱",万物平等,人也不妨敞开胸怀,进而欣赏万物。在处世态度上,则以"外化而内不化"为原则。外表上顺其自然,但是"顺人而不失己",内心从未脱离道。

对于年轻人而言,刚开始要学好儒家的思想,像孔子那样,"十室之邑,必有忠信如丘者焉,不如丘之好学也"。勤奋进取,刻苦努力,踏实做人,增长知识,掌握人生和社会的规矩,学会"修身齐家治国平天下"的本领。等到中年之后,上有老,下有小,工作和人生中会碰到很多困难和问题时，再学习道家的思想，看得更清、更开、更透一些，从更高的层次跟"道"结合，做到屈伸自如，进退有度，"外化而内不化"。这才是一种比较理想的人生境界。

# 古文观止

### 吴楚材 吴调侯 — 编

业精于勤，荒于嬉；行成于思，毁于随。——韩愈

近年来，社会公众对传统文化的关注呈升温之势。中华民族有着丰富悠久的历史文化传统，吸引着越来越多的年轻人探索先贤遗留下来的文化宝藏，并从古人的智慧和情怀中汲取营养。除大家喜闻乐见的古诗词外，古代散文也是传统文学宝藏的重要组成部分，而《古文观止》一书，则是我们了解学习古代散文的一把珍贵的钥匙。

《古文观止》是清代吴楚材、吴调侯两人于康熙三十三年（1694年）编选的散文选本，被誉为自清代以来最美散文集。"二吴"均是浙江绍兴人，长期设馆授徒，此书是为学生编的教材。所谓观止，一般称赞事物好到极点，书名"古文观止"意指文集所收录的文章代表文言文的最高水平，学习文言文至此观止矣。

《古文观止》选材上起先秦经典《左传》，下止于明代大家作品，较为全面地反映了从周到明数千年的文体变迁，在汗牛充栋、浩如烟海的古典文册中，精选222篇文章。从篇章选择、校对评注的角度来看，作者同时代的吴兴祚赞其"选简而赅，评注详而不繁，其审音辨字，无不精切而确当"，"美者毕集，缺者无不备，讹者无不正，集古文之成者也"；从文化价值的角度来看，当代则有人赞其"读《古文观止》，可以知历史，可以知哲学，可以知文体变迁，可以知人情世故，可以知中国人的宗教精神和人文精神"。

较之朗朗上口的古代诗词，《古文观止》选编的古代散文要艰深晦涩得多，对于古文功底较浅的人来讲，还是有一定挑战的。但与此同时，《古文观止》中的文章是按照年代依次排列的，以《左传》为代表的先秦文章排在前面，文字也最为艰深复杂。而唐代以后的文字则相对易懂。实践中，大家不妨循序渐进，从后往前读，就比较容易坚持下来。

统计来看，全书222篇文章中，唐代以前的文章110篇，唐代及以后的112篇，大致旗鼓相当。唐代及以后的112篇中，唐宋八大家作品共计78篇，其中韩愈作品多达24篇，在数量上占据绝对优势。谈及唐宋文学，大家第一反应一般都是唐诗宋词，但是《古文观止》中收录的唐宋大家的散文等非诗词作品也相当精彩。如王勃的《滕王阁序》、李白的《春夜宴桃李园序》、范仲淹的《岳阳楼记》、苏轼的前后《赤壁赋》等。其中的名句，包括"落霞与孤鹜齐飞，秋水共长天一色""夫天地者，万物之逆旅；光阴者，百代之过客""先天下之忧而忧，后天下之乐而乐""惟江上之清风，与山间之明月，耳得之而为声，目遇之而成色，取之无禁，用之不竭，是造物者之无尽藏也"等，传诵度很高，或有传统国画的意境，或与李白诗歌一样有"绣口一吐就是半个盛唐"的气势，或能体现传统士人的家国情怀和旷达胸襟。

当然，随着古文功底的提升，可能你会发现，先秦文章的魅力也很大。以选编入册最多的34篇《左传》文章来看，大致可归纳为以下特点：一是故事性强，基本每篇文章都从介绍历史故事出发。二是短小精悍，基本控制在300字以内。三是或夹叙夹议，或结尾附精要的评论，便于大家理解作者思想或当时的观念，确为理解古人宗教精神和人文精神的佳作。以《晏子不死君难》一篇为例，全文仅170余字，故事梗概是齐庄公因与大臣崔武的妻子私通而被崔武杀于家中。晏子闻讯赶来，在崔武门前等待进门奔丧。其间，与随从谈话，三问三答（其人曰："死乎？"曰："独吾君也乎哉，吾死也？"曰："行乎？"曰："吾罪也乎哉，吾亡也？"曰："归乎？"曰："君死，安归？君民者，岂以陵民？社稷是主。臣君者，岂为其口实？社稷是养。故君为社稷死，则死之；为社稷亡，则亡之。若为己死，而为己亡，非其私昵，谁敢任之？且人有君而弑之，吾焉得死之？而焉得亡之？将庸何归？"），非常精彩。晏子表达的核心意思为，无论国君和臣子，都应为国家负责；君主为国家社稷死则臣子应随他而死，为国家社稷逃亡应追随他逃亡；若因私德有亏、任用佞臣等其他原因招致杀身之祸，臣子就不必为他愚忠。相关观点在当时是很有进步意义的，与后来孟子提出的"民为贵，社稷次之，君为轻"有相通之处。

总之，《古文观止》在它问世后的300多年里，成为最流行、最通俗、最广为人知、最有影响的古文选本，篇篇焕发奇光异彩，闪耀灼见真知，包含着大量做人处世的人生哲理，让人有常读常新之感。闲暇之余，择三两名篇不时翻阅，总能给人以新的收获。所谓开卷有益，应是此意。

# 腾讯传

吴晓波 — 著

*成功的秘诀，在于把自己的脚放入他人的鞋子里，进而用他人的角度来考虑事物，服务就是这样的精神，站在客人的立场去看整个世界*

无论何时，我都要做那个仰望太空的少年。

我不怕山高水长，不怕一无所有。

我要用力做出改变，从微小到远大。

我不断重新定义自己，我也将重新定义世界。

Pony站长是这样的，腾讯是这样的，正当少年的你，更应该是这样的。

QQ的"嘟嘟"声伴随了一代人的青春记忆，从网吧里到手机上，从QQ空间到朋友圈，从QQ炫舞到王者荣耀，腾讯开启了一代人的网络时光，改变了一代人的生活方式，同时，也成就了一个商业奇迹。《腾讯传》记录了腾讯从无到有、一路荆棘玫瑰相伴的成长之路。

作为使用频度最高的社交工具，QQ和微信成为了我们最重要的生活纽带之一。不防随着《腾讯传》一起，勾勒成长，放飞梦想！

一、坚持心中所爱，那是无法定格的火山

马化腾曾经是一位着迷天文学的少年，在高中时是个言语不多、遵守秩序的安静男孩，加入科技公司工作以后，则是一个痴迷于程序和规则的产品经理。从润迅公司的程序员小马，到BBS的Pony站长，到加入汹涌的互联网创业浪潮创办腾讯，这个执着的少年，成为了拥有最多用户的OICQ的掌门人。

对心中所爱的那份坚持，不管是天文地理、信息技术、文学历史，抑或是偏僻技能，都是自我燃烧的最好原料，无所畏惧地坚持，哪怕有人否定阻挠，哪怕只是个朦胧的方向，将心中的爱好精心培育，实现一份美好的自由追求。

二、坚定地出发，朝着那个朦胧的目标

创业的最初，肯定是狼狈的。刚开始腾讯以寻呼机为切入口做主打产品，被证明是失败的，而OICQ，当时只是Pony执意养在腾讯内部的一个小产品。那时，模仿ICQ的聊天软件，有许多实力强大的公司在做，而最后OICQ的胜出，有机制的优势、潮流中的幸运，但更重要的是一直坚持的那个并不清晰的目标。

从QQ有大量活跃用户，到其开始实现盈利，中间也过了好几年。直到摸索出QQ秀、QQ会员，才开始实现流量的变现。

对个人来说也同样，慌乱、狼狈都是必经的过程，经过了摸索起伏，才能将目标逐渐清晰，成长的焦虑和寂寞，也终会被理想的实践和成就的荣耀熨平。

三、打破认知边界，你可以战胜最强大的对手

MSN曾经是属于白领的商务社交平台，在美国被验证成功之后一举进入中国。MSN的简洁界面和人群定位，网罗了一批高素质客户，而非常本土的QQ，被许多人看作不可与MSN相提并论的产品。

然而，"小步快跑、迅速迭代"的力量是惊人的。QQ的功能在不断完善，离线传输、大容量邮箱等功能大大提高了用户黏度，而MSN因为对中国市场的不够重视，发展缓慢而停滞，最终黯然被迫离开了中国市场。

公司没有认知边界，人同样没有，而最强大的对手，往往就是自己。

四、整合资源、勇敢跨界，"幂次法则"爆发

在腾讯市值不断增长的路途中，利润贡献最大的是游戏和广告收入。

游戏并不是腾讯团队擅长的领域，且在腾讯涉足之前，已有盛大等几家公司在游戏市场取得了先机。在腾讯涉足游戏的第一步，由于产品定位和系统准备的问题，没能取得市场的成功，被客户所诟病，也被媒体批评得一无是处。

然而创业的路途上，试错迭代是永远的主题。腾讯整合资源后再次出发，逐步开发出与社交工具相匹配的、用户黏性高的游戏产品。游戏也逐渐成为了创收引擎，实现了腾讯亿级用户的价值变现。

个人也是如此，不怕试错，只要善于改正，不断完善自己，就能坚定地朝着目标取得一个又一个可喜的进步。

五、反思自省，永远走在自我变革的路上

腾讯从一艘在海上航行的小小木船，迭代成一艘超大号巡洋舰，快速前进的同时也激荡起巨大的浪花。数次公关危机，包括始终活在网民记忆中的3Q大战，都是腾讯在一次次激变中的现实选择。

2011年，急需反省和沉淀的腾讯在全国几个城市召开了"诊断腾讯"的神仙大会，72名互联网专家对腾讯自由提出建议，其中不乏非常尖锐的批评者。这是一个勇于接受变革、愿意听取批评的企业。开放，不失为腾讯的一项核心竞争力。

在后来的几年，微信取得了巨大成功，手机QQ不断迭代修正，腾讯依然牢牢把握着社交的入口。

一家企业未来的生命力和走向无人可以预知，但不可否认的是，腾讯对一代人的生活改变和对中国互联网产业的影响，它今天达到的状态，兴许已经大大超越创业者的梦想。

从《腾讯传》里，我们能读到从0到1的中国互联网，读到一群梦想满满的创业者，读到披荆斩棘的奋不顾身，读到一股热烈、一份情义、一股冲动，最重要的是，读到你自己。

本书的作者是著名财经作家吴晓波，常年从事中国企业史和公司案例研究。他写的《大败局》（I和II）《激荡三十年》《跌荡一百年》《浩荡两千年》《历代经济变革得失》等广具影响力的财经书籍，都深受读者喜爱，其著作两次入选《亚洲周刊》年度最佳图书。

《亚洲周刊》十大中文好书
阿城、蔡康永、陈绮贞、《开卷八分钟》鼎力推荐
让阅读独立于我们斤斤计较的日常行为选择之外而繁华。
让阅读豁免于其枯直裸目的的行为竞争现从容。
别让日常生活的琐叶潮动吓淘它。
它独立存在，独立满足，博尔赫斯所宜有的"享受"于焉成为可能。

世纪出版集团 上海人民出版社

# 阅读的故事

唐诺 — 著

书写有时会让人变得自大唯我，唯阅读永远让你谦卑，不是克己复礼的道
德性谦卑，而是你看见沧海之阔天地之奇油然而生的谦卑，不得不谦卑

　　读这本书的最大感触，就是作者唐诺读的书太多了，不论是国外
的托尔斯泰、博尔赫斯、柏拉图、狄更斯、托克维尔、卢梭、梭罗、加
西亚·马尔克斯等著名作家，还是国内的莫言、阿城、朱天心等著名作
家，对于他们的作品，他都是信手拈来，如数家珍，侃侃而谈。当然，
唐诺是专业作家，阅读就是工作，与我们这些普通的读者不一样。于我
们这些普通的读者而言，对他的识见，就像唐代诗人孟浩然说的"坐观
垂钓者，徒有羡鱼情"。但是，在羡慕的同时，还是要向作者学习，怎
么样尽可能多读一些书，多一些思考，多一些领悟。
　　本书中，作者以自己极其丰富的阅读经验，佐以理性与感性兼具的
文字，用一种极其独特的文体与思绪，书写下与各类书籍的美丽邂逅，

以及对书的奇想与期待。里面讲到了阅读的意义与坚持，阅读的记忆与困惑，阅读的选择与尊重，阅读的速度与方法，乃至于阅读的限制与梦境，勾勒出面对书籍与文字的百般心情，给我们以很好的启示。

关于阅读的意义：每本书都是一个不同的世界，从时空、语言、视角、思考方式到事物细节，书籍构成了一个太密集又太辽阔的陌生世界。岂止是进入阅读世界，我们每进入到一个新的世界、新的领域，首先迎面袭来的便是这个混杂了害怕、不解、羞怯、眼花瞭乱、不知所措，但可能也带了一点点兴奋的陌生感觉，但每一次陌生，不都代表人生的一次扩展吗？

关于阅读的坚持：阅读之难，不在于开始，而在于持续。动心起意是刹那之事，但要坚持下去却会碰到诸多困难，包括太忙时间不够、不知从哪本书下手好、书读不懂、不知道读了要干吗等，美妙的歌声、精彩的电影、逛街购物、泡吧喝酒等都比读书的吸引力大。因此，读书念头的火花可以一直在燃着，不真的完全熄灭，但要蔚为燎原之火，你便得克服各种困难，用一册又一册的书当柴薪让它烧起来。要在书籍铺成的道路上前行，你的一部分决心还得先换成耐心，把发愿决心的锐气磨为沉静耐心的钝力。有个关于温布尔登草地网球场的故事比较有趣。相传，美国佬也想拥有号称"全世界最美丽的一块草皮"那样地底下盘根不动、地面上青翠如茵的网球场，便去请教英国人要如何建造，英国佬耸耸肩，轻松地说："简单啊，找块地，把草种下去，记得每天按时浇水，一百年后你们就有了。"其实阅读也是如此，不是读一本或几本书就明显提高水平了，但只要坚持下去，终会有很大的收获。

关于阅读的选择：书海浩瀚，烂书的书写和制作远远快于好书，而且比较适合于庸俗的市场机制。我们可以凭借在生活中积累的一些有关书籍的讯息和评价，比如书名、作者名、出版社名、网上评价等进行参考，但更好的办法，还是要找喜欢读书的人推荐好书，同时，要学会从正在阅读的书中去寻找好书。

关于阅读的速度：阅读不是"看到"，而是思索、启示和理解，不决定于我们眼睛的速度，而是我们心智的速度、深度和延伸的广度。正如书写不决定于我们写字或打字的速度一样，否则拿诺贝尔奖的就不该是莫言这些人，而是那些打字快的人了。所以，阅读快、理解透、吸收快固然是件好事，但慢慢地欣赏一本好书同样也是人生的一大乐趣。

关于阅读的尊重：人一辈子是写不了几部书的，不管他多么才华横溢，多么创作不懈，还有多么长寿不死。对于名作家的作品，我们认真阅读也是对作者的一种尊重。一般而言，我们能读完他们其中两三部所谓的代表作已经算很不错了，像托尔斯泰，这位很多人心目中小说史上最了不起的巨匠，几个人真的读完他的三大长篇《战争与和平》《安娜·卡列尼娜》，还有《复活》呢？

关于阅读的极致：你带着一个问题去阅读，在书中寻找完满的答案。你通常会发现，你希望而且感到合适的答案东一处西一处，可能散落在数十上百本不同的书里面，所以本雅明才说，阅读、找寻的极致，就是你自己最终写出这样的一本书来。真正的书写是人最精纯、最聚焦的持续思考过程，是最追根究底的逼问，是书写者和自己不能解的心事一而再再而三的讨价还价。

关于儿童的阅读：在担忧小孩该看什么书之前，先想办法为他们挤出一点自由的时间，记得那是大自然赋予他们的珍贵礼物。当你信心动摇的时刻找上你，建议你在心中默念弗罗斯特熠熠生辉的诗，会带给你力量的——林中分歧为二路，我选择旅踪较稀之径，未来因而全然改观。

总之，书籍是我们人世间可能性的最大收存仓库、最重要的集散地，书籍以它的轻灵、廉价、可爱的装载形式，把人类数千年来思维可及的一切可能性保存起来，让我们面对茫茫未来时可以精神抖擞得起来。所以，让阅读成为一种习惯，还能够的话，让阅读成为一种享受，这样，你的人生将会更加精彩！

# 傅雷家书

傅雷—著

假如你能掀动听众的感情，使他们如醉如痴，哭笑无常。而你自己稳如泰山，像调度千军万马的大将军一样不动声色。那才是你最大的成功，才是到了艺术与人生最高的境界

　　傅雷是我国著名的文学翻译家、文艺评论家，在文学和艺术方面都有很深的造诣。其夫人朱梅馥是一位具有东方文化素养，又经西方文化洗礼，既温厚善良，又端庄贤淑的东方女性。本书汇集了傅雷夫妇写给儿子的200封家书，大到事业人生艺术，小到吃饭穿衣花钱，事无巨细，关怀备至，无不体现出父母对儿子的谆谆教诲和殷切期望。

　　收集在本书中的，不是普通的家书。正如傅雷在给傅聪的信里这样说："长篇累牍地给你写信，不是空唠叨，不是莫名其妙的gossip（说长道短），而是有好几种作用的：第一，我的确把你当作一个讨论艺术、讨论音乐的对手；第二，极想激出你一些年轻人的感想，让我做父亲的得些新鲜养料。同时也可以传布给别的青年；第三，借通信训练你

的不但是文笔，而尤其是你的思想；第四，我想时时刻刻随处给你做个警钟，不论在做人方面，在生活细节方面，在艺术修养方面，在演奏方面。"贯穿全部家书的情意，是要儿子知道国家的荣辱，艺术的尊严，"先做人，次为艺术家，再为音乐家，终为钢琴家"。

这本书可以说是一部充满深情的苦心孤诣、呕心沥血的教子篇，也是一部很好的艺术学徒修养读物。为人父母的可以学到教育子女的方法，年轻人学到如何做人做事，学艺术的特别是学钢琴的可以学到提高技艺的方法。

要不怕挫折。"我祝贺你有跟自己斗争的勇气。一个又一个的筋斗栽过去，只要爬得起来，一定会逐渐攀上高峰，超脱在小我之上。辛酸的眼泪是培养你心灵的酒浆，不经历尖锐痛苦的人，不会有深厚博大的同情心……多少迂回的路，多少痛苦，多少失意，多少挫折，换来你今日的成功！可见为了获得更大的成功，只有加倍努力，同时也得期待别的迂回，别的挫折。""吃一堑，长一智"，人总是在挫折中才能不断成长进步。

要下苦工夫。"一个人的机会、享受，是以千千万万人的代价换来的，那是多么宝贵。你得抓住时间，提高警惕，非苦修苦练，不足以报效国家，对得住同胞……唯有艺术和学问从来不辜负人：花多少劳力，用多少苦功，拿出多少忠诚和热情，就得到多少收获与进步。""一分耕耘，一分收获"，只有真正付出了才会有真正的收获。

要不断反省。"一个有才的人也有另外一个危机，就是容易自以为是地钻牛角尖。所以才气越高，越要提防，用扎扎实实的学识来充实自己，用冷静与客观的批评精神，持续不断地检查自己。唯有真正能做到这一步，而且终身地做下去，才能成为一个真正的艺术家。""吾日三省吾身"，不断地找到自己的不足，才能有针对性地改善提高。

要从谏如流。"我们知道你自我批评精神很强，但个人天地毕竟有限，人家对你的好评只能起鼓舞作用，不同的意见才能使你进步，扩大视野，希望用冷静和虚心的态度加以思考。不管哪个批评家都代表一部分群众，考虑批评家的话也就是考虑群众的意见。""智者千虑，必有一失"，多听取别人有益的意见会给予自己意想不到的帮助。

要学会择偶。"对终身伴侣的要求，正如对人生一切的要求一样不能太苛，事情总有正反两方面：追得你太迫切了，你觉得负担重；追得不紧了，又觉得不够热烈。温柔的人有时显得懦弱，刚强的又近乎专制……我觉得最主要的还是本质的善良、天性的温厚、胸襟的开阔。有了这三样，其他都可以逐渐培养；而且有了这三样，将来即使遇到大大小小的风波也不致变成悲剧。""家和万事兴"，找到一位志同道合、相敬如宾的配偶组成幸福的家庭至关重要。

要真诚虚心。"真诚是第一把艺术的钥匙。知之为知之，不知为不知。真诚的'不懂'，比不真诚的'懂'，还叫人好受些。最可厌的莫如自以为是，自作解人。有了真诚，才会有虚心；有了虚心，才肯丢开自己去了解别人，也才能放下虚伪的自尊心去了解自己。建筑在了解自己了解别人上面的爱，才不是盲目的爱。""精诚所至，金石为开"，真心诚意地去做，什么疑难问题都能解决。

要力戒做作。"一切艺术品都忌做作，最美的字句都要出之自然，好像天衣无缝，才经得起时间考验而能传世久远。比如'山高月小，水落石出'不但写长江中赤壁的夜景，历历在目，而且也写尽了一切兼有幽远、崇高与寒意的夜景；同时两句话说得多么平易，真叫作'天籁'。""清水出芙蓉，天然去雕饰"，越是自然的东西，越容易得到大家的认可。

要默想多做。"盖叫天说，学戏必须经过一番"默"的工夫，学会了唱、念、做，不算数；还得坐下来"魂灵出窍"，就是自己分身出去，把一出戏默默地做一遍、唱一遍；同时自己细细观察，有什么缺点该怎样改。然后站起身来再做、再唱、再念。那时定会发觉刚才思想上修整很好的东西又跑了，做起来同想的完全走了样。那就得再练，再下苦功，再"默"。如此反复做去，一出戏才算真正学会了，拿稳了。""非宁静无以致远"，只有在静中默想和反复练习，才能使技艺做到精益求精。

家书是真情的流露，再加上傅雷夫妇深厚的文字功底和艺术修养，书中的文字生动优美，感人至深。值得我们去仔细读一读，好好想一想，认真做一做。

# 史蒂夫·乔布斯传

[美] 沃尔特·艾萨克森 — 著

那些疯狂到以为自己能够改变世界的人，才能真正改变世界

　　乔布斯就如绚丽的夏花一样灿烂夺目，在这个世界中大放异彩，又在事业巅峰中早早地离我们而去。他留给我们的是全世界最有价值的科技公司，是一个个让人爱不释手的创新产品，以及源源不断的创新意识。他对完美的狂热追求，彻底变革了六大产业——个人电脑、动画电影、音乐、移动电话、平板电脑和数字出版，大大提升了我们的生活品质，让这个世界变得更加美好。因此，乔布斯被当今各国的青年视为最为崇拜的偶像，他就是新时代社会创新的化身。

　　说到乔布斯，大家会自然想到那个被咬掉一口的苹果标志，会喜欢他带来的iPod、iPhone和iPad。乔布斯是怎样才使苹果的产品如此完美无缺呢？他是怎样实现人生的成功呢？本书作为乔布斯唯一授权的官方传记，将为你揭开乔布斯跌宕起伏而又光辉灿烂、充满传奇色彩的一生！

一个人的一生与他的出生、成长经历是很有关系的。乔布斯一出生就被遗弃这个事实给他的心灵留下了几道伤疤，"被遗弃、被选择、很特别"，使他自己产生想完全掌握自己制造的每一样东西的强烈欲望。学生时期，素食主义与佛教禅宗，冥想与灵性，迷幻药与摇滚乐——那个时代寻求自我启迪的校园文化中，这几种标志性的行为，被乔布斯以一种近乎疯狂的方式集于一身。大学里他对舞蹈课、书法课比较感兴趣，认为其中所蕴涵的美、历史意味和艺术精妙之处是科学无法捕捉的。乔布斯总是有意识地把自己置身于艺术与科技的交汇处，在他所有的产品中，科技必定与完美的设计、外观、手感、精致、人性化甚至是浪漫结合在一起。

做自己喜欢的事才会有激情。人随心动，随心飞翔。乔布斯在斯坦福大学2005年毕业典礼上的演讲中说："你的时间有限，所以不要为别人而活，不要被教条所限，不要活在别人的观念里，不要让别人的意见左右自己内心的声音。最重要的是，勇敢地去追随自己的心灵和直觉，只有自己的心灵和直觉才知道你自己的真实想法，其他一切都是次要的。"

只有做你心中真正喜欢的事情，干起来才有激情。激情，是一股驱动梦想的情感动力，是你的想法受到质疑、被人拒绝、被专家和最亲密的人否定时最应该坚守的东西。当你被伟大的目标激励时，你会发现自己进入了一个全新的美妙世界，沉睡的力量、天赋和才能被唤醒，此时的你比梦想中的自己更强大。乔布斯就是这样，充满激情地干着自己喜欢的事情，朝着伟大的目标奋勇前进！

对简约和完美近乎偏执的追求是他成功的关键。1997年，他重返苹果公司后，发现产品线太分散，产品质量不高，就召开了一次大型产品战略会议，在白板上画了一个方形四格表，在两列的顶端写上"消费级"和"专业级"，在两行的标题处写上"台式"和"便携"，他说，以后的工作就是做四个伟大的产品，每格一个。后来在设计的过程中，乔布斯把一本电话簿扔到众人面前，然后宣布，电脑占用的桌面面积不能超过这本电话簿。这让一群工程师吓傻了眼，但他们真的做到了。

乔布斯认为，伟大的艺术品不必追随潮流，它们自身就可以引领潮流。当时设计iPod，乔布斯最主要的要求是简化。他要求：如果找某一首歌或使用某项功能，按键次数不能超过3次，且按键过程要自然。最为让同事们感到大吃一惊的是，iPod上不能有开关键。这在之后的大部分苹果产品中都实现了。乔布斯的父亲曾教导他，追求完美意味着：即使别人看不到的地方，对其工艺也必须尽心尽力，比如衣柜的档板，虽然别人看不见，也要做到精美。乔布斯就是这么做的，一直精益求精。比如，产品发布会也是精心安排的。事前，乔布斯会亲自征求意见，反复演练。发布会上，他会穿着黑色高领衫和牛仔裤缓步上台，手里拿着一瓶水。听众都带着教徒般的虔诚，整个活动更像是一场宗教复兴大会，而不是公司的产品发布会。

吸引和聚集大批优秀的人才，一起为改变世界的理想而努力。乔布斯有一种非凡的能力，能够很好地判断一个人，并知道该说些什么来赢得那个人的心。劝说阿特金森加入苹果公司时，他说："我们正在创造未来，想象一下在海浪的最前端冲浪是什么感觉，一定很兴奋刺激吧；再想象一下在浪的末尾学狗刨式游泳，一点儿意思都没有。来苹果吧，你可以吸引全世界的目光"；吸引百事可乐的市场专家约翰·斯卡利出任苹果公司总裁时，他说的那句话"你想一辈子卖糖水，还是想改变世界"，让人震撼也让人激情澎湃。他认为，优秀的团队必须由一流队员组成，如果吸收了几名二流队员，就会招来更多的二流或三流队员。他独特的招聘方式很有意思。1981年，乔布斯为自己的Mac团队招兵买马，主要标准就是对产品要有激情。他把应试者带入一个房间，里面有一台Mac样机，然后他会变戏法一样把布揭开，观察对方的反应。如果对方两眼放光，立刻拿起鼠标操作，乔布斯就会微笑着雇用他们。

理想有多远，你才能走多远！中华民族的复兴和国家的强盛，需要更多乔布斯式的人才。但读乔布斯、学乔布斯，一定要分清楚，他自由不羁的性情、辍学叛逆的行为，你是不能学的，想学也学不到。而他对事业的激情、对简约和完美的追求、对人才的渴望和培养等，这些是可以学习的。

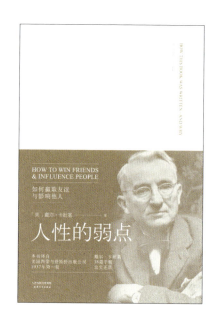

# 人性的弱点

[美] 戴尔·卡耐基 — 著

陶矇 — 译

*批评、指责和抱怨是蠢材与生俱来的才能；理解和宽容却是对人品和自律极大的考验*

在人文主义思想越发占领心智的时代，个体的自由、意愿和价值被反复强调，"不委屈自己的意志""做自己想做的事""交自己想交的朋友""进入自己想进入的组织"，似乎成为个人神圣不可侵犯的重要权利。然而反观我们的社会生活，倘若人人追求极致的自由，强调个体行为的重要性，社会就会陷入由个体诉求叠加而引发的失衡，社会秩序将逐渐不复存在，人际间的和谐将进入危机，那么属于个人的那些珍贵的自由便无从谈起了。自由和秩序，本就存在着微妙平衡。对每一位年轻的朋友来说，探索自由的天地固然十分美妙，但认知人性的弱点，了解他人所想和所怨，学习愉快相处的方法，避免冲突带来的摩擦，会让自己对自由的探索更加美妙和轻松。

卡耐基的名作《人性的弱点》是一本解剖人类性格中弱点的实用手册、一本入门级的情商修炼手册、一本可以反复实践的人际交往贴士。了解人性的弱点和人际关系的基本技巧，并非要改变个性和行为方式，而是增进每个人对自己的了解，找到更舒适的交往方式，提高对环境的适应性。

我们常常听到的烦恼，都有疏解、反转、通向坦途的路径。我们一起看看，卡耐基是如何解答这些问题的：

"我总是不知道该和周围的人说些什么，大家不太喜欢我，我似乎毫无办法。"

我们若能一解他人心灵之渴，便容易进入别人的心灵。卡耐基说，"人性中最深层的动力是对重视的渴求"，那我们不妨试试，真心实意地感谢、赞美，学会以笑容相赠。

书中提到一个我非常喜欢和认同的小细节。作者提到，我们要学会记住对方的名字。"沟通中一旦道出对方的姓名，我们所传递的信息就增添了一层特别的色彩。无论对何人、以何种语言，自己的名字都是世界上最甜蜜、最重要的词汇。"我对人名的记忆力并不是太好，但我回想起许多时刻，被别人称呼出姓名时，都感到非常温暖和开心。我希望通过多加注意、努力练习，也能让别人体会到更多温暖和快乐。

"我有许多梦想，我积攒不到实现理想的社会力量，该怎么办？"

马太效应随处可见，强者恒强，能者纵横天下；弱者越弱，庸者踽踽独行。积攒社会力量，更需了解对手方，所谓"知己知彼"。作者在书中提到，许多人都想变得健谈，仿佛更好的谈吐能带来更多的机会。然而，"专注的倾听是我们能给予他人的最好赞许。在对方说话时专注倾听，是令对方解除戒备的最佳方式"。"关注是最含蓄的谄媚。极少有人对他人一心一意的关注无动于衷。"

在此之上，如果我们能学会，必要时让对方主导谈话、激发对方心底的高尚、戏剧化你的想法，用好人性的弱点，前行之路也将更加通畅。

"碰到一些烦心的人和事，我就压不住自己的脾气，必须与人争论。"

争论有时并不在意议题本身，而是被情绪牵着鼻子走，被短暂的争论快感征服。本杰明·富兰克林曾说过："争辩、抱怨和反驳或许会带来暂时的胜利，但你永远无法通过这表面的胜利赢得对方的尊敬。"

作者给出了一条非常简明的建议：赢得争论的方法只有一个，那就是避免争论。马丁·路德·金也曾说过："我对他人的判断是基于对方的原则，而非自己的原则。"如果我们能用些技巧，克制指责对方的本能，尽量不说"你错了"，抛开成见，减少树敌，也就能逐渐减少愤怒的情绪。

一滴蜜糖比胆汁更能吸引飞蝇。不论是生活朋友还是工作伙伴，给他一滴蜜糖，温和友好，俘获他的心。一个愉快的人身边，往往都是开朗的朋友，友善的力量往往强于暴力；一个热衷争辩的人，比雾霾还要可怕，给人带来无尽的烦恼。

作者特别提到，所有的原则只有发自内心才会行之有效，钻营取巧并不可取。因此我推荐每位朋友都放下固有成见，仔细研读此书，定会从中读到经验、读到教诲、读到清醒、读到乐趣。如果再身体力行，不断实践，则会让自己在与人相处的过程中赢得尊重、获得理解、感受快乐！

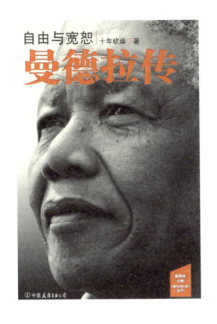

# 自由与宽恕
## ——曼德拉传

十年砍柴 — 著

*当我走出囚室、迈过通往自由的监狱大门时，我已经清楚，自己若不能把悲痛与怨恨留在身后，那么我其实仍在狱中。——曼德拉*

北京时间2010年7月12日凌晨，地处南半球的南非正寒意袭人，而约翰内斯堡足球城体育场却被热浪席卷，第19届世界杯足球赛闭幕式正在举行。在劲歌狂舞中，在现场数万观众和球员的欢呼声中，在"非洲唢呐"瓦瓦祖拉的齐鸣声中，一位老人一袭黑帽黑衣，坐在电瓶车上缓缓入场。他满面笑容地向观众挥手，所有的人都向他致意，包括最后登顶捧得"大力神杯"的胜利者西班牙人，以及那些来自各国的政治家和国际足协官员。这位老人便是领导南非这个"彩虹之国"走向新生的"国父"——纳尔逊·罗利赫拉赫拉·曼德拉。那一刻，92岁的曼德拉成为全世界最为瞩目的人物，他脸上一道道岁月沧桑铸就的皱纹，被镜头捕捉，出现在无数家媒体上。

曼德拉，从一位幼年丧父的乡村酋长的孩子，成长为这个星球上最伟大的人物之一。他的伟大，不仅是为了争取黑人与有色人种的自由承受了近28年的牢狱之灾，也不仅是有着从囚犯到总统的传奇经历，而是他以坚强的信念、宽厚的胸怀、高超的政治艺术，促成了有着300年仇恨的黑、白种族的和解，毫无争议地获得了诺贝尔和平奖。更难得的是，身居高位后，他自觉地抵御权力的腐蚀，以身作则，尊重宪政框架对总统的制约，并功成身退，为新南非的官员们做了良好的表率。曼德拉之于新南非，犹如华盛顿之于美国。他光辉的一生可以主要用这四个阶段来概括：

　　第一阶段：面对歧视，奋起抗争。曼德拉在大学学的是法律专业，通过代理一些案件，他更深入地了解到南非的社会。在南非做一个非洲人（即南非土著黑人）意味着他从出生的那一时刻就被打上偏见的烙印，不管他知道这个事实与否。他的生活要受到歧视性法律、法规的制约，从而使他的成长受到阻碍，他的潜力发挥受到限制，他的生命遭到扼杀。因此，曼德拉说："我没有瞬间的觉悟，没有奇特的启示，没有上帝的显灵。但是，我有无数次的被轻视和怠慢，无数次的被侮辱和损害，无数次的愤怒和反抗，我无数次地希望与束缚我们人民的制度开战。我不知道在哪一个特定的日子说过'从今以后我将为人民的解放而献身'，但是，我完全知道我正在这样做，而且别无选择。"他毫不犹豫地加入到非洲人国民大会（简称非国大）的反种族隔离运动中，并与另外几名青年骨干在非国大内部成立了一个组织性更严密、执行能力更强的"青年联盟"。该联盟主导了非国大的活动方向，使非国大趋于激进，逐渐由非暴力发展到暴力对抗，并于1961年成立了非国大的武装组织"民族之矛"。

　　第二阶段：身陷牢狱，坚持战斗。曼德拉从1962年8月5日被抓进监狱，直到1990年2月11日被释放，有着长达近28年的囚禁生涯。从他被关进罗本岛监狱的第一天起，他就成为监狱当局重点盯防的对象，而曼德拉也与监狱一方斗智斗勇、不懈奋斗。首先，他建立起罗本岛上"非国大"最高组织机关，曼德拉担任最高领导人，领导监狱内的抗争。其次，出狱不知是何日，他必须保持一个好身体来承受未来的一切。每天早晨，他在自己那间不足5平方米的囚室里原地跑步45分钟，做100个俯卧撑、200个仰卧起坐、50个下蹲。最后，坚持学习是抵御恶劣生活环境、保持健全心智和生活希望的重要方式。曼德拉带头攻读学位，阅读学术刊物（《经济学人》），以了解重要的国际政经新闻。

第三阶段：重获自由，引领和平。1990年2月11日，在南非黑人的持续努力和国际社会的关注施压下，曼德拉获得了自由。他深知，太多的黑人把他的出狱看成翻身奴隶得解放，3000多万黑人大部分有一种补偿性心理，并把对白人的报复视为当然。他在对黑人群众的演讲中强调："任何骚扰无辜白人的行为都是犯罪，必须得到惩罚。没有文明的自由，没有和平生活的自由，绝不是真正的自由。"他不能让黑人兄弟姐妹们失望，同时又必须让白人获得安全感。正在曼德拉将和平不断推进的关键时刻，1993年4月，南非黑人新一代的领袖人物、被视为曼德拉最佳接班人的克里斯·哈尼被一个白人极端分子刺杀了。全南非的黑人怒了，国家到了内战的边缘。曼德拉强烈呼吁："我们将用决心和行动证明是否要化我们的疼痛、悲愤和勇气为动力，向前迈进，建立一个经过选举的民有、民治、民享的政府，这样的政府才是拯救我们国家的唯一长久之计。"终于，选举于1994年4月如期举行，76岁高龄的曼德拉登上了总统宝座。

第四阶段：功成身退，誉满全球。难能可贵的是，一朝权柄在手的曼德拉一直很清醒，他一再提醒自己不要从反对专制和暴政的斗士，变成迷恋权力的专制者。他说："在新南非，即使是总统，也不能凌驾于法律之上。普通的法律规章制度，尤其是司法制度必须得到尊重。"1999年，曼德拉5年总统任期结束。早在1997年他辞去非国大主席一职时，就表示不再参加下一届的总统竞选。他实现了不谋求连任的承诺，把一个经过5年治理而基本稳定的南非交给了继任者。南非人民为了表达对他的尊重，议会通过决议，尊崇其为"南非终身名誉总统"。2009年，联合国将曼德拉的生日7月18日定为"国际纳尔逊·曼德拉日"。

最后，我们用1988年香港著名歌手黄家驹专门为曼德拉写下的歌曲《光辉岁月》，向这位伟人致敬："钟声响起归家的讯号/在他生命里 仿佛带点唏嘘/黑色肌肤给他的意义/是一生奉献/肤色斗争中/年月把拥有变作失去/疲倦的双眼带着期望/今天只有残留的躯壳/迎接光辉岁月/风雨中抱紧自由/一生经过彷徨的挣扎/自信可改变未来/问谁又能做到……"

# 必然

[美]凯文·凯利 — 著

周峰 董理 金阳 — 译

在后来，我们所有人都会一次又一次成为全力避免掉队的菜鸟，永无休止，
无一例外

孙中山先生说："世界潮流，浩浩荡荡，顺之者昌，逆之者亡。"
一个人很重要的一项素质就是要有远见，要有前瞻性，能看到一般人没
看到的趋势，或是人们看到了却没有重视的趋势。只有看到了，提前准
备了，在趋势变为现实时才能顺势而为，借势发力，而不是被潮流所淹
灭。凯文·凯利作为世界著名科技杂志《连线》的创始者和主编，"网
络文化"的发言人和观察者，在传奇大作《失控》之后，又出版了《必
然》。作者见证了无数科技力量的爆发，并从中归纳出了12个动词：形
成、知化、流动、屏读、使用、共享、过滤、重混、互动、追踪、提
问、开始。这12个持续动作中，每一个都是一种正在发生的趋势。所有
迹象表明，这些趋势将持续至少30年。我们每个所处其中的人，都要提

前预知、充分把握好这些趋势，凡是逆趋势的行为都需要反思，让自己思维的模式和行动的习惯都适应到新的趋势中，才能先人一步，起到事半功倍的效果。

对于这12个必然发生的动词：形成、知化、流动、屏读、使用、共享、过滤、重混、互动、追踪、提问、开始，书中都做了详尽的解释和认证。在此，举3个动词进行分析和了解，就可以体会本书的精彩。比如，知化、使用、互动。

知化：即将到来的人工智能体现在亚马逊的网络服务——廉价、可靠、工业级的数字智能在一切事物背后运行，除了闪现在你眼前的短暂时刻，它近乎无影无形。这种常见的设施会根据你的需求提供你想要的智能水平。人工智能思想的到来加速了本书中描述的其他所有颠覆性趋势的进程，它在未来世界中的威力与曾经的"铀元素"相当。建设人工智能就像造一艘火箭飞船，需要一个巨大的引擎和许多燃料。飞船的引擎是各种学习型算法，而燃料是我们提供给这些算法的大量数据。越多人使用人工智能，它就会变得越聪明。未来几年，各种不同形状、体积和功能配置、更聪明的机器人必将出现，它们所带来的颠覆效果将直抵我们生活的核心。未来，你的薪水高低将取决于你能否和机器人默契配合，90%的同事将会是看不见的机器，而没有它们，你的大部分工作将无法完成。

使用：优步作为世界上最大的出租车公司，却不拥有任何出租车辆；脸谱网作为世界上最流行的媒体平台，却不创造任何内容。如今，对事物的占有不再像曾经那样重要，而对事物的使用则比以往更加重要。在互联网这个最大的租赁店里，最普通的市民也可以很快地获取一件商品或一次服务，其速度之快好像这个商品是他自己的一样。在向使用权靠拢并远离所有权的长期进程中，有5个深层的科技发展趋势起着推动促进的作用：一是减物质化。比如，自从20世纪70年代开始，汽车的平均重量已经下降了25%，各种功能的家用电器也在变得更轻。二是按需使用的即时性。创业公司可以在一秒之内，将那些临时闲置的资产（如无人居住的卧室、停泊的汽车、闲置的办公空间）与等着急用的人们匹配起来。三是去中心化。如果货币都可以去中心化，那么任何事物都可以去中心化。四是平台协同。现在最富有的以及最具破坏性的组织机构几乎都是多边平台，所有这些企业巨头都借用第三方供应商来增加其平台的价值，并且普遍开放应用程序编辑接口的使用来促进和鼓励他人参与进来。五是云端。云端的一个核心优势在于，它变得越大，我们的设备就变得越小巧、越轻薄。如果说车轮是腿的延伸，相机是眼睛的延伸，那么云端就是我们灵魂的延伸。

互动：虚拟现实是一个虚构的世界，而人在其中的感受是完全真实的。现场感觉和互动效果是推动当前虚拟现实技术快速发展的两大亮点。我们为设备配置了各种感官功能，比如视觉、听觉和触觉，这使得我们可以与它们进行互动。它们将捕捉你的动作，追踪你的眼睛，识别你的情绪，不仅知道有人在那里，还将知道是谁，以及那人的心情如何。设备和我们的互动程度越高，口碑就越好，而我们的体验也会更棒。

# 边城

沈从文 — 著

人事就是这样子，自己造囚笼，关着自己。自己也做上帝，自己来崇拜

去过凤凰古城旅游的人，肯定会对沈从文故居有印象。沈从文是我国著名的小说家、散文家，他的代表作《边城》，是我国文学史上一部优秀的抒发乡土情怀的中篇小说。它寄托着"美"与"爱"的美学理想，表现人性美的一部代表作品。

这部小说，以20世纪30年代地处湘川黔三省交界的边城小镇茶峒为背景，以抒情诗般的优美笔触，描绘了湘西边地特有的风土人情。湘西淳朴的人民、秀美的山水和安宁的生活，让人不由得联想到"枯藤老树昏鸦，小桥流水人家，古道西风瘦马"的意境。城市里喧嚣的人们，看惯了车水马龙，看多了高楼华厦，再望一眼那薄暮中的边城，心便会静下来。借用一位读者深深的体会："很薄的书，读起来却那么厚重；很简单的故事，却让人唏嘘回味；很僻静的小城，却孕育着一方的生生不息。"

茶峒这地方凭水依山筑城，近山一面，城墙俨如一条长蛇，缘山爬去。临水一面则在城外河边留出余地，设立了码头，供小篷船停泊。小山城有一条小溪，溪边有座白色小塔，塔下住了一户人家。这家人只有一个老人，一个女孩子，一只黄狗。

小溪既然是川湘来往要道，限于财力不能搭桥，就安排了一只方头渡船。管理这渡船的，就是住在塔下的那个老人，被人称为老船夫。老人非常敬业，他"活了七十年，从二十岁起便守在这溪边，五十年来不知把船来去渡了多少回。年纪虽那么老了，本来应当休息了，但天不许他休息，他仿佛不能够同这一种生活离开，他从不思索自己的职务对于本人的意义，只是静静地很忠实地在那里活下去。"

这里的人们重义轻利，当事情与金钱发生关系时，一定是互相推诿，仿佛钱是人人都不要的东西般，在这些争执里，谁要是最后占了钱的便宜，谁就是输家。有时候，老船夫如果实在却情不过，收了钱，他就买些茶叶和草烟，泡茶给路人喝，送烟给路人吸。

主人公——渡船少女翠翠，是纯洁美丽的化身，是《边城》里最美好的灵魂。她是老人的外孙女，父母由于殉情双双自杀，她跟着外公长大，但一直叫外公作"爷爷"，帮爷爷渡船。翠翠天真活泼，纯真善良，眸子清明如水晶。翠翠一天一天长大，到十三四岁，情窦初开，喜欢看粉面娇羞的新娘，喜欢说到关于新娘的故事，喜欢把野花戴到头上去，还喜欢听人唱歌。

有一次，她陪爷爷去小城看龙舟赛，中途爷爷有点事先回家了，她记得爷爷叫她在原地等，就一直傻傻地等着。幸好碰见顺顺家的傩送，傩送告诉翠翠的爷爷她还在等他，爷爷只好再让人告诉翠翠不用等了，翠翠才赶快回家了。

顺顺是码头执事的人，为人慷慨大方，明事理，正直热情。他有两个儿子，老大叫天保，老二叫傩送，都培养得很好。两兄弟既结实如老虎，又和气亲人，不骄惰，不浮华，不倚势凌人。人们在茶峒边境上提及这父子三人时，无不加以一种尊敬。翠翠和傩送一见钟情，两个人就在心底埋下了爱情的种子。但是天保对翠翠也是情有独钟。他派人到老船夫家说媒，由于翠翠心中早就有了傩送，因此对于天保的求爱，她不置可否，既没有拒绝，也没有同意。

终于，兄弟俩知道他们同时喜欢上了翠翠。为了不伤和气，又公平起见，傩送想了个主意，就是两兄弟月夜里同到碧溪岨去唱歌，不要让人知道是弟兄两个，两人轮流唱下去，谁得到回答，谁就跟翠翠好。两人说妥后不久，气候到了中夏，半夜里不冷不热，两兄弟挑了个有月亮的夜晚，来到碧溪岨。然而，傩送嘹亮的歌声一张口，天保就知道自己不是对手，于是他决然出走，驾着家中的新油船离开茶峒，却最终意外身亡。

顺顺和傩送对于天保的去世，都觉得与翠翠有关，因此，心中一直耿耿于怀，对翠翠也就不冷不热了。老船夫自知在世日子不多，为了翠翠的人生幸福，就厚着脸皮，几次到顺顺家谈论年轻人的婚事，顺顺和傩送始终没有答应，傩送也到外面做事去了。可怜的老人最后在一场暴雨中被倒塌的白塔压死。

热情的边城乡亲帮着埋葬了老船夫，老船夫的朋友老马兵照看着翠翠。在众多乡亲的捐助下，圮坍的白塔又重新修好了。可是，那个在月下歌唱，使翠翠在睡梦里把灵魂轻轻浮起来的年轻人，还不曾回到茶峒来。

傩送也许永远不回来了，也许"明天"回来！作者结尾时诗歌般精妙的几笔点缀，给人留下了悠长的惋惜和无限的牵挂期盼。

小说确实不长，但意境深远，值得我们好好品味——人性的善良美好、心灵的澄澈纯净，还有那本该明确表达却隐忍含蓄的爱情遗憾……

# 人类的群星闪耀时

[奥地利] 斯蒂芬·茨威格 — 著

舒昌善 — 译

*对奇迹的信念永远是一个奇迹或美妙的事情产生的首要前提*

这本薄薄的小书，记载了14幅袖珍的历史画。

茨威格用犀利的笔锋，描述了14个或美妙、或残酷、或惊心的历史时刻，这14个瞬间，都不同程度地改变了历史轨迹。拿破仑、列宁、托尔斯泰、歌德等，都是这14个故事的主人。

这14个瞬间里，有占领新大陆的残酷纠葛、拜占庭陷落的千钧一发、滑铁卢战役的决定瞬间、艺术家手中传世歌曲的诞生，作者的文字有纪录片式的现场感，让人感同身受。如果厚厚的通史类书籍，能搭建起我们认识世界的脉络，那么这本薄薄的小书，就是在这脉络中的一些闪亮之星，像是一个个转向路标，提醒读者历史车轮的转向，启迪思考，照亮前程！

我最热爱的一个瞬间，是第一条海底电缆的铺设，它启动了世界跳动的脉搏。

和平时代，"精致的利己主义者"越来越多，"家国情怀"已少有提及，"改变世界、改变人类"则成为更加遥远的词汇。这个瞬间，兴许能召唤起心底的使命感。并非每一个人来到世界都为安稳度日、平凡终老，我们坚持的信仰、天赋的实践，如能转化为世界微小改变的火花，生命的意义和价值就更加凸显。

第一条横跨大洋的海底电缆，是连接欧洲和美洲的一条脉搏。全情投入进行此项事业的人，是一位年轻而富有的男士：菲尔德。数年之间，他31次往返于两大洲之间，以强大的意志持续推进这项事业。在海底铺设电缆，需要巨大的轮船，托运起沉重的电缆，铺设到海底，并实现衔接。几次实验的失败都没有挫伤菲尔德的热情，他日复一日地奔波于筹资、科研中。在第三次航行时，电缆铺设成功了，美国和英国欢声雷动，菲尔德成了让世界为之称赞的英雄。然而深重的苦难还在身后，原本期待会大量传送的信息并没有如期到来，只有一些模糊的、无法辨认的信息通过电缆传来。菲尔德瞬间成为了罪人，受到了铺天盖地的指责。

原本故事就这样结束了。然而，沉寂6年之后，海底电缆的事业又再次启动，而启动它的依然是菲尔德。又经历了几次失败后，新电缆与旧电缆相遇，新世界和旧世界相连，成为了一个新的世界。地球的心脏开始有规律地跳动，地球两端的人得以看得见、听得见彼此。人类的创造力和坚持的张力，缩短了时空的距离。

我热爱这个故事，因为世界的认同或否定，都没有改变菲尔德实现目标的决心。他是那么清楚地看见自己想要的东西，把所有声音抛在脑后，一心一意地坚持迈步。我相信世界会一点一点变得更美好，是因为有一群充满前行热忱的人，不顾一切地坚持着。

希望你也热爱着这些故事，希望14个故事像星星，点亮我们生活的转角，给予我们热诚的心和坚持的力量。

# 三体

刘慈欣 — 著

*地球上唯一不可阻挡的是时间，它像一把利刃，无声地切开了坚硬和柔软的一切，恒定地向前推进着，没有任何东西能够使它的行径产生丝毫颠簸，它却改变着一切*

中国科幻界一直存在的一个硬伤就是想象力不够，而《三体》的出现，弥补了这个缺陷：三体游戏、脱水、冬眠、休眠、纳米武器、光速飞船、水滴、黑洞等，让人目不暇接，惊诧不已，确实让我们享受了一番思想的盛宴。该书代表了目前中国科幻界的最高水平，获得了中国科幻银河奖特别奖，在世界科幻界横空出世，作品一诞生就直接排进世界前五。在整个三部曲中，第一部最有历史感和现实性，是对历史的反思；第二部的完成度最高，结构最完整，线索最清晰，也最华丽好看，是对道德的超越；第三部则把宇宙视野和本质性的思考推向了极致，发展成为对全面的宇宙社会学、宇宙心理学、宇宙生态学的建构。

一开始就是中国军方的人着急找一位纳米科学家汪淼，他便跟着军方的人来到由中美英等国人员组成的联合行动小组。小组会议的目的是劝说汪淼打入科学边界（由国际顶尖学者构成）组织内部，了解该组织的具体情况。在激将法下，汪淼答应加入科学边界。但当喜欢摄影的他照相时，出现了幽灵倒计时，1174:21:11、1174:21:10、1174:21:09、1174:21:08……同样的相机，别人照相时不会在冲洗出的胶片上出现幽灵倒计时，只有他照相时才会出现。一个科学家申玉菲告诉他，如果他停止纳米研究项目，倒计时就会停止，否则就会继续。汪淼没有停止，后来申玉菲告诉他一个网址，进入后可以玩《三体》的网络游戏。汪淼为了解情况，就玩上了游戏。他穿上V装具后，上网进入到三体世界中，分别遇见了周文王、墨子、哥白尼、牛顿、冯·诺伊曼和爱因斯坦等人，经历了不同层次的文明，但这些文明都被毁灭了。该游戏最终的目标是飞向宇宙，寻找新的家园。汪淼在间隔玩《三体》游戏的时候，去找了物理科学家叶文洁。由于叶文洁的父亲在"文革"中被红卫兵批斗而死，她自身又被诬陷而被定为现行反革命。幸亏她在著名杂志上发表过物理理论研究的文章，被红岸基地直接要去搞研究，免除了牢狱之灾。但她心中已对社会、对地球文明彻底丧失了希望，可谓心如死灰。有一天，无聊之中她向太空发出了一条信息，几天以后，她就收到了回信：不要回答！不要回答！不要回答！如果回答，发射源将被定位，你们的行星系将遭到入侵，你们的世界将被占领！她迅速回复了信息：到这里来吧，我将帮助你们获得这个世界，我的文明已无力解决自己的问题，需要你们的力量来介入。后来，她加入了伊文斯在地球组织的三体组织，并成为"地球三体运动"的最高统帅。不过，三体组织的成员在巨轮"审判日"号被地球的联合行动小组用纳米丝杀死。

三体文明确实厉害，通过叶文洁的信息进行定位后，发射大量智子进入地球。智子从六维空间看三维空间，就像我们看二维平面上的一张画，能看到我们的内部。唯一的秘密就是我们每个人的内心世界，只要不与外界交流，每个人对智子都是永恒的秘密。于是，联合国启动了面壁计划。该计划的核心就是选定一批战略计划的制定者和领导者，他们完全依靠自己的思维制定战略计划，不与外界进行任何形式的交流。经过精心挑选，联合国秘书长公布了4位当选的面壁人员：卸任的美国国防部长、战略家泰勒，委内瑞拉现任总统雷迪亚兹，科学家希恩斯，中国普通的研究人员罗辑。泰勒、雷迪亚兹、希恩斯由于有具体的计划，并与外界进行交流，就被三体迅速察觉并破坏。而罗辑住到一个原生态的小别墅中，找了一个叫庄颜的梦中情人，还生了个孩子，度过了悠闲的美好时光。由于他本无计划，可谓是以无招对有招，让三体对他束手无策。后来，他终于想出了他的办法，将187J3X1恒星的位置通过太阳的电波放大功能，伴着咒语发射到宇宙中，看这个恒星是否受到攻击。然后他就冬眠了。

罗辑在冬眠185年后醒来，人类世界已经发生翻天覆地的变化，在地球上，城市地址已变为"×树×枝×叶"。不久，地球就面临着来自三体文明水滴的进攻。在与水滴抗衡之前，章北海就率领"自然选择"号逃亡，他的观点是："在这场战争中，人类必败。我只是想为地球保存一艘恒星际飞船，为人类文明在宇宙中保留一粒种子、一个希望。"地球派出了"蓝色空间"号等4艘飞船来追它。水滴在太阳系如入无人之境，人类武器对水滴的攻击，如同海浪撞击礁石，不可能对目标造成任何破坏。地球应战的2000艘战舰除了"量子"号和"青铜时代"号最先跑掉了以外，其余全部被水滴撞击毁灭。由于需要在太空中夺取足够的燃料，"蓝色空间"号率先攻击另4艘船。同时，"青铜时代"号对"量子"号发起突然攻击。无际的太空就这样在它黑暗的怀抱中哺育出黑暗的新人类，残酷无比。这时，罗辑的咒语生效了，187J3X1恒星也被消火。

云天明得了癌症，用他获得的300万元给他大学的同学、梦中情人——程心送了一件特殊的礼物：一颗星星——恒星DX3906。云天明都准备安乐死了，但程心收到礼物后欣赏若狂，想办法找到了云天明，推荐他为"阶梯计划"的使命执行人，通过冬眠舱发送到三体世界。

由于那个恒星系，就是罗辑向宇宙广播了坐标导致其被摧毁，所以他被指控有世界灭绝罪的嫌疑。程心被选为执剑人，替代罗辑。特别巧的是，就当程心接手担任执剑人不久，太空中的水滴就对地球发起了进攻，就在程心犹豫是否要启动引力波宇宙广播系统时，所有的引力波发射台已经被摧毁。智子代表三体世界来到地球，要求人类必须立刻开始向保留地移民。然而，正在三体世界洋洋得意时，"万有引力"号启动了引力波攻击，从四维的角度对水滴进行了伏击，挽救了地球。

程心代表地球和代表三体世界的云天明进行会面，通过云天明讲的国王的新画师的童话故事，悟到了开发光速飞船的道理。此后不久，对太阳系的黑暗森林打击出现，将把太阳系所在空间的维度由三维降至二维，这将彻底毁灭太阳系中的所有生命。幸好程心他们造出了唯一的一艘具备空间曲率驱动引擎的、能够以光速航行的飞船。飞船朝云天明送给程心的星星飞去。程心顺利地到达了那颗星星，但与云天明擦肩而过，云天明又给她送了个小宇宙。这样程心成为647号宇宙真正的主人，可是好景不长，广播信息传来"回归运动"声明："我们宇宙的总质量减少至临界值以下，宇宙将由封闭转变为开放，宇宙将在永恒的膨胀中死去，所有的生命和记忆都将死去。请归还你们拿走的质量，只把记忆体送往新宇宙。"为了避免宇宙的死去，只有把不同文明制造的大量小宇宙中的物质归还给大宇宙，但如果这样做，小宇宙中将无法生存，小宇宙中的人也只能回归大宇宙，这就是"回归运动"。最后，程心决定归还，只在太空中留下一个漂流瓶：记录了那个文明每一个个体的全部记忆和意识，以及每个个体的全部生物学细节，以至于新宇宙中的文明可以根据这些信息复原那个文明。程心又进入飞船，飞向新的太空……

# 美的历程

李泽厚 — 著

*美之所以不是一般的形式，而是所谓"有意义的形式"，正在于它是积淀了社会内容的自然形式*

从远古时代的图腾开始，到甲骨文、金文的出现，再到《诗经》、楚辞、汉赋、唐诗、宋词、元曲、明清的小说，中间还有书法、绘画、雕塑、建筑等，作者以深邃独具的目光，雄浑凝炼的笔触，对每一种艺术形式的产生、发展和演变，不仅有详尽的阐述，而且还深刻分析了其产生的政治、经济和社会背景。这本书，读来有一种畅快淋漓、享受到美的感觉。著名的哲学家冯友兰就说："此书是部大书（应该说是几部大书），是一部中国美学和美术史，一部中国文学史，一部中国哲学史，一部中国文化史。"著名的历史学家和作家易中天评述："这样的著作能有多少呢？凤毛麟角吧，以十几万字的篇幅来完成这样一个'美的历程'，高屋建瓴，势如破竹，且能做到'天网恢恢，疏而不漏'，该细密处细密，该留连处留连，丝丝入扣，顺理成章，在看似漫不经心的巡礼中触摸到文明古国的心灵历史，诚非大手笔而不能为。"

《美的历程》全书共分10章，每一章评述一个重要时期的艺术风采或某一艺术门类的发展。

一、龙飞凤舞

远古时期的审美与艺术并未独立或分化，它们潜藏在种种原始巫术礼仪等图腾活动中。龙是中国西部、南部部落联盟的图腾旗帜，而凤鸟成为中国东方集团的另一图腾符号。它们是具有神力魔法的舞蹈、歌唱、咒语的凝聚化了的代表，浓缩着原始人们强烈的情感、思想、信仰和期望。这正是审美意识和艺术创作的萌芽，同时，新石器时代的陶器的几何纹样是由动物形象的写实而逐步变为抽象化、符号化，这正是一个从内容到形式的积淀过程，也是美作为"有意味的形式"的原始形成过程。

二、青铜饕餮

炫耀暴力和武功是氏族、部落大合并的早期宗法制这一整个历史时期的光辉和骄傲。吃人的饕餮正好可作为这个时代的标准符号。一方面，它对异氏族、部落是恐怖的化身；另一方面，它又是保护本氏族、部落的神祇。这种双重性的宗教观念、情感和想象便凝聚在此怪异狞厉的形象之中。同时，甲骨文、金文开始了汉字美的历程，以其净化了的线条美，表达出种种形体姿态、情感意兴和气势力量，终于形成了中国特有的线的艺术——书法。

三、先秦理性精神

所谓"先秦"，一般均指春秋战国而言，是中国古代社会最著名的激剧变革时期。在这个百家争鸣的年代，所贯穿的一个总思潮、总倾向，便是理性主义。就思想、文艺领域说，这主要表现为以孔子为代表的儒家学说，以庄子为代表的道家则做了它的对立和补充。儒道互补是两千多年来中国思想的一条基本线索。

四、楚汉浪漫主义

楚国诗人屈原的代表作《离骚》，把最为生动鲜艳、只有在原始神话中才能出现的那种无羁而多义的浪漫想象，与最为炽热深沉，只有在理性觉醒时刻才能有的个体人格和情操，最完满地融合成了一个有机整体，开创了中国抒情诗真正光辉的起点和无可比拟的典范。同时，汉赋、画像石、壁画和漆器、铜镜、织锦等汉代精美的工艺品充分展示了神话跟历史、现实和神、人与兽同台演出的精彩世界。

五、魏晋风度

魏晋是继先秦之后第二次社会的重大变化期。与颂功德、讲实用的两汉经学、文艺相区别，一种真正思辨的、理性的"纯"哲学产生了；一种真正抒情的、感性的"纯"文艺产生了。这二者构成中国思想史上的一个飞跃。哲学方面的何晏、王弼，文艺方面的"三曹"（曹操、曹丕、曹植）、嵇康、阮籍，书法上的钟繇、卫瓘、"二王"（王羲之、王献之）等，便是体现这个飞跃、在意识形态各部门内开创真善美新时期的显赫代表。

六、佛陀世容

宗教艺术首先是特定时代阶级的宗教宣传品，它们是信仰、崇拜，它们的美的理想和审美形式是为其宗教内容服务的。中国古代留传下来的主要是佛教石窟艺术。佛教在中国整个社会占据统治地位，是在频繁战乱的南北朝。它历经隋唐，达到极盛时期，产生出中国化的禅宗教派。在这期间，雕塑和壁画随着时代和社会的变迁，有各种不同的审美标准和审美理想。

七、盛唐之音

唐代历史揭开了中国古代最为灿烂夺目的篇章。一种丰满的、具有青春活力的热情和想象，渗透在盛唐文艺之中。诗歌和书法在唐代达到了无可比拟的高峰。以李白、张旭等人为代表的盛唐文化，其艺术特征是内容不受形式的任何拘束，是无可仿效的天才抒发，而以杜甫、韩愈等人为代表的盛唐，则是对新的艺术规范、美学标准的确定和建立。

八、韵外之致

中唐是中国封建社会由前期到后期的转折，其社会的上层风尚日益沉浸在声色歌乐、舞文弄墨之中，出现了文坛艺苑的百花齐放。它不像盛唐之音那么雄豪刚健，光芒耀眼，却更为五颜六色，多彩多姿。各种风格、思想、情感、流派竞显神通，齐头并进。同时，北宋的苏轼作为士大夫的代表，诗、文、书、画无所不能，是中国后期封建社会文人们最亲切喜爱的对象。

九、宋元山水意境

如果说，雕塑艺术在六朝和唐代达到了它的高峰，那么，绘画艺术的高峰则在宋元。山水画的成就超过了其他许多艺术门类，它与相隔数千年的青铜礼器交相辉映，同为世界艺术史上罕见的美的珍宝。从北宋到南宋，无我之境逐渐在向有我之境推移，而到了元代，形似与写实便被放在很次要的地位，极力强调的则是主观的意兴心绪。

十、明清文艺思潮

纵观前文综述，如可说汉代文艺反映了事功、行动，魏晋风度、北朝雕塑表现了精神、思辨，唐诗宋词、宋元山水展示了襟怀、意绪，那末，以小说戏曲为代表的明清文艺所描绘的却是世俗人情。浪漫主义、感伤主义和批判现实主义，这是明清文艺思潮发展的3个不同阶段。特别是《红楼梦》，作为对社会生活具体的描述、揭发和批判，终于成为百读不厌的封建末世的百科全书。

阅读《美的历程》，就像是走进了一个以前所未见的、五彩缤纷的、光辉灿烂的一个花园，让你充分地欣赏到美、感受到美！

# 八十年代访谈录

查建英 — 著

*如果你敢有脑子、敢有个性，你不满现状，你说话带刺儿，那一定因为你适应不了时代，你太重，你不酷。 ——查建英*

经历了太多动荡、挫折，中国的今天比任何时候都更想告别过去，瞄准未来，轻装前进。这种对于"过去"的疲劳，作者说，她理解，有时也有同感。但我们也都知道，"过去"既是包袱也是财富，无论以它为荣还是为耻，我们既不可能躺在上面靠它吃饭，也不可能将它扫地出门，驱逐出境。因为它就深藏在我们每个人的身体里，遗留在我们传给后代的基因里。人体犹如房子，需要定期开窗、通风、洒扫、清理，否则，无论把外表装饰得多么堂皇漂亮，久而久之，那尘封的幽室是有可能闹鬼的。该节找了11位活跃在20世纪80年代的作家、艺术家、学者、评论家、导演，分别以个人的身份和角度，从各自从事的工作出发，与查建英对话，既回忆反省过去的那个时代，也评论分析现在，甚至包括眺望臆想未来。看后给人的感觉是有思想，有深度，还有趣味。

阿城：著名作家。他说："一个民族就像一个人一样，你总得面对和承认自己的家世，总得有所传承，老是砸烂、批判、自我否定，然后宣称：一张白纸，好画最新最美的图画，那你就老上小学一年级吧，你倒是无知无畏，可你那创新就老是小儿科，要不就只好全抄人家的。"

北岛：诗人、作家。他在给他妹妹的纪念册上写下过这样的血书：我愿意迎着什么去死，只要多少有意义。而不久历史就提供了这样一个契机。朦胧诗是官方的标签，《今天》的创刊，就是对一统天下的主流话语的反抗，摆脱意识形态的限制，恢复诗歌的尊严。20世纪80年代，是诗歌扎的根，小说结的果，电影开的花。

陈丹青：画家、作家。他说："八十年代那种集体性，那种骚动，如果我们不追究品质，那十年真的很有激情，很疯狂，很傻，很土，似乎又可爱起来。"

陈平原：作家、学者。他认为，20世纪80年代几乎所有著名学者的共同特点是独立的思考、强烈的社会责任感、超越学科背景的表述。那个时候，有争论，有批评，有赞赏，但都很真诚。九十年代以后，动不动往权力，往阴谋方面靠，每个人都火眼金睛，看穿你冠冕堂皇的发言背后，肯定蕴藏着见不得人的心思，不看事情对错，先问动机如何，很深刻，但也很无聊。

甘阳：作家。他说："大家找书看，找到同伴会很开心，而且因为出于共同的精神饥渴走到一起，这种友谊会很纯粹很强烈，不像后来撮饭的朋友、打麻将的朋友、做生意的朋友。"

李陀：作家、主编。他认为，20世纪80年代一个特征就是人人都有激情、继往开来的激情，这在今天青年人看起来可能不可思议，其实那种责任感和激情是有来由的，是和过去的历史衔接的。那时候的普通老百姓都是有历史观和历史意识的。毛主席说的"人民，只有人民才是创造历史的动力"的说法深入人心，那时候人人都相信自己对历史有责任。

林旭东：教授、影评家。他说："看《童年往事》最感动，那是第一次看侯孝贤，觉得朴实、大气、细致，举重若轻，有种浑然天成的诗意，不像大陆片子好像特别容易用力过度或者拿腔作调，佩服这个导演能永远对世界对人保持一个距离，坚持一种比较客观的态度去看发生的一切，可他又不是冷冰冰的，不是居高临下地审判芸芸众生，也不是用电影来搞启蒙教育。那个视角和目光很特别，既理解，也同情，又悲悯，既在里头又在外头。"

刘索拉：作曲家、作家。她说："在国外，任何一个学者、艺术家的成熟都是经过很长时间的工作积累，哪怕就是流行文化中的明星，也在一种长期的浓郁文化气氛中成长，从小就面临审美的选择和训练，以及娱乐文化的专业训练等。所有这一切都由时间和环境来决定的，所以当时从中国出去的艺术家面临的从零开始当孙子的路程就很艰苦很漫长。"

田壮壮：导演。他说："我从来就不愿意去跟任何人解释我的电影，因为我觉得讲了就不是电影了。看懂多少就是多少，不懂，看画面好看也可以。电影这东西就像书似的，有的人这么读，有的人那么读，各有各的理解。"

我摘抄了其中九位的一些精彩的话语，让我们体会到了20世纪80年代的激情与责任感，如果要更加深入地去回溯和体味那个年代，就要把书找来认真地读一读。

# 看见

柴静 — 著

*只问耕耘，不问收获，到最后终究会收获*

柴静是央视的著名记者，她用朴实到可爱的语言记录了她从事新闻工作的点点滴滴、酸甜苦辣，以及对一些新闻事件和人物的了解和调查，书中到处体现出人性的温情、温暖与关怀。所谓"看见"，其内涵应该是作为世界的旁观者，用温暖的心灵和客观的、犀利的眼睛，把所看见的一切，尽量原原本本地告诉大家。

正如柴静本人所言，她没有刻意选择标志性事件，也没有描绘历史的雄心，只是选择了留给她强烈生命印象的人。正是通过这些人，她完成了作为一名媒体人从青涩逐步走向成熟的历程。刚开始，她带着一种强烈的正义感和责任感，体现出一种明显的情绪去采访、去报道。慢慢地，她明白了，作为现代媒体人，更重要的是以最大的努力去反映和揭示事实的真相，至于如何评判，那就交给观众自己。正如历史一样，是非过错，千秋功罪，自有人评说。

对于新闻工作的了解，读完后很有收获：

一是关于新闻的拓展。制片人陈虻批评柴静道：你告诉人们剖腹产是错误的，自然生产如何好，这只是一个知识层面，你深下去没有？谁有权利决定剖腹产？医生和家属。怎么决定？这是一个医疗体制的问题。还有没有比这个更深的层面？所以，一个新闻事实至少可以深入到知识、行业、社会三个不同的层面，越深，覆盖的人群就越广。

二是关于新闻的欲望。2003年"非典"阻击战，柴静不明白人民医院为什么陆续222人感染，还包括93名医护人员。没人要她做这个节目，她也不知道能不能播，但她不管那么多，心里就剩下一个念头，必须知道真相。到那个时候，她才知道什么是陈虻说的"欲望"。

三是关于新闻的犀利。柴静采访一个判错了案的法官后，那法官说："这温柔的小刀儿，左一刀，右一刀，一会儿就剩下骨头。"然后又叹气："一个姑娘家这么厉害，谁敢娶？"还有人说，看柴静采访，眼睛都放着光，"攫取的光"。对此，柴静还觉得不够呢，她觉得好的采访是一刀一刀把一个人的魂儿活活儿剥出来晒，这个"剥"里面全是逻辑、递进、环环相扣。

四是关于新闻的忌讳。真相常流失于涕泪交加中。追求真相的人，不要被任何东西胁迫，包括民意。泪水和愤怒是人之常情，但柴静慢慢觉得公众对记者这个职业的要求是揭示这个世界，不是挥舞拳头站在什么东西的对面。探寻就是要不断相信、不断怀疑、不断摧毁、不断重建，为的只是避免成为偏见的附庸。

胡适说：比自由更重要的是宽容。宽容的基础是理解，宽容不是道德，而是认识。唯有深刻地认识事物，才能对人和世界的复杂性有了解和体谅，才有不轻易责难和赞美的思维习惯。书中揭示了不少事例的真相，其中给我印象比较深刻的是：

第一，同性恋者真不易。全国有近3000万同性恋者。21岁的大玮说："我可以对别人说我是艾滋病毒感染者，但不能说自己是同性恋者。因为在感染艾滋病毒的人里面，有血液传播的、吸毒的、还有嫖娼的。而同性恋是最底层的，最被人瞧不起。因为在咱们国家的性文化里，把生育当作性的目的，把无知当纯洁，把愚昧当德行，把偏见当原则。"其实，同性恋只是一种性取向，这和道德与伦理均无关。

第二，有的笑容背后是咬紧牙关的灵魂。2006年，"高跟鞋虐猫"事件的女主角在公开信中写道："我不需要大家的同情，只求你们的一份理解，有谁能理解一个离异女人内心的抑郁和对生活的烦闷？正是这份压抑和烦闷，使我对生活丧失信心，致使发泄到索然无辜的小动物身上，成为不光彩的角色……我是多么可悲、可恨。"

第三是华南虎带来的笑话。"华南虎事件"已经不是一个简单的照片真假问题，而是关系到社会诚信、道德底线的问题。一个不关注真相的民族，是一个没有前途的民族；一个不追求真相的社会，必然是一个堕落的社会。事后警方证明华南虎是用老虎年画拍的，一只野生老虎的生存至少需要70平方公里的森林和数量丰富的偶蹄类动物。

第四是乐观的力量。美国的埃蒙斯在雅典奥运会上，一路领先，但最后一枪在人家靶上打了个10环，捷克的卡特琳娜来安慰他，他因此娶得她为妻；2008年北京奥运会上，第九枪过后，埃蒙斯还领先第二名3.3环，但最后一枪只打了4.4环，再一次与冠军失之交臂。这一次，是埃蒙斯安慰妻子，他说自己尽力了，一切都会好的，卡特琳娜伸出手，在他鼻尖勾了一下，两人笑了。

第五是一个志愿者的力量和心声。卢安克是从德国到中国的志愿者，在一个偏远的小学教书，引起了广泛的关注和称赞。他说："想象学生该怎么样，总是把他们的样子跟你该怎么样比较，是教育上的最大障碍。这样我就没办法跟他们建立关系，这个想象就好像一面隔墙在学生和我之间。"

虽然采访调查的工作是辛苦的、劳累的，但柴静的心情是愉悦的、开心的，老范、老郝是柴静工作的好友，对于她们的合作，柴静用郑智化的一段歌词来描述："不要问我为何如此眷恋，我不再与世界争辩，如果离去的时刻钟声响起，让我回头看见你的笑脸。"快乐地工作和生活应该是每一个人的追求！

# 从历史看人物

许倬云 — 著

*愿有多高，力就有多大*

　　本书的主题都围绕着历史人物的成败展开表述，一方面试图从不同角度来评价历史人物，另一方面也试图在评价过程中反思自己的标准和立场，因为不管是历史人物的行为还是后人对他们的评价，都是由他们自己认定的生命价值决定的。从这两点出发，作者挑选了商鞅、王安石、张居正等几位以改革著称的政治人物，探讨他们的成败；接下来，则以反省色彩更浓的笔调解析李广、诸葛亮、岳飞等人的得失；在"创业帝王"与"继统帝王"两章中，逐个分析了汉、宋、明、清的开国君主与汉、清继统君主的功业得失，不但体现了作者对历史人物的"同情之了解"，也为现代人经营事业提供了许多启发。

　　作者评价历史和人物，有几个观点见解很独到：一是对历史的判断，有两个态度很重要，第一个是时时心存宽恕，设身处地，想一想如果把自己摆在那个历史人物的位置上，又是如何？这样总会公允些。第二个是避免抱着非黑即白的态度，搞一刀切。因为天下没有一个人完全是功，也没有一个人全然是过。每个人都受到时代与环境的约束，很难跳出来。二是，人生在世，不管别人怎么评价，成功或失败，贫穷或富贵，都没有关系。要看他到底是为人还是为己，为善还是为恶，是为了做好事情，还是只为了个人私欲，这就是人生价值很大的差别。三是，成功只有一个机会，失败却有上千个机会。成功是许多偶然因素和非偶然因素加起来，只有一个机会让这些因素刚好可以成功，失败却是上千个因素中，一个因素有个缺口，就像是长筒丝袜一样，一走线就全部完了。

在古代，改革往往损及旧贵族的既得利益，而新君及其人马在登基之前，也多与改革者相冲突。所以，新君与旧贵族这两者的利害常常连为一体，受到损害时一定会对改革者进行阻挠或复仇。比如，吴起在楚悼王支持下大力改革，成效显著。但楚悼王死后，吴起就是抱着楚悼王的尸体也被射死；商鞅变法，古今闻名，但在秦孝公死后，商鞅立即被五马分尸；王安石致力于内圣外王，但脾气倔犟，满地政敌，在他们的阻挠下，改革以失败而告终；张居正是个难得有作为的人，十年首辅，改革行政和田亩税收制度，将衰败的明朝恢复到国富民安、海内称治的景况。但死后他的家产被全部没收，还差点被开棺鞭尸。

人贵有自知之明，但就是名人也难以意识到自己的不足和局限。"飞将军"李广是个英勇的战士，却不是个称职的将军，他轻举妄动，随时会带几十人、几百人冲出去，后来随卫青领偏师出兵，因无向导，迷路而自杀；诸葛亮被罗贯中夸有神机妙算，但陈寿在《三国志》中说他"将略非其所长"，因而六出祁山无果，落得个"出师未捷身先死，长使英雄泪满襟"的结局；岳飞在南宋求和的主基调下，虽数次大败金兵，但由于他勇于任事、求功，与其余的将军关系也不和，因为立志迎徽、钦二帝回来，终被以"莫须有"的名义被杀。

天下最痛苦的事莫过于老是觉得自己怀才不遇。其实，人生往往是这样，或许失之东隅，收之桑榆。苏轼失之于宦途，却得千古文名，其诗、词、书、画、文章可谓为一时之冠，发出"但愿吾儿愚且鲁，无灾无难到公卿"的感慨；辛弃疾满腹孤愤，不受重用，却转化为雄深豪壮、慷慨激昂的宋词代表人物。

创业帝王，有一种威望，一种说不上来的魅力，能叫人信服，让人死心塌地帮他做事。作者选择了汉、宋、明、清四个历史朝代的开国故事。刘邦，真正是平民出身的帝王。他的成功在于："夫运筹帷幄之中，决胜于千里之外，吾不如子房；镇国家，抚百姓，给馈饷，不绝粮道，吾不如萧何；连百万之军，战必胜，攻必取，吾不如韩信。此三者，皆人杰也，吾能用之，此吾所以取天下也。项羽有一范增而不能用，此其所以为我擒也"；赵匡胤陈桥兵变后皇袍加身，然后"杯酒释兵权"，再让赵普"半部论语治天下"，实行仁政，小政府、大社会，经济立国，成绩斐然；朱元璋出身贫寒，讨过饭，当过和尚，实行"高筑墙，广积粮，缓称王"的政策，一举成功，但明朝君主专制、严刑峻法，杀得使官员都接济不上；努尔哈赤对于向他投降的人推心置腹，不管是什么人，都可以变成自己人，对满洲、西藏、蒙古等草原帝国，采取结盟之方式，对大金帝国，则采取统治的方式，两边相互钳制，平稳发展。

继统帝王，要做好不容易。"文景之治"时，文帝是宽仁，萧规曹随，景帝是严厉且相当严明，一松一紧，让汉武帝时成为当时全世界治理得最好的国家，人才济济，国家强盛；康乾盛世时，康熙和文帝一样，以好的生活、好的经济收服了民心。雍正则可能是最勤政的皇帝，定下了京察制度，不定期来一次大检查。乾隆则享受前朝带来的福利，要追求统治的合法性，修了《四库全书》，大兴文字狱。

以史观今，现代人面临的困境在于：第一，经济世俗化，一切向钱看驱走了社会价值，物质欲望得到满足时，精神欲望被忽略了；第二，都市化造成了人际疏离与个人失落；第三，科学主义现象压缩了宗教信仰；第四，文化多元性排挤了过去单一的文化信念。在这种情况下，应对策略是开发潜力，完善自己，同时做到儒家所说的成己达人。

许倬云是台湾著名的历史学家，他写的《万古江河》《从历史看领导》《从历史看组织》《从历史看管理》等都很精彩。

# 瓦尔登湖

[美] 亨利·戴维·梭罗 — 著

李继宏 — 译

只要朴素地、明智地生活，在这世间谋生就不是痛苦的差事，而是欢快的娱乐

　　该书是百余年前美国作家梭罗独居瓦尔登湖畔的生活随笔，描绘了他在那段离群索居时光中的所见、所闻和所思，记录了他在两年两月又两天里的内心渴望、情感冲突和自我调整。基于四季循环更迭的时间索引，梭罗将瓦尔登湖的自然美透过"我"的感官、认知和情感加以展示，引领读者体验回归自然的惬意，感受漫步淡泊的从容。《瓦尔登湖》崇尚返璞归真的质朴生活，热爱圣洁唯美的自然风光，万籁俱静时细细品读，既是在抚慰人们颤巍的心灵，也是在洗涤你我蒙尘的灵魂。

　　一、传奇的梭罗。1845年7月4日是美国独立纪念日，带着对纯朴自然的向往，28岁的梭罗开始独居于瓦尔登湖畔。造屋、耕锄、逐猎、垂钓、观景、听湖、阅读……梭罗在自给自足、自耕自读、自娱自乐中观察自然、沉思过往、感悟生活和针砭世俗。沉浸于瓦尔登湖畔奇特的精神氛围，梭罗对自然展开了巨细靡遗的描摹和引申，大至四季交替的景色变化，小到两只蚂蚁的激烈争斗，无不栩栩如生再现于其生花妙笔之下。梭罗对自然亲力亲为的探寻，其目的并非要获取客观知识，而在于回归自身的灵性，探索生命的深意，意在证明脱离物欲束缚而追求人性的提升，我们能够活得更加快乐。梭罗的生活智慧，诚然会给人留下苦行僧哲学的印象，但他始终追随于自己内心的真实想法和感受，竭力去成为与众不同、遗世独立的人，因为在他的世界里，"唯有清醒才是真正的活着"。

二、质朴的生活。该书的开篇《生计》中，梭罗只身一人，手持借来的一把斧头走进瓦尔登湖畔的树林，靠自己的双手建造出一间精致的砖木屋，这是他极简生活模式的正式开启。居有定所后，他自耕自足，通过"某些诚实而愉快的方式"赚钱补贴开销，在体验劳动的同时也品尝着收获的喜悦。梭罗追求"让我过上贫穷的生活吧，这样才能享受真正的财富"的境界，他把对物质的需求降到最低限度，家具是自己亲手做的，衣服是农夫家里织的，食物基本是自己种的……质朴的生活方式并没有让梭罗陷入困顿，而是让他体验到"真正地活着"，因为信念和经验让他深深地相信"只要朴素地、明智地生活，在这世间谋生并非痛苦的差事，而是欢快的娱乐"。

三、充实的孤寂。独居瓦尔登湖畔的梭罗经历着只身生活所特有的感受——孤寂。牛蛙的奏鸣、夜鹰的欢唱、水波荡漾湖面、赤杨迎风摆舞……烘托出周围环境的清寂，更反衬了梭罗内心的寂寞，那种感受让他"几乎无法呼吸"。他对孤寂的生活有过动摇，但"感受到与自然相处是如此的美好和有益"，便"自此再也没有过那样的念头"。独处的梭罗时常从早晨静坐至黄昏，纵情享受思考的乐趣。他坚持始终以真正的精神去阅读真正的书籍，同时笔耕不辍，认真记录自己的所见、所思、所悟。他不吝与来访的渔民、猎户、诗人和哲学家交换生活的意见，因为来到这个森林的人都是朝圣者。孤寂中的梭罗超然而洒脱，他感慨"最美好、最温柔、最纯洁、最鼓舞人心的相处，很可能是人和自然的相处"。梭罗在瓦尔登湖畔的生活寂寞但更充实，因为"我热爱孤单，我从未找到比孤寂更好的同伴"。

四、至美的自然。该书以春天开篇，历经四季，又以春天结束，"回归自然"的主线贯穿始终，语言沁人心扉，意境纯朴恬淡，将瓦尔登湖畔淳美的风光与祥和的生态呈现得淋漓尽致。湖水的深邃又纯净，松林的青翠与润目，季节变幻间的乡野，晨雾迷蒙中的丘阜，细雨乍歇时的美景，冰雪交融下的奇幻……唯美的自然风光不仅为梭罗带来了心灵的归真，也让读者对可以"测量自身天性深浅"的瓦尔登湖更为神往。梭罗在瓦尔登湖畔的"野生邻居"也是轮番登场"展示它们自己"，如林中混战的蚁群、湖心畅游的潜鸟、天空翱翔的野鸭、林间嬉戏的松鼠、屋里偷食的鼹鼠、旷野嚎叫的猫头鹰……它们的生活足迹使空旷的田野充满了活力，也为纯洁的瓦尔登湖增添了些许温情，连梭罗自己也不禁感叹"大概它们和我一样，也是莫名地热爱着这片湖水吧"。

该书是一本返璞归真的生活记录，也是一幅唯美恬淡的自然画卷，更是一部陶冶心灵的哲学圣书，它被美国国会图书馆评为"塑造读者人生的25部经典之一"，深深影响了包括托尔斯泰、海明威、圣雄甘地、马丁·路德·金等在内的一众文学巨匠和民族领袖。当在夜深人静、万籁无声时，或你孤独寂寞、茫然无助时，轻叩《瓦尔登湖》，细品其中墨香，定能为你拂去世俗的浮尘，让你感受自然的清新。

# 追风筝的人

[美] 卡勒德·胡赛尼 — 著

李继宏 — 译

我们每个人或多或少都在年幼的时候做过一些让自己今后感到羞愧的事，这些事可能如影子一般伴随自己一生，让你只能低着头去看它。可是时光不会掉头，自己尽力地弥补，何尝不是一种自我拯救呢

　　一本好书不一定畅销，一本畅销的书也不一定是好书，但好评如潮的《追风筝的人》是一本既畅销又极具可读性的书。

　　这是一本令人震撼的小说，看完后让我的心里久久不能平静。对主人公阿米尔来说，风筝隐喻他人格中必不可少的部分，只有追到了，他才能成为健全的人。其实，我们每个人的心中都应该有一个属于自己的风筝，它可以代表亲情、友情、爱情，也可以是正直、善良、诚实，只有追到了，才会感受到内心的平静、坦然和幸福！

　　阿米尔是阿富汗一个贵族家的少爷，他与仆人阿里的儿子哈桑差不多大，哥俩一起玩耍、一起长大、一起度过了快乐的童年。但是，他们这种兄弟般的情谊被12岁时发生的一件事情破坏了。那一年，当地举行传统的放风筝比赛，看谁的风筝能坚持到最后，看谁能追到落在地上的风筝。哈桑协助阿米尔参加比赛，他们旗开得胜，阿米尔把最后一只风筝线割断了，哈桑立即去追，他对哈米尔说："为你，千千万万遍。"

哈桑顺利地拿到了胜利果实，但就在他回家的路上，碰到了几个小流氓，他们想要那个风筝，哈桑誓死不从。结果那个流氓头子阿塞夫连风筝都不要了，把哈桑强暴了。在强暴的过程中，阿米尔来找哈桑，正好亲眼目睹了这一切。本来他应该挺身而出、营救兄弟般的哈桑，可是他害怕了、退却了、逃跑了。晚上哈桑带着血泪拿着完整的风筝回到家，阿米尔享受到了成功的荣耀和赞叹。但从此以后，阿米尔心中留下了阴影，他再也无颜面对哈桑，终日关在屋里读书。后来他借机栽赃给哈桑，让阿里带着哈桑离开了他们家。

宁静的日子被打破，1979年，前苏联入侵阿富汗，很多阿富汗人都通过巴基斯坦逃到美国去。阿米尔的爸爸带着他来到了美国，买了个旧车，摆了个摊位，以倒售旧货为生。在摆摊的日子里，阿米尔遇到了同样逃难过来的阿富汗将军的女儿索拉雅。索拉雅的美貌和善良深深地吸引了阿米尔，使阿米尔对她曾经与一小伙子私奔、同居、吸毒的往事毫不在意，他们结婚了，过着幸福、稳定的生活。婚后不久，阿米尔的爸爸就因癌症去世了。

过了几年，阿米尔收到他父亲好友、帮他们守着老别墅的叔叔拉辛汗的来信，让他到巴基斯坦一趟。在那里，拉辛汗告诉了阿米尔许多真相和后面发生的事情：哈桑是阿米尔爸爸的私生子、他同父异母的兄弟；阿里被地雷炸死，哈桑带着妻子回到喀布尔替他们照料老别墅，后来夫妻俩被塔利班残忍地杀死，留下了孤儿索拉博。拉辛汗要求阿米尔去喀布尔把索拉博救出来，带到美国去。刚开始，阿米尔犹豫了，他害怕到战火纷飞的地方去、担心索拉雅接受不了索拉博等。但内心多年的负罪感还是驱使他坚定地、义无反顾地深入到喀布尔，找到了那个孤儿院。可索拉博又被卖给了塔利班的头目、当年欺负他们的小流氓阿塞夫。在阿米尔与阿塞夫的搏斗中，索拉博趁机打伤了阿塞夫的眼睛，他们俩成功逃脱了。

阿米尔征得索拉雅同意后，又成功劝说索拉博跟他去美国。本来一切都应顺顺利利了，可签证时又遇到了麻烦，阿米尔领养孩子要有阿富汗国家的孤儿证明，你说在那战火纷飞的年代上哪儿证明去。最后阿米尔想了个办法，让索拉博再去巴基斯坦的孤儿院待上一段时间，然后领走。可是，孤儿院的生活已经在索拉博的心里留下了一生的阴影，他死活不肯答应再去孤儿院。就在索拉博洗澡的时候，阿米尔与索拉雅通电话，发现了新的领养方式，可以不让索拉博去孤儿院了。阿米尔欣喜若狂，冲进浴室告诉索拉博这个好消息的时候，发现他割脉自杀了，幸亏抢救及时，索拉博活了过来。但他从此沉默不语，两眼无神。

阿米尔就带着一个这样的索拉博回到了美国，不管阿米尔和索拉雅怎么努力，索拉博都没什么反应，始终没有从阴影中走出来。最后，一次偶然的机会，阿米尔带着索拉博参加一次传统的放风筝活动，看到自由飞翔的风筝，索拉博终于露出了微笑。阿米尔问他："你想要我追那只风筝给你吗？"索拉博的喉结吞咽着上下蠕动。阿米尔想似乎看到他点头。"为你，千千万万遍。"阿米尔听见他自己说，然后转过身，与一帮孩子一起追风筝去了……

书中的情感不仅仅是亲情或友情，只要是能够沉下心来阅读的人，都会被其中直指人心的情感打动，也会从中折射出自己曾经有过的心绪，比如应该担当责任时的自私推诿；危急关头的懦弱无助；亲人面临危险时的慌乱无措；以及时常涌上心头的自责、自卑和赎罪的冲动……这样的情感没有任何的虚伪做作，是一个人在面临变化的那一刻来不及思索的真实反应，是一个人在夜深人静时最私密的扪胸自问。

# 法槌十七声
## ——西方名案沉思录

萧瀚 — 著

> 评价一个历史事件是否值得，不在于它是否给未来与旁观者带来福音，而在于它是否给当时处于本地域当时代的人们带来福祉

　　"沉思录"的意思就是说，这不是一本法学论文、法理论著，而是作者由这些案例沉思阐发的心得。本书通过17个影响海内外司法界、社会道德观念的案例，从法律角度出发，深入地进行分析和阐述，充分体现了作者萧瀚独特的人文关怀和对普世价值的思考，对公平、正义、民主、自由的推崇，可谓是"十七声，声声震撼心灵"。

　　17个案例，各有特点，都是欧美历史中影响很大的事件。正如北大法学院沈岿教授在序言中所说："从对耶稣的审判中，你可以发现个体的人在群体之中会如何失去自我，或更确切地说如何让自己愚昧、轻信、从众的一面占据上风；通过印第安切罗基人在美国的血泪史，你可以发现人竞争性地夺取生存资源时所暴露出来的强盗、伪善本性；从吉迪恩、刺杀马拉的夏洛蒂·科黛、营救德雷福斯的左拉、辩护大师克拉伦斯·丹诺、反抗极权主义的哈维尔及至竭力为新教徒卡拉斯平反的无神论者伏尔泰身上，你又可以发现人性在勇气、良知、理性、宽容、仁爱、正义感方面的光辉"。总之，在人与制度的对话演进中，我们毕竟还可以发现人类自身有给人以希望的向善。西方曾经有过的宗教迫害、殖民、蓄奴、种族屠杀，丝毫不能掩盖其创建、完善以人为本的制度的努力。作者也说："欧洲以及美洲或者就是基督教的历史是一部从盗匪到绅士的历史，尽管他们至今还保留了若干盗匪的本性，而且还有不少欧洲人还是盗匪，尚未变成绅士，但是总体上说，由于他们还有改变自身的努力和能力，绅士成分会越来越多，而盗匪性格也就相应减少了。"

从中选取三个案例，与大家分享，就能领略到本书的精彩了。

法槌第一声：正义的召唤——知识分子的良知与行动，评"德雷福斯事件"。案情很简单，1894年，法国总参谋部见习参谋德雷福斯由于是犹太人，在一起泄密案中，只是其笔迹与嫌疑犯相似就被判为无期徒刑并革除军籍。他不断上书要求重审，最后在全世界20多个国家有正义感的知识分子的强烈支持下，1906年最高法院才判决德雷福斯无罪，被授予荣誉勋章并且恢复军职。

给予我们的启示：在正义遭到侮辱、良知遭到蔑视、法律遭到践踏的情况下，一些知识分子挺身而出，著名作家左拉发表《我控诉》，号召人们捍卫良知，捍卫德雷福斯的基本权利就是捍卫每一个人的基本生存权利。当然，这样做也是需要巨大勇气和牺牲精神的，因为一些知识分子在为正义而申辩的时候，往往不仅要面对强大的国家机器，而且还要面对无知愚民的狂热。这种狂热甚至常常显得非常虔诚，宗教改革家扬·胡斯在被处火刑时，一个老太太虔诚地在火堆上加柴木，胡斯透过火光说："神圣的单纯。"

法槌第三声：神圣的辩护——伏尔泰为卡拉斯辩护案。1761年，法国的新教徒让·卡拉斯的儿子由于性情抑郁而自杀，天主教徒捏造说新教徒家长宁可置孩子死地也不愿意让他们改信天主教，于是卡拉斯在1762年被处以车裂酷刑，并且处以火刑。其背景是，基督教在欧洲获得权威性地位后，逐渐成为一股顽固、保守甚至极端不宽容的教会邪恶势力。教会告诉人们："你们必须按照我钦定的教义信仰，否则你们就是异端，经过劝说不改变信仰的，我们必须烧死你们的肉体以拯救你们的灵魂。"伏尔泰为之奔波4年，终于上诉成功，巴黎法院撤销原判决，法国国王还给予其家属抚恤金。

　　给予我们的启示：胡适之说："宽忍是一切自由的根本。"对他人的思想以及信仰的宽容是一个社会赖以生存的基本底线，是秩序的基本保障。伏尔泰说："尽管我反对你的观点，但是我要用生命来捍卫你说话的权利。"思想正是在不同的人们进行不同的思考以及不同思想之间的博弈中日趋完善的，也许人类的思考最终不可能获得完全的真理，但是开放的容纳百川的思考将为人类不断接近真理提供途径。

　　法槌第八声：科学技术下的伦理困境——有关孩子M问题的案件评论。案情如下：1985年，斯特恩与怀特海夫妇签订协议，由医生将斯特恩的精子注入怀特海夫人的子宫内，将来孩子由斯特恩所有，斯特恩给予报酬一万美元。但孩子出生后，怀特海夫人反悔，不愿意交出孩子。最后最高法院判定：孩子监护权给斯特恩，恢复怀特海夫人的母亲权，即有经常探视的权利。

　　给予我们的启示：通过生育技术代孕的孩子不是人类自然出生的孩子，这些技术本身不仅仅是反人性的，而且在终极意义上说是反人道的。如果说法律认为不给父母以生育的可能是不人道的，那么让孩子去承受可能性极大的痛苦比这样的不人道更加不人道，前者来自自然，那是因为无奈；而后者的不人道却是人为的。一位英国历史学家说过，迄今为止，人的伦理行为的水准一直很低，丝毫没有提高。但是，技术成就的水准却急剧上升，其发展速度比有记录可查的任何时代都快，结果是技术和伦理之间的鸿沟空前增大，这不仅是可耻的，甚至也是致命的。

法槌的每一声都是那么有力地震撼心灵，让我们陷入深深的思考，也给予我们更多的启迪，如何才能让我们的社会更好地实现公平、正义、民主、自由。

# 中国文学史品读

鲍鹏山 — 著

中国文学史，就是中国人的心灵史，是中华民族三千年的理智与情感的渊薮。我就试图从这个角度，切入中国文学史

中华民族历史悠久，源远流长，在相当长时间内，中华民族所代表的文明，是世界上最先进的文明。对记载、体现这些文明的中国文学，比如《诗经》、诸子百家的作品、楚辞、汉赋、南北朝民歌、唐诗、宋词、元曲、明清小说等，我们都有一定的了解，但是很少系统地给予综述。这本书则大略地按时间顺序，分51个专题，挑出作者心目中最为杰出的作家与作品进行介绍和评述，既体现了文学史的感性化特征，又体现了历史学的思想性特征。特别是对于高中生而言，深入地了解这些杰出的作家与作品，非常有助于语文的学习和考试。

《诗经》是我们民族最美丽最缥缈的传说，反映了周代广阔的社会生活，表达了那个时代的痛与爱，愤怒与柔情，遗憾与追求。《左传》

则是传释《春秋》的大作，弥补《春秋》"叙事"之不足，史料既丰富多彩，格局又规模宏大，史学价值与文学价值都堪称一流。《战国策》则是先秦历史散文中文学成就最高的一部，是《左传》《国语》与《史记》之间的一座桥梁、一个过渡，它标志着充满浪漫气息的、文风流畅多变、生动活泼的新型历史散文开始出现。

诸子百家中，孟子是孔子之后儒家的重要人物，被称为"亚圣"，《孟子》主张人性本善，并在此基础上提出了"王道""仁政"的政治理论，强调"民为贵，社稷次之，君为轻"，对古代民本思想做了最简洁最经典的概括。当别人都在大谈政治、大谈"治人、治国"之道时，《庄子》则告诉我们如何自救与解脱，如何在"无逃乎天地之间"的险恶中"游刃有余"地养生，以尽天年。

屈原是中国历史上第一位伟大的诗人，其代表作《离骚》，单从篇幅上讲，它就是空前绝后的，全篇372句2490余字，是中国古代诗歌史上最长的一篇，而其结构的繁复、主题的丰富、情感的深厚，更是令人叹为观止。史界的司马迁评价它"虽与日月争光，可也"，文论界的刘勰评价它"衣被词人，非一代也"。楚辞之后的文学便是汉赋，从枚乘、司马相如的空洞无物、凌空蹈虚，到东方朔、扬雄对当代问题的深刻思考，都显示出赋这种文体的生命力。

人类的悲剧是文学的温床。司马迁被执行腐刑后，在屈辱中创作出《史记》，他抛弃了孔子既定的历史纪年法——编年体，而改用纪传体，"以人代史""以人叙史"，鲁迅评价为"史家之绝唱，无韵之《离骚》"。在汉代，政府有一个官方机构叫"乐府"，到全国各地采诗，其中最伟大的作品是《孔雀东南飞》，美丽无双的少妇刘兰芝，以自己柔弱的生命演绎出英雄般的大悲剧。

汉献帝的建安年间，围绕"三曹"的是"七子"。以"三曹"与"七子"的作品为代表的文学，被称为"建安文学"，显示出一种集体的焦虑，反映出功业未建或文章未显的生命功能痛苦。我们常说"魏晋风度"，实际上，魏有风度，而且是绝世的风度。到了晋，由于司马氏的恐怖政治压碎了文人的骨头，西晋文学更多体现的是人生的苦难。到了东晋，陶渊明是"古今隐名诗人之宗"，是田园诗的开山之祖；谢灵运是"元嘉之雄"，为山水诗的鼻祖。他们是试图从体制中解脱的一代，陶渊明找到了朴实宁静充满人间温情的田园，谢灵运则纵情于清新神奇一尘不染的山水。

南北朝时期，南朝的乐府民歌十分独特，清一色地歌颂爱情，在中国文学史上，还从来没有像在南朝乐府民歌中看到的那样，女性在整体上那么柔情，那么深情，那么痴情。北朝乐府中最伟大的作品不能不推《木兰诗》，木兰在平凡的日子里，爱父母、爱亲人，做个平凡的人，关键时刻，就站出来成为英雄。

光辉灿烂的唐诗，从"初唐四杰"的王勃、杨炯、卢照邻、骆宾王开始，到张若虚写《春江花月夜》，就有"石破天惊逗秋雨"之势，为我们唱出了迎接封建盛世的赞歌。李白被称为"诗仙"，使诗歌变成神曲，让精神遨游天上。杜甫被称为"诗圣"，使诗歌成为人歌，对日常生活中的悲欢离合倾注了极大的关注与关心。王维被称为"诗佛"，他的诗，"诗中有画"，而且充满音乐的美感，是天籁，是佛音，让人悠然神远。在那个人才辈出的年代，还有白居易、元稹、陈子昂、孟浩然、高适、岑参、李贺等一批杰出的诗人。当然，还有不得不提的晚唐诗人代表李商隐、杜牧，他们的诗，是属于感伤的浪漫主义，而且别有创造与特色，构成了唐诗花园中的独特一枝。

五代词中，最杰出的代表是南唐后主李煜，王国维说："词至李后主而眼界始大，感慨遂深，遂变伶工之词而为士大夫之词。"

北宋词之杰出瑰伟处，就在于写出了人类与宇宙相晤对时的感伤，写出了人类之心与天地之心相遇时感动激发而出的无奈、无聊与无力。

柳永是当之无愧的第一大家，其词流传甚广，"凡有井水饮处，即能歌柳词"。苏轼的前后《赤壁赋》气势磅礴，流传千古。两宋之交的李清照，则是中国历代女作家中，最杰出的一位。辛弃疾则是南宋词人的代表，创作出"横绝六合，扫空万古，自有苍生以来所无"的词作，成为中国词史上最奇崛、最伟岸的景观。

元曲包括元杂剧与散曲，元散曲虽可以说是元代最热闹的文体，如芳草碧连天，但其真正的成就还不能达到诗、词的境界，而元杂剧则真正是伟大的，给它多高的评价都不过分。比如关汉卿的《窦娥冤》，站在平民的立场上，反抗现实中的横暴与丑恶；王实甫的《西厢记》，则用才子佳人的形式反抗文化传统观念中的霸道与野蛮。

明清时期，那是小说的天地，可以真实反映当时社会的状况。四大名著众所皆知，《三国演义》不仅满足了我们的圣君梦、英雄梦、忠臣梦和智慧梦，还是一个民族道德观、价值观的形象体现；《水浒传》的人物描写很传神，一百零八人的生命如夏花般灿烂，而一百零八人的世界却如秋草般衰飒；《西游记》那近乎浪漫的西游，那极浅极明白的滑稽意味和玩世精神，让人读来忍俊不禁；《红楼梦》的内涵十分丰富，被认为是中国文学史上最伟大的作品，最能集中体现中国传统文学"伤感"的特征。当然，《三言两拍》《儒林外史》《聊斋志异》等也是非常杰出的小说。

作为中华民族的儿女，都应该读一读文学史，了解中国优秀文学的传承、脉络及其精华。

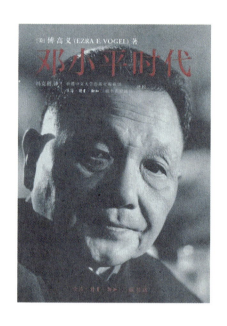

# 邓小平时代

傅高义 — 著

我认为他对世界有着巨大的影响，改变了一个当时还承受着"大跃进"和"文革"后果的国家的前进方向

20世纪90年代，有一首《春天的故事》传遍了大江南北："一九七九年，那是一个春天，有一位老人在中国的南海边画了一个圈，神话般地崛起座座城，奇迹般聚起座座金山……一九九二年又是一个春天，有一位老人在中国的南海边写下诗篇，天地间荡起滚滚春潮，征途上扬起浩浩风帆，春风啊吹绿了东方神州，春雨啊滋润了华夏故园……"这首歌曲热情地歌颂了我国改革开放和现代化建设的总设计师邓小平南巡的故事。

邓小平作为中国共产党第二代集体领导的核心，深刻影响了中国历史和世界历史的走向，也改变了每一个当代中国人的命运。解读邓小平的政治生涯及其行为逻辑，就是解读当代中国，解读个人命运背后的历史变局。哈佛大学傅高义教授倾10年心力完成的权威巨著《邓小平时代》，是对邓小平跌宕起伏的一生以及中国惊险崎岖的改革开放之路的全景式描述。书中涵盖丰富的中外档案资料和研究成果，以及为数众多的作者独家访谈，对中美建交、华国锋历史评估、改革开放的幕后曲折、邓小平和诸多当时关键人物之关系、香港问题、邓小平南巡等重大议题均有详述及剖析。该书既具学院研究的严谨专精，又对中国现实政治与事理人情有透彻把握，被誉为邓小平研究"纪念碑式"的著作。2013年，傅高义先生凭借《邓小平时代》一书获得第七届中华图书特殊贡献奖。

　　本书从邓小平1904年出身于四川广安说起，但从邓小平的童年到他在"文革"期间下放这60多年的时间，在全书中仅占很小的篇幅。邓小平的一生很传奇，"三起三落"很令人称道，他曾3次受到整肃：先是在江西苏区，然后在1966年"文革"中受到猛烈批判，1976年又一次挨批。然而，每一次遭受重大挫折，他都不灰心，不气馁，咬紧牙关，东山再起。特别是在江西下放的时期，他每天步行5000步，围小楼转40圈，一边走着，一边思索，日复一日，年复一年，既锻炼身体，又思考着要进行的改革大方向。经过多年革命、建设和斗争的锤炼，邓小平养成了坚毅果敢、讲求实际的性格特点，具有出色的判断力、全局性视野和战略眼光，在解决重大问题时既有战时军队司令员那种天生的沉着，又有半个世纪里接近权力中心处理重大问题时养成的自信。虽然身材矮小，但身为最高领导人的他在房间一露面，就能展现出夺人的气势，自然而然地成为众人瞩目的中心。

　　本书的主要内容是讲邓小平在"文革"中的复出以及他推动中国的改革开放和发展。1977年7月，党的十届三中全会通过了《关于恢复邓小平同志职务的决议》。1978年5月，《实践是检验真理的唯一标准》发表后，日益成为两条路线的一场政治斗争：一方赞成"实践是检验真理的唯一标准",认为邓小平才是最好的领导人;另一方则坚持"两个凡是",拥护华国锋。1978年12月召开的党的十一届三中全会,是向世界宣布新路线得到正式批准的仪式,标志着使中国转型的"邓小平改革开放"的开始。邓小平一向有坦率承认令人不快的事实的作风,他听取广东年轻人试图越境逃往香港的汇报后,指出用警察或军队解决不了问题,边境两侧生活水平的差距才是症结所在。发展才是硬道理,只有提高中国边境这边人们的生活水平,才能解决问题。

1978年底,中央决定设立经济特区。邓小平说:"深圳、珠海、汕头、厦门,还是叫特区好,陕甘宁开始就叫特区嘛。中央没有钱,可以给些政策,你们自己去搞,杀出一条血路来。"1979年,邓小平访美期间拍摄的纪录片,展现了美国生活十分正面的形象——不仅有美国的工厂、交通和通讯,还有住着新式住宅、拥有各种现代家具和穿着时髦的美国家庭。邓小平的访问使中国人的思维方式和世界观发生了一系列的巨变。星星之火,可以燎原,点燃1979年以后改革的火星当推邓小平的访美。深圳经济特区设立没过两三年,通过这个南大门的人流、卡车和资金,便从涓涓之水变为汩汩溪流,再变成滚滚洪流。1984年,邓小平视察深圳、珠海回到广州后指出:深圳的发展和经验证明,我们建立经济特区的政策是正确的。此后开放扩大到14个沿海城市。1984年国庆节,邓小平获得的民众支持达到了最高峰。北大的学生游行队伍打出一条写有"小平您好"的横幅,这是一种发自民间内心的衷心问候和感激!

随着年龄越来越大,邓小平一直在考虑接班人的问题。1989年,在国内外环境都很复杂的情况下,终于确定江泽民为接班人。对于如何应对西方的挑战,邓小平送给他的接班人3句话:冷静观察,稳住阵脚,沉着应对;不要急,也急不得,要冷静,冷静,再冷静;埋头苦干,做好一件事,我们自己的事,有所作为。这几句话确实指导中国顺利地渡过难关。1992年，当邓小平看到改革的步伐有些停滞时，他以88岁高龄，乘专列南下，到武汉、深圳、珠海和上海，在这些地方成功点燃了扩大市场开放和加快发展的大火。于是，这就有了刚开始讲到的"春天的故事"。

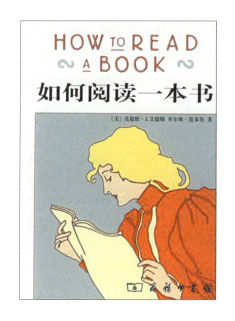

# 如何阅读一本书

[美] 莫提默·J.艾德勒 — 著

查尔斯·范多伦 — 著

郝明义 朱衣 — 译

*良好的阅读基础在于主动的阅读。阅读时越主动，就读得越好*

高尔基说："书籍是人类进步的阶梯。"中国有一种说法，阅读是门槛最低的高贵。大部分人从孩提时代开始，就会或多或少地阅读一些书，有的人囫囵吞枣，有的人走马观花，有的人细嚼慢咽，还有的读一半就放下了。不管哪一种读法，开卷总是有益，读一读总比那些不读书的要好。但是，要想在阅读中取得好的效果，得到更多的收获，还是需要掌握一定的方法和技巧。

这本《如何阅读一本书》，就告诉我们，拿同样的书给不同的人阅读；一个人读得比另一个人好，第一在于这个人的阅读更主动，第二在于他在阅读中运用了更多的技巧。简单地说，就是努力越多，效果越好。书中教给我们很多非常实用的阅读方法，提出了一些关于阅读的很好的观点，还有一些阅读的练习。我们一旦掌握这些阅读方法，并真正地运用到实践中，就会让我们在阅读中实现事半功倍的效果。

阅读的层次是渐进累积的，作者从低到高将阅读分为四个层次。第一层次的阅读是基础阅读，也可称为初级阅读、基本阅读或初步阅读。小孩子首先接触的就是这个层次的阅读，主要解决的问题是："这个句子在说什么？"第二层次的阅读是检视阅读，也称为略读，是系统化略读的一门艺术。强调在规定的时间内完成一定的阅读量，主要解决的问题是："这本书在谈什么？"第三层次的阅读是分析阅读，就是全盘的阅读、完整的阅读。第四层次的阅读，也是最高层次的阅读，是主题阅读，也称为比较阅读。

第二个层次的检视阅读，才算是真正进入阅读的层次。作者对略读提出了一些好的建议：先看书名页，然后如果有序就先看序；研究目录页，对书的基本架构做概括性的理解，就像在出发旅行之前，要先看一下地图一样；挑几个看来跟主题息息相关的篇章来看，如果这些篇章在开头或结尾有摘要说明，就要仔细阅读这些说明；最后，把书打开来，东翻翻西翻翻，念个一两段，有时候连续读几页，但不要太多。就用这样的方法把全书翻过一遍。你可以把自己想成是一个侦探，在找寻一本书的主题或思想的线索。通过检视阅读，你自己要提出4个主要的问题：一是整体来说，这本书到底在谈些什么？二是作者主要说了什么，怎么说的？三是这本书说得有道理吗？是全部有道理，还是部分有道理？四是这本书跟你有什么关系？如果这本书不只提供了资讯，还启发了你，就更有必要找出其他相关的、更深的含意或建议，以获得更多的启示。

在第三个层次的分析阅读中，你一定要用一双X光般的透视眼来看这本书。作者将分析阅读分成3个阶段，每个阶段给出了一些很好的规则。第一阶段：找出一本书在谈些什么。主要有4个规则：一是，你一定要知道自己在读的是哪一类书，而且要越早知道越好。比如，这是一本虚构的作品——小说、戏剧、史诗——还是某种论说性的书籍？二是，使用一个单一的句子，或最多几句话（一小段文字）来叙述整本书的内容。三是，将书中重要篇章列举出来，说明它们如何按照顺序组成一个整体的架构。一本好书，就像一栋好房子，每个部分都要很有秩序地排列起来。四是，找出作者要问的问题。一本书的作者在开始写作时，都是有一个问题或一连串的问题，而这本书的内容就是一个答案，或是许多个答案。第二阶段：诠释一本书的内容。主要有4个规则：一是，找出举足轻重的关键字，透过它们与作者达成共识。这样会使你对一本书的理解大大增强。二是，将一本书中最重要的句子圈出来，找出其中的主旨。三是，从相关文句的关联中，设法架构出一本书的基本论述。四是，确定作者已经解决了哪些问题，还有哪些是未解决的。第三阶段：像是沟通知识一样地评论一本书。主要有3个规则：一是，在你说出"我同意""我不同意"，或"我暂缓评论"之前，你一定要能肯定地说："我了解了。"二是，当你不同意作者的观点时，要理性地表达自己的意见，不要无理地辩驳或争论。三是，尊重知识与个人观点的不同，在做任何评断之前，都要找出理论基础。

　　分析阅读中的这些规则，一般来说适用于论说性的作品——也就是说任何一种传达知识的书，但是对于小说、戏剧、诗等想象文学来说，这些并不是照着共识、主旨、论述来发展的，不能完全照搬，要灵活运用。阅读论说性作品，读者应该像个捕食的小鸟，经常保持警觉，随时准备伸出利爪。而在阅读想象文学时，要让自己感同身受，沉浸到文学作品当中。作者对于阅读故事书的建议是：快读，并且全心全意地读。理想上来说，一个故事应该一口气读完。故事就像我们的人生一样，在生命中，我们不可能期望了解每一件发生在我们身上的事，或把一生全都看清楚。但是，当我们回顾过去时，我们便了解为什么了。所以，读者在阅读小说时，全部看完之后再回顾一下，就会了解事件的关联与活动的前后顺序了。作者对读诗给予的建议是，不仅要一口气读完，还要重读一遍——大声读出来，说出来的字句会帮助你更了解这首诗。

在第四个层次主题阅读中，对一个特定的问题来说，所牵涉的绝对不是一本书，那么就应该把相关的书收集过来，然后按以下5个规则进行阅读：第一，找到相关的章节。你及你关心的主题才是基本的重点，而不是你阅读的书。第二，带引作者与你达成共识。第三，厘清问题。第四，界定议题。第五，分析讨论。主题阅读的目的，并不是给阅读过程中发展出来的问题提供最终答案，也不是给这个计划开始时候的问题提供最终解答，而是要能面面俱到，自己并不预设立场，而要真正做到"辩证的客观"。

每个人在阅读中都想既读得好，又读得快。作者在书中提供了一种提高阅读速度很好的方法，那就是：将大拇指与食指、中指合并在一起，用这个"指针"顺着一行一行的字移动下去，速度要比你眼睛感觉的还要快一点，强迫自己的眼睛跟着手部的动作移动。一旦你的眼睛能跟着手移动时，你就能读到那些字句了。继续练习下去，继续加快手的动作，不知不觉，你的速度就可能比以前快两三倍了。大家都可以试试，效果绝佳！

# 中国哲学简史

冯友兰 — 著

赵复三 — 译

*哲学不单是要知道它，而且是要体验它*

　　这是一本打通了中国传统文化任督二脉的哲学著作，它从纵向和横向总结了儒、道、释、墨家、名家等的思想，对各家的代表人物进行了介绍，并加以比较，同时也将中国古典哲学与西方哲学相印证，充分体现了大家风范。如果你对中国传统文化感兴趣，又不想在浩瀚难懂的典籍中晕头转向，那么这本书无疑提供了一条捷径。

　　中国哲学的精神是什么？它不是一味的入世，也不是单纯的出世。入世和出世是对立的，正如现实主义与理想主义也是对立的一样，中国哲学的任务，就是把这些反命题统一成一个合命题。如何寻求统一，解决这个问题，就是中国哲学的精神。按传统来说，中国哲学家讲的都是"内圣外王"之道。"内圣"就是个人的修养成就，"外王"就是对社会的功能影响。

儒家和道家是中国思想的两个主流，从它们的发源来说，是在公元前5世纪到公元前3世纪，那时候它们只是争鸣的"百家"中的两家。孔子是儒家的创建者，他对人的德性强调仁和义，社会中的每个人都有一定的应该做的事，必须为做而做，因为这些事是道德正确的，这就是孔子"无所为而为"的观念，正因为如此他一生都在尽力改造世界，明知道不成功，仍然坚持努力。他认为人要"知命"，"不知命，无以为君子也。"我们要尽应尽的义务，并承认世界本来存在的必然性，这样我们就不会患得患失，只要义务在道德上尽到了，外在的成败并不值得介怀，这就是"君子坦荡荡，小人长戚戚"。

而道家的著名观点是"无为"，并不是完全无所作为，而是要为得少一些，不要违反自然地任意而为。关于处世方法，老子说："大成若缺，其用必弊。大盈若冲，其用不穷。大直若屈。大巧若拙。大辩若讷。"又说"曲则全。枉则直。洼则盈。敝则新。少则得。多则惑"。按照"无为"的学说，一个人应该把他的作为严格限制在必要的、自然的范围内。把"朴"作为指导原则才是合乎道德的生活。

道家认为，圣人对万物的自然本性有完全的理解，所以无情。这并不是说他没有情感，而是说，他不为情所乱，享有"灵魂的和平"。不受外界事物限制达到绝对幸福，这也和斯宾诺莎的《伦理学》是相符对应的。

冯友兰在关于墨子和后期墨家的篇章里，指出他们遵循功利主义哲学传统，"义，利也"，所以人类一切行为规则是"利之中取大；害之中取小"，后期墨家还做出了关于享乐主义的解释。这让冯友兰想到了《道德立法原理导言》，也是西方的另一种"功利哲学"。书中还提到了现实主义的法家，他们以人性本恶为前提看待和解决问题。

此后，又出现了以郭象为代表的新道家，他写下了伟大的哲学著作《庄子注》，对之前的道家进行了若干重要修正。第一个修正是，道是真正的无。"天地者，万物之总名也。"而新儒学分成了两个主要的学派，以程颐和朱熹为代表的"程朱理学"，以程颢、陆九渊、王守仁为代表的"陆王心学"。这两个学派展开了一场延续到今天的大论战，争论一个根本性的哲学问题，那就是：自然界的规律是不是人心（或宇宙的心）创制的？这也是柏拉图式的实在论与康德式的观念论争论的主题。

不得不提的是，公元1世纪，在佛教传入中国之后，对哲学、文学、艺术等方面都产生了特殊影响。公元520年至公元526年，达摩于梁武帝时到中国，成为中国禅宗的初祖。达摩将心传传下来，到五祖弘忍，他的两个大弟子分裂为南北二宗，神秀创北宗，慧能创南宗。后来禅宗的主流，是沿着六祖慧能的南宗发展的。禅师们有一句常说的话"骑驴觅驴"，意思是于现象之外觅真实，于生死轮回之外觅涅槃。禅诗和公案里，往往藏着神秘主义的辩证法。

到20世纪初，西方哲学陆续被引入中国，并对整个中国文化和思想体系产生了巨大影响。回到中国哲学传统，作者认为哲学的任务是帮助人达到道德境界和天地境界。通过这本书可以摸清中国哲学发展的进程，帮助我们更深入了解和体会到中国传统文化博大精深的智慧。作为现代人，在纷繁复杂容易迷失的社会，中国哲学式"入世"和"出世"，是一种心灵的平衡、生命的反省和回归。关于我们如何安身立命，如何实现自我价值，如何看待天地万物，在读完这本书之后，我们一定会有新的触动和收获。

# 史记

司马迁 — 著

李翰文 — 主编

*仓廪实而知礼节，衣食足而知荣辱*

    在中国历代史书中，以被赋予"正史"地位的"二十四史"最为重要，而"二十四史"之首就是西汉史马迁所著的这部《史记》。该书最初称为《太史公书》，或《太史公记》《太史记》，记载了上自中国上古传说中的黄帝时代，下至汉武帝元狩元年（公元前122年），共三千年左右的历史。

    "刚正不阿，留将正气冲霄汉；幽愁发愤，着成信使照尘寰。"忍受腐刑磨难之后的司马迁，发誓要"究天人之际，通古今之变，成一家之言"，经过10年的不懈努力，殚精竭虑，耗尽心血，终于使《史记》成为中国第一部，也是最出名的纪传体通史。该书对后世史学和文学的发展都产生了深远影响。其首创的纪传体编史方法为后来历代"正史"所传承。同时,《史记》还被认为是一部优秀的文学著作,在中国文学史上具有重要地位。鲁迅赞誉该书为"史家之绝唱,无韵之离骚";汉代著名的经学家、文学家刘向等人认为该书"善序事理,辩而不华,质而不俚"。毫无争议地,该书与司马光的《资治通鉴》并称"史学双璧"。

《史记》包括十二本纪、十表、八书、三十世家、七十列传,共130篇。"本纪"是全书的总纲,按年月时间记述帝王的言行政绩。作者采取详今略远的办法,时代越远越略,越近越详,主要记录了秦汉时期的历史。"表"是用表格的形式记述重大事件,纲举目张,以简御繁,一目了然,便于观览、检索。"书"是记载历代朝章国典、以明古今制度沿革的专章,主要记述礼、乐、音律、历法、天文、封禅、水利、财用等内容。"世家"记述子孙世袭的王侯封国史迹和特别重要人物的事迹。比如孔子,虽然不是王侯,但却是儒家文化的创始人,更何况汉武帝时独尊儒学,把孔子列入世家也反映了当时思想领域的现实情况。"列传"是帝王诸侯外其他各方面代表人物的生平事迹和少数民族的传记,有单传、合传和类传。"单传"是一人一传,如《商君列传》,秦孝公由于采用商鞅变法,使秦国得以日益强盛,最后称霸西戎,后世遵循商鞅所立的法度,因此作单传。"合传"是记两人以上,如《管晏列传》,晏子生活节俭,管仲则生活奢侈;齐桓公由于任用管仲而称霸天下,齐景公任用晏子而使国家得享太平,因而写为合传。"类传"是以类相从,把同类人物的活动,归到一个传内,如《游侠列传》,游侠们解救身陷危难之中的人们,救济身处贫困之中的百姓,在"仁"的方面有可称道的地方;没有失去信用,没有背弃诺言,在"义"的方面有可取的地方。

《史记》的版本不少,选取这个版本,主要原因有3个:第一是内容全。选取完整底本,为读者呈现出一部完整的《史记》。虽然表占据了

600多页的内容，但方便大家需要时查阅相关内容。第二是有解释。该书将正文中的生僻字词加以注音、注释，并在原文下面增加了白话文的翻译，虽然全书的内容包括翻译和注释达到160万余字，但文白对照有利于大家阅读。第三是配插图。从《帝鉴图说》《钦定书经图说》等古代版画的优秀作品中，有针对性地选取了一些版画，图文并茂，形象生动，更有利于大家对经典的理解。

司马迁认识到，历史总归是"人"的历史，不是天的意志史，不是神的历史，也不是哲学家们所想象的"观念"的历史，于是，他抛弃了孔子既定的历史纪年法——编年体，而改用纪传体，"以人代史""以人叙史"，实际上这是一种历史观念的伟大觉醒：没有人，便没有历史，历史的主体正是那形形色色的人及其命运。司马迁以其丰富的知识和经验、客观的立场与眼光，对相关历史人物的是非功过进行深入地评析。于是，从书中，我们看到，一代一代的人物对自身命运的体认，在历史中的作用，构成了书中最绚烂、最悲壮、最华丽、最哀婉的主色调。司马迁笔下的人物个个栩栩如生，有着鲜明的个性。轻松幽默的语言，生动优美的文字，紧张刺激的情节，仿佛把我们带到了那个遥远的时代，身临其境，体会那无比威严的帝王及其宝座、高大威猛的将军及其宝剑、多才多艺的诗人及其酒壶、地位显赫的官僚与远离喧嚣的隐士、趋炎附势的门客与英勇仗义的游侠……

"人固有一死，或重于泰山，或轻于鸿毛，用之所趋异也。"司马迁以其自身的努力实践了其伟大价值，为我们留下了这部浩瀚的历史巨著。人生怎么过得有意义，该书中形形式式的人物及其在历史中的表现会给予我们很多的启示。高中的不少古文课文就选自《史记》，学习历史，了解历史，正如中国最负盛名的历史学家陈寅恪所说"读史早知今日事"，就是要从历史中吸取经验教训，为我所用，为社会做出更多的贡献。

# 红楼梦

曹雪芹 — 著

*世事洞明皆学问，人情练达即文章*

　　《红楼梦》滋养了千万颗的心灵，它让木石之恋穿越千年，至今仍有人为它抱憾；它塑造了聪慧灵动的十三钗，穿越繁华没落，至今仍翩翩起舞；它让清代的食物衣着、艺术建筑生动展现，不失为一本清代民间历史实录；它突破了语言的界限，雅致诗词和粗口俗语皆有，文字忠诚于故事；它影响了许多作家，甚至塑造了他们自己的作品；多少人惦记那未写完的40回，高鹗续写的版本真真假假、争议无数；研究《红楼梦》的"红学"也作为一个文学研究方向被长期研究。这样的作品，怕是再难找到第二部了。

　　有人认为，要深刻理解《红楼梦》，需要太多的人生历练，年纪太小的人，不过是囫囵吞枣，无法消化它庞大的美好。其实不然，舞象之年、碧玉年华读之，恰能启发心智、启蒙美学、提升趣味、熨帖心灵。

一、奠定对经典文学的鉴赏基础

读经典文学，如拾历史遗珠。《红楼梦》的书写立意、文字风格、结构编排都是堪称典范，从欣赏文学作品的角度，它带来的启发和享受，对高中少年理解文学、向往文学，形成鉴赏框架，有很大帮助。尤其在商业化小说日益泛滥、垃圾文学充斥少年生活的今天，《红楼梦》好似高洁的仙子，值得尽早读、反复读。

一直以来，根深蒂固的家族文化是中国作家热爱的命题，《红楼梦》是极具标志性的作品，许多作家和作品也拥有了抹不去的《红楼梦》情结，如巴金、张爱玲、林语堂、张恨水，以及他们笔下的《家》《金锁记》《京华烟云》《金粉世家》等，无不是《红楼梦》的浸染和延传。

二、描绘美学框架，让"美"第一次敲击心灵

从美学角度来理解《红楼梦》的专家，当属蒋勋先生莫属。

那服饰之美，有彩绣辉煌的王熙凤、灵性脱俗的贾宝玉，颜色面料考究，搭配彰显个性，隔着书页，你似乎能触碰到孔雀毛织成的雀金裘的闪耀华美。

那建筑之美，是大观园的极其恢弘精致。风雅翠竹的潇湘馆里住着柔弱的黛玉，锦绣花开的蘅芜苑里住着明朗的宝钗，朴实素净的稻香村里住着内敛的李纨，你突然就走进了为主人公量身定制的建筑中，陶醉于花香竹影碧波。

那食物之美，是繁复工序、顶级食材和精美器皿共同打造的。让你忍不住垂涎欲滴的，有豆腐皮包子、火腿炖肘子、糖蒸酥酪、莲叶羹……

这每一种美中，又包含了庄重之美、伦理之美、繁华之美，而每一种美中，也有着对封建制度的批判。"美"本就是一种复杂的感受，《红楼梦》也可看作是高中少年的美学启蒙教材，让人学习感知"大美"。

三、收集诗词之动人的朦胧感受

《红楼梦》中的诗词，许多都已是上口的小调，"一个是阆苑仙葩，一个是美玉无暇。""两弯似蹙非蹙罥烟眉，一双似喜非喜含情目。"《红楼梦》的诗句之美，在十二金钗判词、黛玉葬花词、海棠诗社作诗中体现得最为淋漓尽致。

对高中少年而言，第一遍读不懂判词实属正常，可以先行跳过，重点看看海棠诗社的作诗游戏。曹雪芹对诗词的造诣之高，可以让不同文学修为、不同个性的人，写出层次和角度都不同的诗句，最佳的当属宝钗和黛玉的诗句，认真揣摩，定让人爱不释手。即使略觉难懂也不要紧，收集一份朦胧之美，点选一份自己的喜好，让《红楼梦》给自己赏诗鉴诗开一扇窗。

四、对人物多样性和处事方式形成初步判断

《红楼梦》的描述难得之处在于，作者禅性佛心，对所有人物的描述都没有定性的形容词，只是通过人物行为和语言的客观描述，让读者形成自己的判断。而作者似乎也在传递着人物的多样性和复杂性，避免非黑即白、非好即坏。

对于高中少年而言，跟随作者对人物的描述，也将形成自己的判断。比如，有的喜爱探春、袭人和平儿，有的喜爱王熙凤和妙玉。每个人在形成自己喜好的同时，容易引发反思，何种处事方式最让人舒服？何种性格终将带来不幸？是该尽显聪明还是略收锋芒？对高中少年而言，思考处事分寸，形成自己的处世之道，也是《红楼梦》中的人物能够传递的智慧。

五、对事物规律、繁华衰落形成认知架构

《红楼梦》整体脉络是一个大家族的悲剧，从精美到极致的繁华，到入不敷出的遮掩，再到树倒猢狲散的抄家，作者试图叙述一个内因外因共同催化的必然结果。在阅读时对前后反差的感慨，对人物命运曲折的心疼，对漠然挥霍的捶胸顿足，都像一面明镜，让读者审视社会，审视自己。

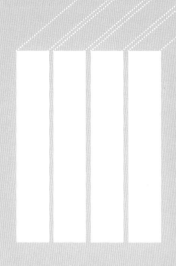

大学篇
*University*

# 做最好的自己

李开复 — 著

*许多成功的人士之所以能够数十年如一日充满激情地工作，是因为他们忠于自己的兴趣，有着勇敢而执着的精神。这才是成功的根本*

作者李开复先生祖籍四川，出生于台湾，11岁赴美求学，后来获得卡内基梅隆大学计算机学博士学位。他在苹果、SGI、微软和Google等多家IT公司担任过要职。2009年9月，他从Google离职后创办创新工场，并任董事长兼首席执行官。李博士说自己"出生于热爱祖国的中国家庭，受教于崇尚自由的美国学校，有一个美国人的头脑和中国人的心"，他的经历和事业的成功，对指导年轻人很有意义。他认为：中国的青年非常优秀，但是中国的学生非常困惑，因为他们面对着高期望的父母、习惯了应试教育的学校和老师以及浮躁的社会心态。如果能够有过来人帮他们指路，让他们能走得更踏实、更精确一些，他们将成为中华民族更上一层楼的最大动力。于是，他开办了"开复学生网"，在网上与学生们谈心释疑。根据与学生的交流和自己的思考总结，李博士写下了这本书。他希望中国青年可以从这本书中理解"人人都可以成功、我可以选择我的成功"。

李博士认为，中国社会历来有个通病，就是希望每个人都按照同一个模式发展，衡量每个人是否成功采用的也是一元化的标准：在学校看成绩，进入社会看名利。如果仅以"成绩"和"名利"来衡量个人、团体乃至社会的成败，那么，这个社会上99%的人都无法跻身于成功者的行列。毕竟，在学校得高分的只能是少数人，在工作中晋升为领导或成为亿万富翁的也只能是少数人。而在多元化成功的视角下，衡量成功的标准有很多种——可以是一个人的地位和财富，也可以是一个人的创造力和影响力，可以是一个人对他人的帮助或贡献，也可以是一个人在自身基础上的提高和超越……但无论对于哪一种类型的成功来说，最根本的衡量标准都应该是：该行为是否对社会、对他人或对自己有益，是否能让一个人在自主选择的过程中，不断超越自己，并由此获得最大的快乐。

有个小故事很有意思。有一次，一位中国家长问美国某大学的校长："你们学校里有多少好学生，有多少差学生？"校长诚恳地说："我们这里没有差学生，只有个性特点不同的学生。"也就是说，每一个人都有自己的特长和潜质，在多元化成功的模型中，只要主动选择，每个人都有成功的机会。正比如梅的凌寒，兰的幽香，竹的坚贞，菊的淡泊，它们都在自己的天地中展示它们独有的风韵；鹰击长空，鱼翔浅底，虎啸深山，驼走大漠，它们都在自己的领域中尽显独特的魅力。人也一样，真正的成功有很多种：它可能是创造出了新的产品或技术，可能是取得了突破性的科研或学术成果，可能是因为自己的行为而给人们带来了幸福，也可能是在工作岗位上得到了别人的信任。如何获得个人的成功？作者提出了一个"成功同心圆"的观点。即：一个人想要取得成功，就必须首先拥有正确的价值观，因为价值观是指导所有态度和行为的根本因素，是人生的基石，是成功的前提。其次，在正确价值观的指引下，就可以更好地完善自己的人格，端正自己的人生态度。最重要的人生态度包括积极、同理心、自信、自省、勇气、胸怀等6种，它们构成了同心圆的第二层。最后，还要将正确的价值观和人生态度应用到追寻理想、发现兴趣、有效执行、努力学习、人际交流、合作沟通等六种最基本的行为方式中，它们构成了同心圆最外面的一环。所以成功的秘诀在于：成功=价值观+态度+行为。

本书就围绕价值观、六种好的人生态度、六种好的行为方式展开了精彩的论述，给年轻人非常有益的启示。比如，说到价值观时，李博士指出，诚信是根植于一个人灵魂深处的价值观的一种。一个真正谨守诚信的人要对每一句话负责。在感到不知所措的时候，可以用一个特别的"报纸头条测试法"来检验自己的言行。所谓"报纸头条测试法"，就是在事前认真想一想：明天，如果在一份你的亲朋好友都会阅读的报纸上，你做的事被刊登为头条新闻，你会不会因此而感到羞愧？会不会无法面对自己的良心？如果不会，你做的事才对得起你自己的价值观。谈到好的行为方式——努力学习时，李博士说，学习的境界大致可以分为4种：境界一是熟能生巧。这是在老师指导下学习，掌握基本的内容；境界二是举一反三。具备思考的能力，掌握学习的方法，知其然，也知其所以然；境界三是无师自通。掌握自学、自修的方法，能主动自学；境界四是融会贯通。将学到的知识灵活运用于生活和工作，在学习中实践，在实践中学习。本书中到处充满睿智的观点和精彩的例子，大家认真学习体会，就可以掌握获取成功的精髓。

最后，李博士说，不管做什么，都需要不断学习、实践、锻炼。西方有一则寓言，说的是一个年轻人向一个年长的智者请教智慧的秘诀。年轻人问："智慧从哪里来？"智者说："正确的判断。"年轻人又问："正确的判断从哪里来？"智者说："经验。"年轻人进一步追问："经验从哪里来？"智者说："错误的判断。"实践出真知，年轻人要树立正确的价值观，有自己的理想追求，就要勇于去实践，在实践中成长进步，而不能做个"说话的巨人，行动的矮子"。

# 唐浩明评点
# 曾国藩家书

唐浩明 — 著

*端庄厚重是贵相，谦卑含容是贵相，事有归着是富相，心存济物是富相*

有副对联概括了曾国藩的一生："立德立功立言三不朽，为师为将为相一完人。"毛泽东年轻时也说过："愚为近人，独服曾文正。"那么，从这本书中唐浩明对曾国藩家书的评点，就可以看出他是一个怎样的"完人"。

唐浩明说，要看透曾氏，最主要的方法是读他的文字，但曾氏传世的文字千余万，通读极为不易，只能读其精华，而其精华首先在家书中。这些家书，是一个思想者对世道人心的观察体验，是一个学者对读书治学的经验之谈，是一个成功者对事业的奋斗经历，更是一个胸中有着万千沟壑的大人物心灵世界的坦露。读懂这样一部书，胜过读千百册平庸之作。

该书介绍了曾国藩的家世、学养和人脉关系。读者可以从中了解曾氏终生崇拜的偶像是他的祖父，"打脱牙齿和血吞"和"屡败屡战"的倔强、不服输的一面，就是受到祖父对他的教育和影响；而"胆气薄弱""禀性素弱"，带兵之初两次因失败而投江自杀，其明显的脆弱的一面，则是源于他父亲性格的遗传。同时，"有所强，必有所弱"，他选的五个女婿几乎都不争气，他的两个儿子寿命都比较短，至于接续曾氏家庭的大功臣，却是他的二儿媳。

该书交代了所选家书的时代背景，将有助于读者对曾国藩家书及本人的更深了解；介绍了晚清的官场典章制度、社会习俗等。比如九品十八级的官制、官员的月薪、年终奖、年终考核等。此外，针对家书中所常见的经史引文，都说明了出处，笺释其义，帮助读者扫清阅读障碍，增加国学知识。

从中国传统文化的大视角来考察曾氏的思想，分析曾氏有哪些方面对今人仍有启益价值和借鉴价值，是该书作者用力最多的部分。比如关于读书，曾国藩说："盖士人读书，第一要有志，第二要有识，第三要有恒。有志则断不甘下流；有识则知学问无尽，不敢以一得自足；有恒则断无不成之事。此三者缺一不可。""年无分老少，事无分难易，但行之有恒，自如种树畜养，日见其大而不觉耳。"读书要有志、有识、有恒，最重要的是要有恒心，能够持之以恒，坚持下去，必将收获颇丰。

再比如，曾国藩知道自己资质不高，考了几次才中秀才，所以从来不用巧劲，能下苦工夫，打仗也是如此。当年围剿太平天国、包围南京城的时候，曾国藩要求："筑墙须八尺高，三尺厚；壕沟须八尺宽，六尺深；墙内有内濠一道，墙外有外濠二道或三道；壕内须密钉竹签。"这叫"扎硬寨，打死仗"。这种方式虽被讥为"迂拙"，但它确实很起作用。湘军的最后成功，一举荡平太平天国，与这种"死硬"的蛮倔作风很有关系。

探索曾氏的内心世界，发表作者的读史领悟，是该书的最大特色。比如曾氏官越大、权越重，心里越恐惧、行动越谨慎。他为什么会这样呢？

作者细致地分析曾国藩有关求阙的思想、惜福的思想等。"求阙"的观念一直支配着曾国藩的后半生，他的书房就取名为"求阙斋"，他在面对诸如名利、地位、财物这些世人渴求的东西时，常会以"求阙"的态度来处置。在湘军战事最为顺畅的时候，从曾国藩的家书中读到的不是惯常的所谓意气风发、得意洋洋，更没有半点趾高气扬、不可一世的味道。他说："家中却不可过于宽裕，处此乱世，愈穷愈好。""享此荣名，寸心兢兢，且愧且慎。现在但愿官阶不再进，虚名不再张，带葆此以无咎，即是持身守家之道。"这些话给人的感觉都是"收"，而不是"张"。"平日最好做人'花未全开月未圆'七字，以为惜福之道、保泰之法莫精于此。"花全开后随之而来的是凋谢，月圆满后随之而来的是亏缺，故而最佳状态是花尚未全开、月尚未全圆的时候。这与曾国藩提出的"求阙"是一样的意思。他说："家门太盛，有福不可享尽，有势不可使尽。人人须记此二语也。福不多享，故总以俭字为主，少用仆婢，少花银钱，自然惜福矣；势不多使，则少管闲事，少断是非，无感者亦无怕者，自然悠久矣。"

曾国藩深知"君子之泽五世而斩"，"一代苦二代富，三代吃花酒，四代穿破裤"的现象屡见不鲜。因此，他希望建设耕读孝友之家，提出了著名的八字家训"早、扫、考、宝、书、蔬、鱼、猪"。大意是早睡早起勤扫除，祭祀虔诚不忘祖，与邻和睦爱读书，各种农活不要弃。它兼顾了生活、学习、为人处世的各个方面，表明曾府虽是有权有势的官宦之家，却依旧保存着稼穑耕种的农家本色，体现了一个家庭的勤快、奋发、向上的精神面貌。后来，临终前一年，他将多年的人生思考凝聚为"慎独则心安、主敬则身强、求仁则人悦、习劳则神钦"四句话，作为最后的家训传给二子，希望他们牢记于心，传之于后，长保曾氏家庭的兴旺不衰。

对于年轻人读这本书，曾国藩认为："少年不可怕丑，须有狂者进取之趣。"一个人在少年时要有志向和抱负，不妨取大取远些，甚至狂妄点都不要紧。古话说："取法乎上，仅得其中；取法乎中，仅得其下。"这就是说，制约的因素将有可能对预先的设计打折扣。那么"取法乎上上"呢？也许有可能"得其上"。"初生牛犊不怕虎"，许多有识的年轻人就是凭借这种不怕丑的精神取得了超越常规的成就，令长者感到后生可畏。

# 人间词话

### 王国维 — 著

*词以境界为最上。有境界则自成高格，自有名句*

古今之成大事业、大学问者，必经过三种境界：由"昨夜西风凋碧树。独上高楼，望尽天涯路"（晏殊），到"衣带渐宽终不悔，为伊消得人憔悴"（柳永），最后"众里寻她千百度，蓦然回首，那人却在，灯火阑珊处"（辛弃疾）。对此，可能不少人很熟悉，这就是国学大师王国维从宋代几位大词人的词作中，摘引出的名句来阐述做事业、做学问的三种境界。

词许多人都很熟悉，随口都能背几首，但如何欣赏和评论？可能就不那么在行，需要专家指导了。该书是王国维接受西方美学思想的洗礼后，以崭新的眼光对古代的词所做的评论。虽然只有短短64则，很薄的一本书，但含蓄隽永，韵味无穷，在旧诗词论著中，称得上是一部屈指可数的作品。甚至在以往词论界里，许多人把它奉为圭臬，把它的论点作为词学、美学的根据。时至今日，在我们所能读到的唐宋词史、唐宋词发展史一类的著述中，很少能有不受《人间词话》影响的。这也就是《人间词话》"转移一时之风气，而示来者以规则"的意义所在。

"词以境界为最上。有境界则自成高格，自有名句。五代北宋之词所以独绝在此。"这是本书的核心和脉络，统领其他论点。王国维不仅把它视为创作的原则，也把它当作评判的标准，论断作品的优劣以及词人的得失。

"有'有我之境'，有'无我之境'。""有我之境"是站在作者的角度观察外物，即从自我感情出发，对客体进行加工整理，一切外物都成为内在感情的表象，如"泪眼问花花不语，乱红飞过秋千去"，"可堪孤馆闭春寒，杜鹃声里斜阳暮"。"无我之境"则是作者尽可能客观地描写外物，所以不容易看出哪些地方有作者的感情，哪些地方是客观写物，如"采菊东篱下，悠然见南山""寒波澹澹起，白鸟悠悠下"。

"无我之境，人惟于静中得之。有我之境，于由动之静时得之。故一优美，一宏壮也。""有我之境"，是诗人由被外物感动到归于静思时写出的，境界更为宏伟壮观。古人填词，写"有我之境"的较多。但对名家高手来说，他们可以得心应手地根据自己的愿望进行选择运用。

"境非独谓景物也。喜怒哀乐，亦人心中之一境界。故能写真景物，真感情者，谓之有境界。否则谓之无境界。""大家之作，其言情也必沁人心脾，其写景也必豁人耳目。其辞脱口而出，无矫揉妆束之态。以其所见者真，所知者深也。诗词皆然。持此以衡古今之作者，可无大误也。"大家的作品为什么能够吸引人、流传千古？就是因为他们观察得真切，了解得深入。能够感动别人的永远是对真实的反映和升华，而不是虚构与矫揉造做。这才是美的根基所在。

"境界有大小，不以是而分优劣。"优美和壮美，只是审美的不同取向而已，它们之间不应该存在价值的判断。"细雨鱼儿出，微风燕子斜""宝帘闲挂小银钩"所描述的优美，并非就不如"落日照大旗，风鸣马萧萧""雾失楼台、月迷津渡"的壮美。

"诗人对宇宙人生，须入乎其内，又须出乎其外。入乎其内，故能写之；出乎其外，故能观之。入乎其内，故有生气；出乎其外，故有高致。""诗人必有轻视外物之意，故能以奴仆命风月，又必有重视外物之意，故能与花鸟共忧乐。"好的诗人，既要入乎其内，又要出乎其外；既要有轻视外物之意，又要有重视外物之意，这与作家必须深入生活，又要高出生活的创作要求是相一致的，从中透露出朴素的唯物因素和辩证法智慧。

"唐五代之词，有句而无篇。南宋名家之词，有篇而无句。有篇有句，唯李后主降宋后诸作，及永叔、子瞻、少游、美成、稼轩数人而已。"王国维对宋词整体进行了评述，历史上那么多填词的，他给予高度评价的、全篇精妙而又有名句的，只有李后主降宋以后的词作，以及欧阳修、苏轼、秦观、周邦彦、辛弃疾几个人罢了。

"词至李后主而眼界始大，感慨遂深，遂变伶工之词而为士大夫之词"。"词人者，不失其赤子之心者也。故生于深宫之中，长于妇人之手，是后主为人君所短处，亦即为词人所长处。"讲到词，首先要提到五代词，因为五代词是唐诗过渡到宋词的一个关键桥梁，这个桥梁的关键人物是南唐李后主李煜。他的作品不多，但在文学史上的影响力很大。李后主凭借自己的真性情和才华，写出了"自是人生长恨水长东""流水落水春去也，天上人间""剪不断，理还乱，是离愁。别是一般滋味在心头""问君能有几多愁？恰似一江春水向东流"等千古名句。

"东坡之词旷，稼轩之词豪。无二人之胸襟而学其词，犹东施之效捧心也。读东坡、稼轩词，须观其雅量高致，有伯夷、柳下惠之风。"

的确，苏东坡和辛弃疾的词能够达到如此高的成就，并不仅仅反映了文字功力所展现出词的风采，更反映出其宽广的胸襟和渊博的学识。如果只是单纯去效仿他们作的词，那就真的是东施效颦，贻笑大方。

　　词，别有一番味道，值得我们好好欣赏，好好品味！

# 故事照亮未来

杨照 — 著

我们不可能打造一个大家都一样的社会，不同的人要一起和平繁荣相处，唯一的方式，就是认知、肯定、尊重差异，放掉自我中心的傲慢，去理解别人为什么跟我们不一样，而不是先入为主地坚持别人都应该跟我们一样

每个人都喜欢听故事，孩提时代，就希望大人多讲讲有意思的故事，特别是睡觉前听一听，回味着美妙的故事入眠，那是一件多么美好的事啊！成年后，大家依然爱听故事，如果有人绘声绘色讲着一个风趣幽默的故事，肯定能吸引一帮人听得津津有味。

这本书就是一本讲故事的书，副书名是"通往开放社会的100个观念"。作者杨照选取了100个精彩的故事，分为国家为你做了什么、找到自己的风格、走出大词的泥沼、迈向聪明社会这四个部分，从千头万绪的故事和现实中提取出100个关键概念，如爱国、和解、协商、法律、制度、身份、记忆、博爱、容忍、竞争、诚信……提醒大家在这个经济快速发展、社会环境急速变动的时代里，如何把握方向，如何沉静思考以及如何稳定心性。

香港凤凰卫视评论员梁文道就称赞："杨照不只是当今台湾评论界之中，一位最博学、最富洞察力的健笔，也是整个华文世界里，最擅长以故事去讲教训的故事大王。原因简单，不在于他的学识背景，而在于他本是一位诗人、一位小说家；他懂得用故事去观看社会，以故事去分析政治。"

杨照擅长将繁杂的概念与厚重的知识化为浅显易懂的故事。他说："具备什么样的观念，我们就变成了什么样的人。观念不必然都能化为行动，然而没有任何行动背后是没有观念的。什么是对的、什么是错的，什么重要、什么不重要，都是观念……要改变一个社会，就得要先改变社会上人们的观念。"作者就是用故事来呈现"观念"，提醒大家改掉一些不好的东西，追求一些更美好的东西，那就真的可以让故事起到照亮未来的作用！

分享几个故事以及其中体现出的观念，就可以知道本书的精彩了。

下台的智慧：

格兰特除了是美国南北战争的英雄之外，还在1868年、1872年两次担任总统。但卸任总统后，他入股小儿子和瓦德创办的证券投资公司，结果被瓦德所骗，公司破产。格兰特只好夜以继日地赶着写回忆录还债，结果在原稿交出三天后就溘然而逝，年仅63岁。启示：历史不只看你在舞台上演了什么，还要看你怎样步下舞台。有时候，步下舞台的身段比起舞台上的挥汗表演，还要更难。

提防没有原则、没有信念的人：

杰斐逊和布尔竞选第三任美国总统，汉密尔顿和杰斐逊是最尖锐的政敌，因为汉密尔顿是个大联邦主义者，而杰斐逊是个死硬派的"各州分权主义者"；汉密尔顿支持废奴，而杰斐逊自己就是蓄养了大批黑奴的庄园主。但出于对一个缺乏内在原则的人的害怕，刺激汉密尔顿宁可帮助自己的大对头杰斐逊去当总统，也不愿意支持布尔。历史证明这是对的，一部分的证明来自杰斐逊任内的表现，还有一部分来自汉密尔顿本身的悲剧。布尔后来连纽约州的州长都没竞选上，就怪罪于汉密尔顿。汉密尔顿就诉诸决斗来捍卫自己的清白，结果没满50岁的他死在布尔的枪下。启示：政治上没原则没信念的人，破坏力之大，远超过一般人的想象！

信仰与现实的平衡：

汉朝的王莽反对土地兼并，反对大量买奴蓄奴，他自己本是外戚豪族出身，如果不是有强烈的理想信念，犯不着背弃豪族利益，但他严重缺乏现实感，活在理想原则的幻想中，改革措施脱离现实，结果把国家搞得乌烟瘴气，乱七八糟，最终以失败而告终。启示：政治真正需要的，是信仰一个高远理想却又明白理想不可能一步实现的人。他知道从这里到理想那端，路很长、很曲折，他愿意有耐心地规划一步步的路线，又能不时抬起头来，确认理想的方向，不会遗忘理想，更不会放弃理想。

理解风险，对付风险：

如果人身上有一种特殊的病毒，一旦发作就会致命。如果不吃药，每日的发病率是0.5%；如果每天服药，发病率降到0.05%。用一种乐观的方式来考虑：吃了药，今天99.95%的概率不会有问题，可是就算不吃药，今天也有99.5%的概率能够平安度过。99.95%和99.5%似乎差别不大，但如果两个群各一万人，一年下来，依照这样的发病率，吃药的那群还剩下8300人，不吃药的就只剩1600人了。启示：风险危机最关键的地方就在这里：再怎么微小的概率，一旦累积乘以倍数，就变得显著了。孙中山说："政治是管理众人之事。"众人具备数量的因素，这是政治考虑上无论如何不能遗忘的原则，在我们个人层面看来微不足道的风险，一旦乘以众人倍数，可就不得了了。

理性化作经验，观念成为生活，历史凝成故事，从这些故事中，我们就能更好地了解社会，更好地理解政治，更好地过好自己的人生！

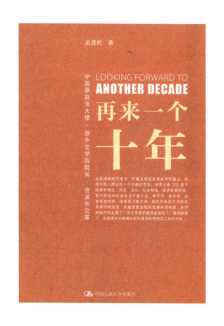

# 再来一个十年

吴建民 — 著

以人为本是人类文明的进步

吴建民是中国原驻法大使、外交学院原院长。近50年的外交生涯，25年的驻外经历，形成了吴建民先生思维敏捷、视野开阔、语言生动、富有创见的独特风格。他学识渊博，温文尔雅，尤其善于交流沟通。他坚持不懈地利用一切机会，以外国人能够接受和理解的方式，把具有5000年文明历史、极富活力和创造性的当代中国推向国际，为中国的外交事业做出了巨大贡献。

2012年，我在上海参加"北外滩——财富与文化论坛"时，有幸与吴大使认识交流，并请他推荐一本最能体现其外交思想的书。吴大使稍加思索，便推荐了这本书。该书收录了他2010年及2011年年初的重要文章、讲话。作为一名久经沙场的资深外交家，他先勾勒了21世纪第一个10年中国的发展成就，再进一步分析今后10年中国将面临的复杂国际环境，阐述了自己对国际形势和当前热点问题，以及中国如何应对的看法。同时，作为上海世博会国际评委会成员，他对2010年上海世博会进行了细细评说。丰富的外交经历，宽广的国际视野，再加上深入的思考总结，使这本在实践经验基础上撰成的《再来一个十年》，具有鲜活的时代特征，他的真知灼见为我们今后处理中国与各国和地区的关系、应对国际形势的挑战、思考中国发展的问题提出了很好的参考意见。

人与人之间的交往，与国与国之间的交往有类似之处。所以，这本书中关于外交思想的一些精彩闪光点，不仅对一个国家，而且对于我们个人也有很大的启示意义，有利于我们摆正心态、开阔视野、增长知识、提升素质。

第一，通过改变自己来影响别人。国际关系中，你要改变别人是非常困难的。别人的行为，是由多种因素决定的，外部力量要去改变它，非常不容易。但有一种办法可以改变别人，那就是通过改变自己来影响别人，让别人认识到他们也需要改变。这种努力，往往可以起到事半功倍的效果。

第二，国家的发展一定要抓住机遇。凡是正确认识世界变化的国家就能抓住机遇，走在世界的前列；反之，就会落伍，被抛在时代潮流的后面。过去600年，中国至少曾经面临两次大的发展机遇。第一次在明朝，1405年至1433年，郑和率领当时世界上最强大的舰队七下西洋，打开了中国通往世界的海上通道，可惜当时没沿这条路走下去；第二次是在康熙大帝时期，欧洲经历了文艺复兴、宗教改革和启蒙运动，正在酝酿工业革命，可惜当时我们没有打开国门，认真学习西方的先进技术。而同时期，彼得大帝则带了200多人到欧洲考察了一年半，甚至还亲自在荷兰造船厂的车间里做过工。他实现了自己的诺言："给我20年，我给你一个新的俄罗斯。"

第三，和平与发展已成为当今时代一股不可抵挡的潮流。20世纪是人类历史上最血腥的世纪，打了两次世界大战，死了上亿人，战争教育了世界人民，和平是多么可贵。与此同时，战后世界发生了深刻的变化，一方面由于全球化的推进，世界各国相互依存度从来没有像今天这么深；另一方面，人类所面临的共同挑战，从来没有像今天这么严峻，如环境问题、核扩散问题、恐怖问题等。共同的利益，共同的威胁，把人类紧密地联系在一起。

第四，要转变以我为主的外交战略。中国从世界舞台的边缘走到了世界舞台的中心，国际影响力大不一样，再提"以我为主"，不考虑对方的情况，是要碰壁的。而应该像周恩来总理讲的，"客随主便，主随客便"。我们作为客人时，要尊重主人的安排，尊重对方的风俗习惯；我们作为主人时，要尊重客人的习惯，使对方有一种宾至如归的感觉。

第五，走到世界舞台中心应具有的心态——平常心。平常心，就是泰然处之，按照事物的本来面貌去认识它。要防止两种倾向，第一种是自以为了不起，趾高气扬，也想学过去西方人对待世界的方式，颐指气使，横行霸道；另一种倾向就是对于外国人的评论过于在意。其实，别人的评论，说对了，我们就接受；不对，我们该怎么做，就继续怎么做。

第六，求同存异是外交中一个很重要的思想。这源于孔子"君子和而不同，小人同而不和"。世界的多样性源于不同的文化，就是一个国家之内也有各种不同的文化，文化上的多样性是没有办法消灭的，唯一的办法是承认不同、相互学习和借鉴。

第七，外交是背靠祖国的。1989年以后，西方社会对中国进行制裁。1990年，吴大使以中国驻欧共体临时代办的身份参加欧共体委员会负责对外关系的副主席召开的一个酒会，在握手时觉察到那位副主席根本不想与他多说话。吴大使后来与这位副主席的办公厅主任聊天时感觉还不错，就提出过段时间请那位主任共进午餐，结果那位洋大人斜眼看了他一眼说："我不知道再过三个月，贵国政府是否还存在！"吴大使怒了，回敬了一句，"你们欧洲人不是有句谚语吗？谁笑到最后，谁笑得最好，我们等着瞧吧。"

第八，文化决定观念，观念决定行为。人有各种各样的行为，只要你仔细研究，一定能找到他的文化根源。现在中国主流文化的构建有3个组成部分：老祖宗留下来经过几千年实践考验证明是精华的东西；开放中从外国吸取的好东西；共产党创立以来通过艰苦卓绝斗争后证明是好的的东西。

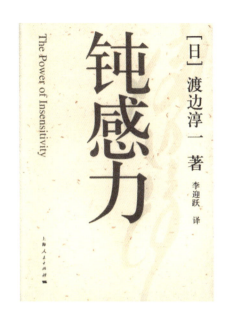

# 钝感力

[日] 渡边淳一 —— 著

李迎跃 —— 译

*钝感就是一种才能，一种让人们的才华开花结果、发扬光大的力量*

关于"力"的名词很多，稍微想一下，就有领导力、创造力、执行力、影响力、感染力、吸引力、凝聚力、亲和力、意志力、抗压力等，这些"力"大家可能都比较熟悉。而说到钝感力，大家可能比较陌生，第一感觉可能还比较反感。人们都希望比较灵敏、反应迅速，怎么还会有人推崇钝感力呢？

钝感力，从字面可以理解为是感觉迟钝的能力，但它并不等同于"迟钝"。换言之，在这本书中，可以将它解释成"有意义的感觉迟钝"，有点像清代文学家郑板桥说的"难得糊涂"，它强调的是对困境的一种耐力，一种不让自己受伤的力量，一种为人处世的态度。在各自事业领域取得成功的人们，其内心深处一定隐藏着一种绝妙的钝感力！

当今社会变化快、节奏快、压力大，磕磕绊绊的爱情、竞争激烈的职场、暗流涌动的人际关系，种种压力像有病毒的血液一样逐渐侵蚀人们的健康。钝感力就是人生化解压力的润滑剂。学医出身的日本作家渡边淳一，从生活、事业、健康、爱情、婚姻等方面来论证钝感力的作用和积极意义，让我们深深体会到钝感力的神奇和可贵！

渡边淳一目睹了不少身边的精英，由于太敏感、太脆弱、太强的自尊心而放弃了对理想的追求。他举了一个真实的例子。他还是一个初出茅庐的新作家时，加入了一个文艺沙龙，参加沙龙的都是一批没有功成名就的三四十岁的作家。他们给杂志社投稿时，不时如沉大海，杳无音信。当等得不耐烦时，他们会主动打电话给编辑，得到的回答，不是"这篇稿子还不能马上刊登"，就是"这里、那里需要修改"，尤其是当他们呕心沥血创作的作品遭遇退稿的时候，那种打击之大，常会令人变得非常消沉。作者依靠钝感的力量，不久便重新燃起创作的欲望。而他认识的一位他当时认为最有才华的男作家，却因自身的才华、敏感以及极强的自尊心，就慢慢消沉，到最后在文坛上消失了。这让作者认识到，人的成功，需要一定的才华，但有才华不一定能成功，能让才华经过磨炼熠熠生辉的，正是坚韧的钝感力。

对健康而言，最为重要的就是让自己全身的血液总是能够顺畅地流淌。因此，做事不要总是思前想后，即使别人说些不中听的话，听完后也马上就能抛到脑后，这种有益的钝感，是保证血液畅通无阻的重要原因。这是因为，血管是由自律神经来控制的，其中包括交感神经和副交感神经，两者起着相反的作用。比如说，交感神经随着紧张、烦躁、不安等情绪的加剧，会令人的血管变窄，血压升高；副交感神经的作用正好相反，在人情绪放松、开心愉快的时候，可以起到使人血管扩张，降低血压的作用。因此，人拥有较强的钝感力，当受到领导批评，或者朋友之间意见不和时，不会因为一些琐碎小事郁郁寡欢，而以积极开朗、从容淡定的态度对待生活，就会让副交感神经充分发挥作用，从而让血液循环畅通无阻。

人的身体如果过于敏感的话，也会成为问题，特别是在人的生活中占据重要位置的五官：眼（视觉）、耳（听觉）、鼻（嗅觉）、舌（味觉）和肌肤（触觉）过于敏感的话，会给自己带来很大的麻烦。比如，听力超常的人，能够听到常人听不到的声音，思维时常遭到扰乱，有时烦躁得连工作都进行不下去，严重的还会使人陷入一种精神上的异常状态；味觉对咸味或辣味等过于敏感的人，他们的舌头就享受不了一般人认为好吃的食品；如果触觉异常的话，给人带来的麻烦更大，比如在夏天，皮肤仅仅因为受到阳光的强烈照射，不久就变得火烧火燎的，有人甚至还会脱皮。读到这里，大家就明白了，感官过于敏锐未必就好，许多时候，钝感比敏感更加有益，更加健康长寿。

在恋爱方面，特别是当男人追求女人的时候，钝感可以成为一种有力的武器，若再加上诚实，就更加如虎添翼。这是因为，女性比较矜持，即使对男方抱有好感，也要慢慢地对男方进行试探和考验，看其是否值得自己以身相许。问题的关键在于男方如何经受这些漫长的考验，这时耐力就成了首要条件。如何才能不紧不慢、张弛有序地接近对方呢？钝感力正是这种耐性的动力所在。很多女性就说："就算多少有些不中意，但是在对方不厌其烦的邀请和竭尽全力的追求下，还是逐渐地被对方打开了心扉，或许还会开始喜欢"。

在夫妻双方相互容忍的背后，也是出色的钝感力一直在支持和守护着他们。男女双方无论是生长环境、兴趣爱好，还是个人教养、价值观等不可能相同，然而结婚，就是不同的男女在一时热情的怂恿下，共同在一个狭小的家中生活。这样的结果，就很容易在夫妻之间出现各种不满与琴瑟失和的情况。因此，是否拥有钝感力，决定将来你和伴侣的婚姻能否长久，你们的未来是一片光明还是常被乌云笼罩。

生命是有限的，生活是精彩的。当我们充分发挥自身的钝感力，以积极、乐观、坚韧的人生态度，对负面的东西具有天然的抵抗力，你就会充分体会和享受人生的精彩。正如作者所说："凡事看得过重的自寻烦恼的时代，应该宣告终结了"。钝感力是我们赢得美好生活的一种智慧和手段！

# 罗辑思维

罗振宇 — 著

*一个人如果想拥有一个未来，那一定是和其他人一起的未来*

"忽如一夜春风来，千树万树梨花开。"突然间，"罗辑思维"就红遍了大江南北，在网络、微信、电台上不时能听到罗振宇爽朗的声音。他针对某一大家感兴趣的问题，旁征博引，谈古论今，摆事实，举例子，讲道理，声情并茂，瞬间就把千万听众征服了。

罗振宇，又称"罗胖"，一个每天在微信上坚持60秒播讲的男人，视频脱口秀《罗辑思维》主讲人，互联网知识型社群试水者，资深媒体人和传播专家。

本书根据罗振宇的互联网视频知识脱口秀《罗辑思维》创作。他认为，互联网正在成为我们生活中的"基础设施"，它将彻底改变人类协作的方式，使组织逐渐瓦解、消融，而个体生命的自由价值得到充分释放。清醒思考，明智行动，切换思维，升级认知，个人才能适应这个时代的发展，成为真正的跨越者。《罗辑思维》的口号是"有种、有趣、有料"，做大家"身边的读书人"，倡导独立、理性的思考，凝聚爱智求真、积极上进、自由阳光、人格健全的年轻人。

腾讯董事局主席马化腾称赞道："互联网到底怎样改变我们身处的时代？罗振宇为我们提供了一种全新的思维。恐龙拖着沉重的身躯穿越不出侏罗纪，我们载着笨重的工业时代思维也难以跃入互联网时代壮阔的海洋。《罗辑思维》是一张人生船票，通往自由的彼岸。"中国著名企业家柳传志也充分肯定："《罗辑思维》常给出一个令人耳目一新的角度，让你受到启发。你未必全部赞同它的观点，但它眼界之开阔，思路之新颖肯定对我们是有帮助的。"

美国的未来学家凯文·凯利有个理论叫做"1000个铁杆粉丝"。其意思是，只要你能创造高质量的内容，借助社会化传播的通道，拥有1000个愿意为你一年付出100美元的粉丝，你就能在美国过上体面的生活。罗胖就是信奉这个理论，开始了自己的创业生涯。他遵守"死磕自己，愉悦大家"的宗旨，展现有种、有趣、有料的魅力人格体，从中寄托着我们对知识、自由、未来、独立的向往。

这本书内容广泛，都是大家比较关心的一些热门话题。比如，既有关于权力、税收、资源、民意、反腐败等政治经济方面的话题，也有关于拒绝逃离北上广、成名中的代价、夹缝中的"80后"、剩女照亮未来等与大家生活息息相关的话题。每个话题都有比较深入的分析和阐述，读来有趣，更有收获。

为什么年轻人拒绝逃离北上广？除了城市化意味着陌生人的大规模肉身聚集，只有聚集才能产生大规模的财富以及很多问题单靠互联网、远距离的协作无法解决外，更重要的原因是对个人见识的影响。比如，原来一个农民吹牛："我见过皇上的金銮殿，左边一个油条铺子，右边一个烧饼铺子，皇上想下来吃哪个就吃哪个，都不给钱的。"一个农民能够想象的世界上最好的生活就是那样。一个捡粪的人坐在路边叹气，说："他妈的，我要是当了皇上，这捡粪的叉子得是金的，而且路两边的粪全归我一个人捡！"这就是见识决定了他们的思维。

在成名的代价中讲到，当你成名之后，实际上你已经被众人用想象力抛离了人群，抛到了一个高度，抛得多高摔得多惨。吴伯凡先生讲过一句话：现在这个时代，公众人物的道德底线是普通人的道德上限。因为所有的人都会把你脑补成一个伟大、光荣、正确、完满的人。也许放在普通人身上的小缺点在名人身上就可能无限放大，毕竟你得到的比普通人多，付出的自然也更多。成名之后你根本不知道你的名伤害了谁，而这种伤害会在不经意间像一个躲在角落里的魔鬼蹦出来咬你一口。比如，曾经有一个记者特别恨一个老板，凡是看到这家企业干了什么坏事，他就一定要写一篇字字血、声声泪的负面报道出来。仔细问他为什么恨这个企业，他说："这个企业跟我原来的老板关系特别好，我特别恨我原来那个编辑部主任，所以我恨他。"由此可见，名人有无限的光环，在光环下也有难以言表的辛酸。

在权力之下的真相中讲到，千百年来，权力之下，真相无从查起，甚至成为笑谈。苏联的大肃反时期，因为《静静的顿河》而获得诺贝尔文学奖的作家肖洛霍夫给斯大林讲过一个笑话："有一只兔子在森林里狂蹿，狐狸就问它为什么跑那么急，兔子说有人在追它，给它钉脚掌。狐狸就奇怪，你既不是骆驼，也不是马，怎么会抓住你钉脚掌呢？兔子说，这是没被他们抓到，抓着之后到底是兔子还是骆驼，自己说了就不算了。"据说听到这里，斯大林哈哈直乐。确实，在权力的阴影笼罩下，你到底是兔子还是马或骆驼，你自己说了真的是不算。

在夹缝中的"80后"中，作者为"80后"朋友提供了一个生存困境解决方案：U盘化生存。总结为16个字：自带信息，不装系统，随时插拔，自由协作。这是因为，作者有一个根深蒂固的观念，就是在这样一个时代存活，往往以一个独立的手艺人方式存活，比加入组织要好得多。历史上真正想明白的人，不会把组织内的身份看得那么重。比如说美国第三任总统杰弗逊，他墓碑上的墓志铭写道："这是独立宣言的起草者，这是弗吉尼亚大学的创始人。杰弗逊埋葬在此。"著名的《圆圆曲》的作者吴梅村，他去世后只留下一块墓碑，上头写着："诗人吴梅村。"另一个解决方案是，如果不愿意创业，也可以在组织内发展，但要有自己的专长。古时候我们有三百六十行，但是现在可能三万六千行都不止，所以在任何组织内，其实都可以诞生手艺人，诞生专业主义者。比如，做PPT做成专家也不错。

以上只是挑选了几个精彩的例子，更多的精彩要到书中自己去体会。此外，罗振宇的《罗辑思维2：死瞌自己，愉悦大家》也很精彩，每个专题后推荐一本书或一篇文章，激起你一读原著的渴望。现在，罗振宇还推出了一套4本的套系——"罗辑思维成长书系"，这是他在"罗辑思维"洞见的全面集中表达：个人如何快速崛起。具体是，《我懂你的知识焦虑》：在快速变化的时代里，个人如何升级为一个高手；《成大事者不纠结》：看历史上的牛人如何解决难题，启发自己换个姿势奔跑；《迷茫时代的明白人》：当一切坚固的东西都烟消云散后，帮你找到个人成长的加速器；《中国为什么有前途》："理性乐观派"罗振宇告诉你，如何利用时代红利快速崛起！

# 遇见未知的自己

张德芬 — 著

*所有发生在我们身上的事件都是一个个经过仔细包装的礼物。只要我们愿意对它有时候有点儿丑恶的包装，带着耐心和勇气一点儿一点儿地拆开包装的话，我们会惊喜地看到里面深藏的礼物*

天下熙熙，皆为利来；天下攘攘，皆为利往。绝大多数人在这种追逐的过程中，很容易丧失自我，也容易失去追逐的目标，在人生的大海中茫然不知所措。这本书写得很好，作者从讲一个小故事开始，说一名女士在一个黑暗的地方找车钥匙，努力半天却毫无所获，其原因在于找错了地方。然后，以一位都市白领女性为主角，借由我们每天都可能遭遇的种种事件，逐渐把眼光从外在的世界，转向我们的内在世界，进而发现我们大多数人竟然都不是自己生命的主人，更糟的是，我们是自己思想和情绪的奴隶！女主角最后在智者的指点之下，改善自身的内在状态，进而改变外在的世界，就像春蚕破茧而出，迎风飞翔。每一个认真读这本书的人，都会从中受到启发，有所触动，有所收获，让自己的身、心、灵得到解脱。

我们人类所有受苦的根源就是不清楚自己是谁，而盲目地去攀附、追求那些不能代表我们的东西。财富、权力、健康、快乐是现在的人们在追求的东西，而最终追求的应该的是爱、喜悦、和平。快乐是由外在事物引发的，它的先决条件是一定要有一个使我们快乐的事物，而喜悦不同，它是由内向外的绽放，是从内心深处油然而生。为什么大家这么努力还追求不到自己的幸福？那是因为真我（代表爱、喜悦、和平），被身体、情绪、思想、角色扮演和身份认同的同心圆所包围，真我与外面的联接被隔断了。那么，如何打通与真我的联系，真正追求到自己的幸福，需要一步一步来。

首先，要建立与身体的联结。潜意识控制了我们的思想、感觉、行为，以及对人、事、物的反应，还有我们的人际关系和做决定的过程。我们在意识层面对自己一切的认知、喜好，只是占了我们自己全貌的5%。有一幅画很形象，画中有一匹马，后面是一辆马车，加上马车夫，其中还有位乘客。马以为自己可以操控生活，做出自由的选择，其实是受马车夫约束，这个马车夫代表的就是潜意识，而发号施令的是乘客，代表的是真我。在寻找真我的过程中，要努力把潜在的部分尽量带到意识层面，这样我们离真我就越来越近。像有些人明明知道抽烟不好，可就是阻止不了这种慢性自杀行为，这就是潜意识在操控的最好例证。找回与身体的联结就可以帮助我们把5%的"版图"扩大，找回更多的自己。基本上，任何能让你专心致志、活在当下的运动，都可以帮你与身体重新联结，比如跑步、快走、游泳、太极拳、气功、瑜伽等，而其中，与身体对话联结的最佳方式就是静坐冥想。

其次，要臣服于情绪。情绪都是一种能量，一些天生的恐惧，所求不得的愤怒，希望落空的悲伤，都只是一种生命能量的自然流动而已，它会来，就一定会走。破解情绪障碍之道，最重要的就是臣服。臣服的好处就是，当接纳了当下，不徒然浪费力气去抗争的时候，事情往往会有意想不到的转机出现，你才发现原来的挣扎真的是白费力气。而且，正因为你把能量充分关注于眼前的事物上，有的时候你会发现更好的解决之道，帮助你脱离眼前的困境。

再次，要检视自己的思想。我们每个人都在挑剔很多东西，吃的、穿的、用的，还有自己的亲人、朋友……可是我们却从来不挑剔自己脑袋里的思想，它说什么我们就相信什么。其实，在我们每个负面的情绪后面，都有一个支持它的思想。因为情绪是身体被我们思想刺激之后而产生的反应。对于这些思想，必须要有足够的心量去包容、接纳，然后要花很多时间去培养觉察和定静的功夫。事实上，让我们心理受苦的，不是事情本身，而是我们对事件的看法和围绕这个事件所编造的"故事"。退一步海阔天空，让一时风平浪静，学会换位思考，换个角度看，可能顿时就矛盾全无了。

最后，要放弃无谓的身份认同。每个人心中都有个小我，不择手段地去认同各式各样的事物，好延续它的存活。比如，有些小孩子会为了一张纸打成一团，就是因为他自我认同了这张纸是他的，别人拿走了这张纸，就是对他自我的一种打击。还有，美国高速公路上的很多命案，就是因为开车的人"认同"他们前面的道路是"他们的"，所以别人超他的车就是不给他面子。破除身份认同，觉知是第一步。如果你能彻底了解到你认同的那些东西，其实不是你，也不是属于你的，你就有可能从这个向外境追逐的噩梦中醒来。

所有的人、事、物都是你内在的投射，就像镜子一样反映你的内在。当外境有任何东西触动你的时候，记得，要往内看。看看自己哪个地方的旧伤又被碰触了，看看自己有哪些阴影还没有整理好。不要浪费能量在那些外在的、不可改变、不可抗拒的东西上。先在内在层面做一个调和整理，然后再集中精力去应付外在可以改变的部分。

学会破解身体的滞碍，化解情绪的瘾头，检视思想的谬误，以及放掉无谓的身份认同，有了这些基础之后，再通过吸引力定律，当你真心想要一样东西的时候，你身上散发出来的就是会吸引那样东西的那种振动频率，然后全宇宙就会联合起来帮助你得到你想要的东西。记住，一定要感恩，当我们感恩的时候，就是在能量的层面跟宇宙说："多来点儿，多来点儿！"宇宙就不得不给你啦！

# 人类简史

[以色列] 尤瓦尔·赫拉利 — 著

林俊宏 — 译

*一切苦难并非来自霉运、社会不公或是神祇的任性，而是出于每个人自己*
*心中的思想模式*

　　我们所接受的教育和常识是人类社会从原始社会到奴隶社会、封建
社会、资本主义社会、社会主义社会，最后发展到共产主义社会，一个
社会比一个社会高级，人类的生活也不断改善，幸福程度逐步提高。然
而，本书的作者提出的观点却令人耳目一新，他认为：过去的人并不比
现在的人过得差，他们可以选择更多的食物种类，也更为自由；农业革
命是历史上的最大骗局，最主要的问题是人类的自由被大大束缚于土地
之上等。

　　作者是否说得有道理？我们且看他如何论述证明。作者作为一名
"旷世罕见的天才历史学家"，还特别热衷于从物理学、化学、生物
学、人类学、政治学、文化学和心理学等学科的角度，对作为一个物种

的智人乃至整个人类社会的来龙去脉，做出全方位的考察和预测。本书中，作者仅用400多页的篇幅，就阐述了从石器时代智人演化直到21世纪政治和技术革命的一整部"人类史"。如果说《枪炮、病菌与钢铁》描述的是人类发展的自然史，那么本书讲述的则是人类发展的人文史，将人类从认知革命、农业革命到科学革命的发展历程娓娓道来。

最早的人类是从大约250万年前的东非开始演化，而他们的祖先是一种更早的猿属（南方古猿）。大约200万年前，这些远古人类有一部分离开了家园而踏上旅程，足迹遍及北非、欧洲和亚洲的广大地带。长久以来，智人一直只是稳定位于食物链的中间位置，他们会猎杀小动物、采集能得到的食物，但同时也会遭到较大型食肉动物的猎杀。一直到40万年前，有几种人种才开始固定追捕大型猎物，而要到10万年前智人的崛起，人类才一跃而居于食物链顶端。

7万到3万年前，人类出现了新的思维和沟通方式，这就是所谓的认知革命。得到普遍认可的理论认为，某次偶然的基因突变，改变了智人的大脑内部连接方式，让他们以前所未有的方式来思考，用完全新式的语言来沟通。这次突变，就像是吃了《圣经》里那棵知善恶树的果实一样，突然开窍，能够虚构故事，以空前的能力集结大批人力、协调合作。不过，不论智人是否是罪魁祸首，每当他们抵达一个新地点，当地的大部分巨大的动物和原生人类族群就会灭绝。

我们都认为现代的人比原来的人聪明、能干。事实上，现在人类从整体而言远超过远古人类，但就个人而言，远古的采集者是有史以来最具备多样知识和技能的人。有证据显示，自从采集时代以来，智人的脑容量其实是逐渐减少的。要在那个时代活下来，每个人都必须有高超的心智能力。不仅了解自己周遭的动物、植物和各种物品，而且还很了解自己的身体和感官世界。比如，他们能够听到草丛中最细微的声响，知道里面是不是躲着一条蛇。他们总是以最省力、最安静的方式行动，也知道怎样坐、怎样走、怎样跑才能最灵活、最有效率。而到了农业和工业时代，人类开始能靠着别人的技能生存下来，例如只要肯挑水或是当个生产线的工人，就能活下来，并把自己那些平庸的基因传下去。

大约一万年前，人类生活方式发生了变革——农业革命。人类开始投入几乎全部的心力，操纵着几种动植物——小麦、稻米、玉米、马铃薯、小米、大麦以及马、牛、羊等的生命。似乎这是人类的大跃进，放弃了狩猎采集的艰苦、危险、简陋，安定下来，享受农民愉快而饱足的生活。但是，作者认为农业革命是史上最大的一桩骗局。研究古代人类的骨骼发现，人类进入到农业时代后出现了大量疾病，例如椎间盘突出、关节炎和疝气等。此外，新的农业活动使得人类只能被迫永久定居在一个地方，搬家就意味着放弃田地、房屋和存粮，几乎注定就要饿死。再者，农业带来的压力影响深远。不管在什么地方，都出现了统治者和精英阶级，他们不仅靠着农民辛苦种出的粮食维生，还几乎全部征收抢光，只留给农民勉强可以活的少量粮食。

随着完整表意的文字出现和社会的不断发展，公元前的一千年间，出现了3种有可能达到全球一家概念的秩序。第一种是经济上的货币秩序，对商人来说，全球就是一个大市场。确实，大家都相信，金钱万物可换，经济全球化程度越来越高。第二种是政治上的帝国秩序，对征服者来说，全球就是一个大帝国。就事实而言，在过去2500年间，大多数人都是活在帝国政体之下。第三种是全球性的宗教，如佛教、基督教和伊斯兰教等。对各教先知来说，全球就该只有一个真理，所有人都是潜在的信徒。商业、帝国和全球性的宗教，最后终于将几乎每个智人都纳入了我们今天的全球世界。

将人类带到阿拉莫戈多、带上月球的这段历史进程，称为"科学革命"。之所以说这是一场革命，是因为一直到大约公元1500年，全球人类还不相信自己能在医疗、军事和经济方面再有什么突破。但在过去500

年中，人类越来越相信可以靠着投资科学研究提升人类的能力。随着反复的证明，手中握有资源的富人和政府也就越来越愿意将资金投入到科学研究中。如果没有这些投资，人类永远不可能在月球上漫步，不可能操纵微生物，更不可能分裂原子。

随着资本主义推动帝国和科学的发展，18世纪发生了"工业革命"，带来了都市化、工业无产阶级的兴起以及民主化、父权社会的解体等变化，而其中最大的社会革命是家庭和地方社群崩溃，改由国家和市场取代。随着生物科学的发展，我们可能创造出更聪明的人类或科学怪人。

该书是一部宏大的人类简史，作者善于见微知著、以小写大，让人类重新审视自己。我们都应该思考人类最基本的问题：我是谁，我从哪里来，我到哪里去。如果我们不能认清人之为人的特点，一旦出现比我们更聪明的物种，我们该如何面对呢？

The Japanese are both aggressive and unaggressive, both militaristic and aesthetic, both insolent and polite, rigid and adaptable, submissive and resentful of being pushed around, loyal and treacherous, brave and timid, conservative and hospitable to new ways.

日本文化的双重性

菊与刀

THE CHRYSANTHEMUM
AND THE SWORD

by Ruth Benedict

[美] 鲁思·本尼迪克特
著

何晴
译

# 菊与刀

[美] 鲁思·本尼迪克特 — 著

何晴 — 译

> 对民族差异进行系统研究，需要宽容的态度，只有对自己的生活方式具有坚定不移的信仰，才会有不寻常的宽容，如果人们还在战战兢兢地保卫自己的生活方式，并且只相信自己的生活方式才是世界上唯一的解决办法时，文化的比较研究就不能发展

中日两国历史渊源悠久，中国传统文化对日本影响深远，某种程度上，了解日本文化是认识中国传统文化的一面镜子；与此同时，作为地缘政治上的重要邻国，近代以来，两国纠葛不断，特别是日本军国主义者对我国所犯下的战争罪恶，铭刻在历史上，铭记于大众心中，了解日本文化对于更立体地研究相关历史、吸取历史教训也有佐益。

《菊与刀》作为一本从西方视角冷静审视日本文化模式的专著，长期吸引了社会大众的较多关注。作者鲁思·本尼迪克特是美国文化人类学学者，以"文化模式"理论奠定其学术地位。"文化模式"理论强调人类行为的方式有多种多样的可能，但是一个部族、一种文化只能选择

其中的一些，而这种选择有自身的社会价值趋向。选择的行为方式，包括对待人之生死、青春期、婚姻的方式，以至在经济、政治、社会交往等领域的各种规矩、习俗，并通过形式化的方式，演变成风俗、礼仪，从而结合成一个部落或部族的文化模式。

第二次世界大战后期，日本败局已定，美国亟待制定战后对日政策。作者于1943年6月起受聘美国战时情报局的海外情报局，研究欧洲和东南亚各国的民族性，并对美国战时宣传、占领政策谋划提出建议。作者运用其"文化模式"理论，向战时情报局提交了关于日本的专项报告。作者提出，美国不应直接统治日本，而应保存并利用天皇以及日本原有的行政机构。事后来看，事态发展与她的预判和建议一致，这也成为本书一直受到较多关注的重要原因。1946年，作者将专题报告改写为《菊与刀》公开出版，书名英文副标题即为日本文化模式（*Patterns of Japanese Cultures*）。作者强调，本书并非专门论述日本宗教、经济、政治或者家庭，而是探讨日本人的生活方式。

该书以较大篇幅论述了对于日本传统伦理体系的理解。在日本，所谓"义"就是确认自己在各人相互有恩的巨大网络中所处的地位，既包括对祖先，也包括对同时代的人，每个人都是"历史和社会的负恩者"。"恩"可分为各具不同规则的不同范畴：一种是在数量和持续时间上都是无限的。对于无限的"恩"，日本人认为有"义务"，"难以报恩于万一"，包括报答父母的"忠"以及报答天皇的"忠"等。另一种则是数量上相等且需在特定时间内偿还的。对于这类有限的"恩"，日本人则认为包括有"义理"，包括对社会的义理（对主君的责任、对近亲的责任、对他人的责任等，可以理解为履行契约型的关系）以及对自己名声的义理（可以理解为保持名誉不受玷污的责任）。作者特别提到，在中国，忠孝都是有条件的，忠孝之上还有更高的道德，那就是"仁"，仁是忠义的先决条件。而在日本，则是无条件的，在日本民众看来，天皇是超越一切批判的，对天皇的忠诚是无条件的。

日本人认为，欠恩不是美德，报恩则是懿行，为报恩而积极献身之时就是行有美德之始。人们必须不遗余力地履行这些义务，且这些恩债并不随着时间而减轻，甚至时间越久会越重。但是背负恩债感又是很难受的，因而很容易产生反感，日本人不喜欢随便受恩而背上人情债，猝然受到生疏者的恩惠是最讨厌的事情。在这种心态下，他们会有意避免卷入"恩"所带来的麻烦。作者举例讲到，日本人对大街上发生的事故不大理睬，并不是因为缺乏主动性，而是因为他们认为，除了官方警察之外，任何人随便插手都会使得对方背上恩情。在这种情况下，如果不是有明确的职责而出面帮助，会遭人怀疑是不是想从中捞点什么好处。

书中还就日本人对感官享乐的态度、自我修养的哲学，以及对儿童的教育等做了阐述。作者提到，日本人始终面临如何协调儿时那种纵情无虑、处处受人宽容的经验与后来生活中那种处处受束缚的经验的矛盾，从而造成性格的二元性和紧张感。

该书译者还整理了日本学者对《菊与刀》的评述，值得大家关注。简要介绍几个集中的批评性观点：一是缺乏历史的分析。近代日本经历了大的社会变革，特别是明治维新以后，封建性的和市民社会性的、日本式的和西洋式的特征共存，许多作者所提到的矛盾需要进行历史分析。二是研究对象以偏概全。特别是该书前半部分，似乎更应理解为"部分日本军人的文化模式"更为妥当，而非日本大众。此外，该书引用的很多资料都为战时宣传资料，以战时意识形态宣传论证日本大众的思维习惯、文化模式难免偏激颇。

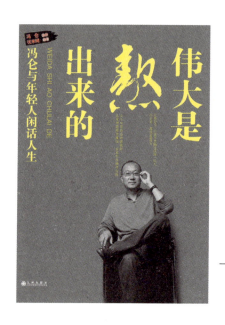

## 伟大是熬出来的
### ——冯仑与年轻人闲话人生

冯仑——著

*伟大都是熬出来的。为什么用熬？因为普通人承受不了的委屈你得承受；普通人需要别人理解安慰鼓励，但你没有；普通人用对抗消极指责来发泄情绪，但你必须看到爱和光，在任何事情上学会转化消化；普通人需要一个肩膀在脆弱的时候靠一靠，而你就是别人依靠的肩膀*

这本书的名字很有吸引力，开门见山地就告诉我们，伟大是熬出来的！当然更有吸引力的是其内容，此书是万通控股董事长冯仑8次到优米网《在路上》讲的内容结集出版。冯仑以他惯有的幽默、直接、深刻的风格，跟年轻人做了推心置腹又妙趣横生的对话，对于当下很多年轻人感到迷茫的问题，给予了很好的解答。

选择买房与否其实是在选择人生。因为买房还贷是日常的生活，家里还有老人孩子要养，不能随便跳槽；租房创业则是另外一种人生，心累身累还有风险，但成功以后收获也丰厚。

不争是最大的争。鲁迅说："面子是中国的精神纲领。"充分地尊重别人，让一让，给别人更多面子，很多事情就可迎刃而解。同时，所谓的不争是不针锋相对地争，不争左而争右，不争上而争下，不争今而争明，跟别人错开，人取我予，人予我取，人家要的我给他。此外，这种不争，除了避其锋芒外，还体现了一种胸怀、一种自信。对未来充满信心和追求才会让，反正我有的是，你想拿就拿。

伟大是熬出来的。"熬"一方面是直面问题，去解决它，让它变成半个问题，如果有能力再进一步处理一下，就什么问题都没有了。如果你躲，可能就变成两个问题了。比如说我们欠钱，如果你躲，他们会说"这个孙子跑了"，又成两个问题了。另一方面，"熬"强调的是一个时间过程，时间的长短决定着事情或人的价值，决定着能否成为伟大。例如，我端杯子喝水是正常行为，连喝50个小时就是行为艺术，如果我这个动作保持5000个小时，我就成了雕塑。

伟大是管理好自己。所谓管理好自己，就是自律，是人一种重要的品质。控制好自己的欲望，掌握好自己的言行，养成良好的习惯，知道什么该放弃，什么该争取。只有把自己管理好，在组织中成为最好的成员，才有了当领导的资格。

读书是一种与伟大的交流。冯仑认为三种书值得读：第一种是古今中外的经典。能流传下来的，都是历经了时间考验的好书，都是作者伟大灵魂的寄托，像老子的《道德经》等，读这类书，就是直接跟伟人们面对面交流。第二种是对你现在最有用的书。如果是创业，最好看特别惨烈、对人性有挑战的故事，如《教父》等，让你读懂人性，了解人心。第三种是可以活跃你的大脑、拓展思维空间的书。可以是科幻书，也可以是小报或杂志上非常规的信息，甚至是娱乐八卦。

男人经历这四堂课会变得更加成熟。男人年轻的时候受苦是福气，老的时候受苦是悲剧。当然这些东西是你不能自己设计的。经历了生死、爱恨、委屈、是非这四堂课，经历的痛苦越多，这个男人就会变得更加宽容、坚强、睿智、勇敢、幽默。

明星不如我们普通人快乐。大多数明星20多岁就灯红酒绿、大吃大喝、浮华奢靡惯了，年轻时挣的钱根本不够他们造的。为什么不少明星40岁又复出了？不复出不行，得吃饭，得养家。顽强地复出，又不得不无奈地离去。而我们是普通人，快乐是一点点增长的，无非看看他们，然后消费一下他们，所以要感谢他们供我们消费。

快意人生要做到内外平衡。"快意"是建立在自我评价和社会评价上的综合感受。一般来说，理想、信念建立内在的价值标准，形成自我评价系统，同时，外部评价标准根据你的表现会给你评价，这是社会评价系统。只有这两个系统平衡着走，你才能一直保持快乐。

朋友决定视野。交朋友要先以事谋人，再以人谋事。就是说要在做事的过程中观察人，发现朋友以后再跟他一起做事。交朋友，第一要真诚坦率；第二不要有功利目的，无所求是最高境界；第三要谦虚。此外，还有一个小的技巧：尽量背后说好话，当面说坏话，这样才是真朋友！

创造自我，追求无我。这是李嘉诚送给第一届长江CEO班的八个字。其真意是，你在芸芸众生中，把自己越做越强大，超越别人，这个过程就容易给别人以压力，就像你老站着，别人蹲着，别人就不舒服。所以你要追求无我，让自己化解在芸芸众生中。一方面创造自我，一方面又让自己回归于平淡，让自己舒服也不给大家制造压力。

冯仑写的其他两本书《野蛮生长》和《理想丰满》都很精彩，值得一读。

# 经济为什么会崩溃

[美] 彼得·D.希夫 — 著

安德鲁·J.希夫 — 著

胡晓姣 吕靖纬 — 译

*努力使有限的资源产生最大的效益以尽可能满足人类的需求，这就是经济这一概念最简单的定义。工具、资本及创新是实现这一目标的关键*

经济学似乎很深奥，一大堆看不懂的模型和公式，还有各种不同流派的理论之争，看了之后总是觉得在云里雾里。然而这本书，正如著名财经评论家时寒冰所言："这是一本别具一格、引人入胜的经济学著作，是一本难得一见的好书。当我们倾听了这些故事，明白了这些故事背后的经济逻辑脉络，对于很多的经济现象，便一下子豁然开朗了。"

经济学大家就是这样，能把一个个晦涩难懂、枯燥乏味而又错综复杂的经济问题，以轻松愉快、旁征博引而又通俗易懂的方式解释清楚。这本书里有插图、有故事，讲述了一个岛从当地人捕鱼开始，经济如何一步步发展起来，国家如何建立起来，没有以"鱼"为保证的纸币过度发行，如何导致一步步加剧的通货膨胀，最后终于无法持续，经济崩溃。在这过程中，每一章后面都有一个现实链接，结合实际，阐释了经济增长的根源、贸易、储蓄及风险的重要性，滞胀的根源、利率的影响及政府的刺激机制、消费信贷的破坏性本质等问题。

剩余产品的产生：艾伯、贝克、查理三人在一个小岛上以捕鱼为生，每人每天只能捕一条鱼，正好够吃一天。聪明的艾伯就动脑子了，饿一天肚子编织了一张渔网，于是一天能捕到两条鱼，这样每天就多出一条鱼，产生了剩余产品。

消费信贷的发展：艾伯将吃不完的鱼借给另两人（相当于商业借贷），借一条还两条，让他们有时间编织渔网，这样大家都有好处，三人靠新织的网迅速捕到大量的鱼。

经济的壮大：三人合伙成立了一家公司，建造了两个巨型捕鱼器，捕到了更多的鱼，也就有时间和精力去开展别的有创意的活动。比如，查理制作了冲浪板，开创了一种很酷的新式休闲活动；艾伯建立了一家服装公司，让人们穿得更漂亮；贝克设计了独木舟和手推车解决交通问题。随着生产的发展，吸引更多移民过来，促成了多样化经济的发展。

货币的产生：随着物物交换越来越频繁，交易也更加麻烦。由于岛上所有人都吃鱼，所以鱼被指定为货币，进一步促进了商品的流通和生产的发展。

金融的发展：随着鱼越来越多，迈克斯成立了郝寅航储蓄贷款公司，解决了储蓄、贷款和防止被盗窃等棘手的问题，用银行贷款建设了自来水厂等投资大的基础设施。同时，曼尼公司成立，进行高风险的投资。

对外贸易的繁荣：经济发达后，与附近的小鼓岛、狂舞岛的贸易也开展起来。国际贸易与个人劳动分工没有什么区别，每个个人或国家都用自己多余或擅长生产的物品，换取自己所缺乏或不擅长生产的东西。

国家的成立：岛上人越来越多，一些误解和矛盾无法解决时就会诉诸武力。同时，偷鱼贼有时成群结队，于是岛民需要联合起来，共同维护自己的安全，成立了美索尼亚岛国，组建了参议院，建立了海军和警察队，岛民们每年缴纳一些鱼作为税款。

政府的膨胀：刚开始政府运作很好，税负低，管制少，鼓励企业发展和个人储蓄，但有个年轻人弗兰基发现人们喜欢免费的东西，同样痛恨纳税，于是抓住一次猛烈的季风袭击后的机会。他承诺，如果他当选，就设立一个政府重建计划，帮助公民弥补季风造成的损失，重建的费用由政府支出负担，于是他顺利当选为议长。由于岛上没有足够的储蓄支持，弗兰基就发行纸币（鱼邦储蓄券），可自由兑换政府储存的鱼或购买商品和服务。银行家迈克斯七世坚决反对此项措施被处死。于是，当作储备的鱼缩水了，每十条会用九条真鱼来做，这样做出的鱼比真鱼小10%，并成立鱼邦存款保险公司进行担保。

通货膨胀的产生：参议员们都无法相信自己的好运，他们可以随意作出任何竞选承诺，再也不必维持收支平衡，也不需要通过税收来为支出筹钱。因此，每年政府都发行数量超过银行中可兑换成鱼的鱼邦储备券，但官鱼越来越小。又因为官鱼是岛上的货币，所以物价都必须相应上涨才能弥补鱼损失的营养价值，于是"通鱼膨胀"产生。就在参议员们无能为力，银行里完全没有存鱼时，中岛帝国过来贸易了，他们运来一船一船的鱼或其他商品，然后换走鱼邦储备券。

"鱼本位"的破灭：随着鱼邦储备券发行越来越多，小鼓岛的领袖发现了其中的问题，派一批又一批金融特使去银行窗口兑换真鱼，使美索尼亚被迫对外国储蓄者关闭了银行兑换窗口，但凭借美索尼亚经济和军事大国的地位，鱼邦储备券还有价值。

经济的崩溃：年轻的托奥库达掌权以后，将刺激计划扩大为原来的三倍，还设计了很多新的计划，将新印刷的鱼邦储蓄券注入经济之中，但他们已完全没有存鱼了，所计划的所有开销都要依靠外国的资金支持。中岛帝国国王想明白了，不怕手头货币贬值，不再买鱼邦储蓄券，使鱼邦储蓄券掉入了万丈深渊，"通鱼膨胀"更加严重，美索尼亚经济完全崩溃，只能靠自己捕鱼为生了。

这是整个故事比较精要的概述，如果认真阅读此书，配合书中的插图，会更加领略到经济学的魅力与精彩！

# 乌合之众
## ——群体心理研究

[法] 居斯塔夫·勒庞 — 著

胡小跃 — 译

*人一到群体中，智商就严重降低。为了获得认同，个体愿意抛弃是非，用智商去换取那份让人备感安全的归属感*

勒庞是法国著名社会心理学家，以研究大众心理特征著称。美国社会心理学领域的泰斗级人物奥尔波特对勒庞有极高的评价，认为"在社会心理学这个领域已经写出的著作中，最有影响者，也许非勒庞的《乌合之众》莫属"。

这本书中，勒庞认为，这些聚集成群的个人最有意义的变化，就是其中个人的行为方式，会表现得与他们一人独处时有明显的差别。就像因为结合成一种新的存在而构成一个生命体的细胞一样，会表现出一些特点，它们与单个细胞所具有的特点大不相同。群体中的个人会表现出明显的从众心理，勒庞称之为"群体精神统一性的心理学定律"，这种精神统一性的倾向，造成了一些重要后果，如教条主义、偏执、人多势众不可战胜的感觉，以及责任意识的放弃。用他的话讲："群体只知道简单而极端的感情；提供给他们的各种意见、想法和信念，他们或者全盘接受，或者一概拒绝；将其视为绝对真理或绝对谬论。""个人可以接受矛盾，进行讨论，群体是绝对不会这样做的。在公众集会上，演说者哪怕作出最轻微的反驳，立刻就会招来怒吼和粗野的叫骂。在一片嘘声和驱逐声中，演说者很快就会败下阵来。"

出现这种情况的一个主要原因，是勒庞观察到的另一条群体心理学规律：约束个人的道德和社会机制在狂热的群体中失去了效力；"孤立的个人很清楚，在孤身一人时，他不能焚烧宫殿或洗劫商店，即使受到这样的诱惑，他也很容易抵制这种诱惑。但是在成为群体的一员时，他就会意识到人数赋予他的力量，这足以让他生出杀人劫掠的念头，并且会立刻屈从于这种诱惑。出乎预料的障碍会被狂暴地摧毁"。所谓"法不责众"的经验使他意识到，人数越多，越不会受到惩罚。在群体中间，就像"傻瓜、低能儿和心怀妒忌的人"一样，在摆脱了自己卑微无能的感觉之后，会产生一种暴烈、短暂但又巨大的能量。其突出的特点就是极为简单而夸张，只会被极端感情所打动。

群体可以杀人放火，无恶不作，但是也能表现出极崇高的献身、牺牲和不计名利的举动，即孤立的个人根本做不到的极崇高的行为。以名誉、光荣和爱国主义作为号召，最有可能影响到组成群体的个人，而且经常可以达到使他慷慨赴死的地步。像十字军远征和1793年法国大革命的志愿者那种事例，历史上比比皆是。

勒庞认为，对于群体，只要有一些生物聚集在一起，不管是动物还是人，都会本能地让自己处在一个头领的统治之下。领袖们所具备的持久的意志力，是一种极为罕见、极为强大的品质，它足以征服一切。如何影响群体的头脑，领袖们主要采取3种手段：断言法、重复法和传染法。作出简洁有力的断言，不理睬任何推理和证据，是让某种观念进入群众头脑最可靠的办法之一。一个断言越是简单明了，证据和证明看上去越贫乏，它就越有威力。得到断言的事情，通过不断重复才在头脑中生根，并且这种方式最终能够使人把它当作得到证实的真理接受下来。如果一个断言得到了有效的重复，在这种重复中再也不存在异议，此时就会形成所谓的流行意见，强大的传染过程于此启动。各种观念、感情、情绪和信念，在群众中都具有和微生物一样强大的传染力。就像1848年的革命运动，它在巴黎爆发后，便迅速传遍大半个欧洲，使一些王权摇摇欲坠。

利用断言、重复和传染进行普及的观念，因环境而获得了巨大的威力，这时它们就会具有一种神奇的力量，即所谓的名望。在现实中，名望是某个人、某本著作或某种观念对我们头脑的支配力。这种支配会完全麻痹我们的批判能力，让我们心中充满惊奇和敬畏。伟大的群众领袖，如佛祖、耶稣、穆哈默德、圣女贞德和拿破仑，都享有这种极高的名望，他们所取得的地位也同这种名望特别有关。

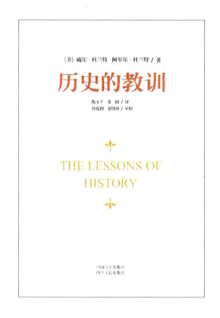

# 历史的教训

[美] 威尔·杜兰特 — 著

阿里尔·杜兰特 — 著

倪玉平 张闶 — 译

*生物学的法则同样也是历史的基本教训。我们受进化过程的支配，也受到生物界弱肉强食、适者生存法则的考验*

中国古人说"以史为鉴，可以知兴替"。英国哲学家培根说"读史使人明智"。从悠久的历史中，从政治、经济、文化、宗教、道德、地理等诸多方面总结出教训，需要有渊博的知识、广阔的视野、敏锐的观察和深入的总结。威尔·杜兰特作为美国的著名学者，是终身哲学教授，获得过普利策奖和自由勋章。杜兰特夫妇花了50年时间写成了煌煌巨著——11卷的《世界文明史》后，为了方便一般读者阅读而写成《历史的教训》。

该书通过提纲挈领的线条，勾勒出历史与人类生活各方面的关系，详细说明了地理条件、经济状况、种族优劣、人类本性、宗教活动、社会主义、政府、战争、道德、盛衰定律、生物进化等在历史中所扮演的角色，并总结出历史留给人们的巨大精神遗产。这些精神遗产给改革中的国人以启迪与警鉴，使我们能够更加智慧地面对当下和未来。其中的精华如下：

关于地球与历史：由于技术的发展，地理因素的影响变小了。地形的特征和轮廓，或许会为农业、矿业或商业的发展提供机会，但只有富于想象力和主动性的领导者，以及坚韧勤勉的追随者，才能将可能变为现实而且只有类似的组合（就像今天的以色列那样），才能克服成千上万的自然艰险，创造出一种文化。应该说，是人类，而非地球，创造了文明。

关于生物学与历史：生物学的法则同样也是历史的基本教训。我们受进化过程的支配，也受到生物界弱肉强食、适者生存法则的考验。生物学给予历史的3个教训：第一，生命即是竞争。当食物丰盛时竞争是和平的，当粮食紧缺时竞争则是充满暴力的。第二，生命即是选择。在为食物、配偶和权力的竞争选择中，有的生物成功了，有的生物失败了。第三，生命必须繁衍。"自然"对于不能大量繁殖的有机物、变种或者组织来说，都是毫无意义的。

关于种族与历史：尽管一直存在种族偏见，但历史知识告诉我们：文明是合作的产物，几乎所有的民族都对此有所贡献；这是我们共同的遗产和债务；受过教育的心灵，都会善待每位男女，不论他们的地位多么低下，因为每一个人都对所属种族的文明做出过创造性的贡献。

关于性格与历史：就已知的历史来说，人类的行为举止并未发生多大的改变。人的演化一直是社会性的而不是生物性的：其进化程度不是经由物种遗传变异，而主要是因为经济、政治、智力和伦理道德的革新，通过模仿、习俗和教育的力量，个别地或者一代一代地传递下去。

关于道德与历史：道德规范需要不断调整自身去适应历史和环境的条件。如果把经济史分为3个阶段——狩猎期、农业期和工业期，我们可

317

能会发现，一个阶段的道德规则将会在下一个阶段发生改变。在狩猎阶段，一个人必须随时准备好去追捕、格斗和砍杀，因此好斗、残暴、贪婪和好色，在为生存而战斗的时代是一大优势；在农业阶段，勤奋变得比勇猛更加重要，讲究规则和节俭比武力更有价值，和平比战争更加有利；在工业阶段，个人主义日益增长，使得父亲和母亲的权威失去了其存在的经济基础。

关于宗教与历史：即使是持怀疑论的历史学家也对宗教保持谦卑的尊重，因为他看到了宗教在每一块土地、每一个时代，都发挥着不可或缺的安慰作用。一般来说，宗教和异教主义盛行之时，就是法律很无力，需要道德承担起维护社会秩序重担的时候；怀疑主义和异教主义没落时，就是法律权威兴起之时。

关于经济与历史：劳心者治人，劳力者治于人，但治钱者治一切。从历史而言，财富集中是自然的、不可避免的，可以借助暴力或者和平的方式再分配而得到周期性的缓解。就此而论，所有的经济史都是这个社会有机体缓慢的心脏跳动，财富的集中和强制再分配，便是它巨大的收缩与扩张运动。

关于政府与历史：柏拉图把政治演进归纳为君主政治、贵族政治、民主政治和独裁政治相继出现的过程，这在罗马历史中找到了一个例证。总体而言，民主还是要比任何其他形式的政治都要好。它的害处较少而优点较多：它给人民带来的热情和友善，远远超过它的缺陷和瑕疵；它给了人们思想、科学、事业以自由，这是使其得以运行和成长必不可少的。

关于战争与历史：战争是竞争和人类物种自然选择的最终形式。战争的原因与个人之间竞争的原因完全一样：贪婪、争强好胜、骄傲，以及对食物、土地、资源、燃料与霸主地位的欲望。国家有像我们一样的本能冲动，却缺少像我们一样的自我约束。

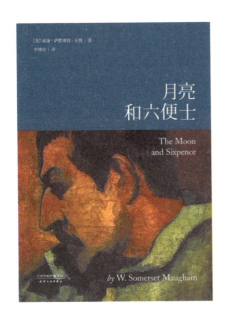

# 月亮和六便士

[英] 威廉·萨默塞特·毛姆 — 著

李继宏 — 译

满地都是六便士，他却抬头看见了月亮。

毛姆是英国著名的小说家和剧作家，一生创作颇丰，他的《月亮和六便士》《人性的枷锁》和《刀锋》等脍炙人口的作品在世界各地广为流传，中国读者对他的作品也很推崇，读书界还曾出现过"毛姆热"。

《月亮和六便士》的故事主角查尔斯·斯特里克兰的原型是生极落魄、死倍哀荣的后印象派画家保罗·高更。书中的主人公"我"是一位怀才不遇的作家，偶然间认识了一位股票经纪人——斯特里克兰。斯特里克兰在人过中年后突然响应内心的呼唤，追寻自己的梦想，离经叛道舍弃一切，先是奔赴巴黎，后又到南太平洋的塔希提岛，全身心投入绘画，并在死后享誉世界。"我"在他成名后开始追溯与艺术家曾经的来往和对方之后的人生经历。

斯特里克兰有着一个普通的中产阶级家庭，自己是个股票经纪人，呆板无趣、克勤克俭地过着仁慈的上帝安排给他的生活；妻子是个和蔼可亲、热情好客的普通妇女，有着痴迷于结交文人墨客的无伤大雅的爱好；两个孩子长得漂亮，身体健康，活泼可爱。

原本这样的日子就平稳地过下去了。然而，就在斯特里克兰40岁那年，他突然抛妻弃子，只留下一封短信，就从伦敦来到了巴黎。悲痛欲绝的斯特里克兰太太怀疑丈夫是被别的女人引诱了，就委托"我"去巴黎帮她劝说丈夫回家。

按照地址，我怀着忐忑不安的心情，却在一个最肮脏的小旅馆里轻松找到了斯特里克兰。本来准备说服他、感动他、规劝他、责备他、告诫他，有必要的话甚至还会臭骂他，朝他大发雷霆，大加嘲讽。然而，斯特里克兰直认不讳。"在同床共枕十七年之后，你还是挑不出她的毛病，却这样把她扔下，这难道不是很可恶吗？""是很可恶。"

经过穷追不舍，打破沙锅问到底，斯特里克兰终于说出了离家出走的原因："我必须画画。我控制不了自己。假如有人掉进水里，那么他游泳的本事高明也好，差劲也好，都是无关紧要的：他要么挣扎着爬出来，要么就被淹死。"他的声音饱含着真正的热情，我不由自主地被他感动了。我好像感觉到一种猛烈的力量正在他身体内奋力挣扎，我觉得这种力量非常强大，压倒了他的意志，牢牢地控制住他。

斯特里克兰拥有盲信者的率真和布道者的狂热。他在生活中总是痛苦地和各种各样的困难做斗争，但大多数在世人看来很可怕的事情，他根本就不在乎。比如，他丝毫不讲究享受，他从不为经年累月寄身于破落的房间里而烦恼，他不在意吃的是什么，能吃饱就好，即使没有食物的时候，他似乎也能忍饥挨饿。据说他曾经有六个月每天就靠一片面包和一瓶牛奶过日子。

是金子总会发光的！虽然当时绝大部分人欣赏不了斯特里克兰的

画，但有一个画家——德克·斯特罗夫，他自己的画作因循守旧、庸俗不堪，却能在评价别人的作品时，眼光犀利准确、不落俗套。他认为斯特里克兰是个天才，是个伟大的艺术家。他说："世界上最富贵的东西，哪能就像沙滩上的石头，随便哪个满不在乎的过路人都能捡起来呢？美是一种玄妙而奇异的东西，只有灵魂饱受折磨的艺术家才能从混乱的世界中将其提炼出来。当艺术家把美提炼出来之后，这种美也不是所有人都能认识的。要认识它，你必须重复艺术家的痛苦历程。美是艺术家唱给你听的音乐，要在你的心里再次听到它，你需要知识、敏感和想象力。"

斯特罗夫非常挚爱他的妻子，对他来说，妻子将永远是全世界最美丽的女人。他们的生活宛如一曲悠扬的牧歌，别具一种独特之美。在邀请斯特里克兰来他们家做客时，斯特罗夫太太布兰琪·斯特罗夫对斯特里克兰的粗鲁无礼十分气愤。于是，当斯特里克兰重病到快要死去时，斯特罗夫跪着求太太把他接到家里照料。布兰琪·斯特罗夫刚开始坚持拒绝，甚至以出走相威胁。在斯特罗夫的再三恳求下，斯特罗夫太太才勉强同意。

在夫妇俩的细心热情照料下，斯特里克兰很快康复了。不过正如布兰琪·斯特罗夫所料，这对他们的家庭来说是一场灾难。在照料的过程中，斯特里克兰狂放而粗野的外表、冷漠的眼睛、性感的嘴唇、高大又强壮的身体，特别是身上有某种邪恶的气质，深深触动了布兰琪·斯特罗夫的情感，使她将纲纪伦常、夫妻之情等全部抛在脑后，一门心思要跟斯特里克兰生活在一起。

对斯特里克兰而言，等到他的激情平息过后，他就希望全心全意地投入到创作中，而不是被人类的普通情感所困扰。而此时的布兰琪·斯特罗夫想将他固定在日常生活的柴米油盐之中，他却对布兰琪·斯特罗夫丧失兴趣了。布兰琪·斯特罗夫伤心绝望，服草酸自杀了。

后来，斯特里克兰来到了塔希提，在这里，他长久以来东飘西荡、寻找归宿的渴望在这里终于落定，他找到了自我。在山里，他和土著姑娘爱塔生活在了一起，后来还生了两个孩子。那里绿树成荫，空气芬芳，是个远离尘世喧嚣的世外桃源，是个万紫千红的世界，是个言语无法描绘的天堂。爱塔满足了他对女人的全部要求："她不来烦我，她替我做饭，照顾她的孩子。我说什么她就做什么。"

　　在那里，他默默地工作着，他对生活的全部理解、发现的全部秘密，都已呈现在他的画作中。也许纠缠他的魔鬼终于被驱赶，他终于找到了内心的安宁。他得了麻风病，后来眼睛也瞎了，他坦然地接受了死亡。

　　在"月亮和六便士"这个书名中，月亮象征着崇高的理想追求和美妙的精神境界，也象征着离开伦敦的斯特里克兰和远赴埃及的亚伯拉罕所甘之如饴的清贫；六便士这种小面额的硬币代表着世俗的鸡虫得失与蝇头小利，也代表着卡迈克尔所引以为傲的豪奢。斯特里克兰和亚伯拉罕做了自己最想做的事，生活在自己喜爱的环境里，淡泊宁静，与世无争。而与此相反，卡迈克尔做了一个著名的外科医生，年薪一万英镑，娶了一位美丽的妻子。到底谁的人生更成功？更有意义？我想，这一切都取决于一个人如何看待生活的意义，取决于你认为应该对社会做出什么贡献，应该对自己有什么要求。

# 创业的国度

[美] 丹·塞诺　索尔·辛格 — 著

王跃红　韩君宜 — 译

*创新不仅仅是提出一个想法开一个公司，而是不断地反复试错*

读完这本《创业的国度》，确实挺震撼。没想到以色列人口那么少、国土面积那么狭小、建国时间又那么短，却是世界高科技新兴企业密度最高、最繁荣兴盛的国家。据统计，以色列共计有3850家创业公司，平均每1844个以色列人里就有一人创业。同时，以色列在纳斯达克股票交易所上市的公司数量比中国、印度、韩国、日本、加拿大和整个欧洲大陆在此上市的公司数量还要多。究其原因，能给我们不少启示。

一、这是一个移民的、富有创业精神的国家

以色列的经济奇迹和创新发展在很大程度上也应该归功于那些移民。1948年，以色列建国时，人口是80.6万，现在的人口是710万，在60多年的时间里，这个国家的人口增长了近十倍。一名以色列的风险投资家说："为什么创新会发生在美国的东海岸或者西海岸，很大程度上与移民社会有关。在法国，如果你来自一个非常稳定的家庭，在一家稳定的制药公司上班，甚至你还拥有宽敞的办公室和各种特权，有自己的秘书等等，你还会奋斗、还会离开、冒着风险去创造某些新的事物吗？你不会，你太舒服了。但是，如果你是一个移民，初到一个新的地方，或许你曾经很富有，但你的财产被剥夺了，一贫如洗，然后你就会有动力，你不会去关注自己将会失去什么，你会更在意能赢得什么。这就是我们所拥有的态度，所有人都是这样。"移民是不排斥重新开始的，准确地说，他们是爱好冒险的人。一个移民国家就是一个创业者的天堂。

二、这是一个包容失败、不怕争辩的国家

以色列文化对所谓"建设性失败"或"聪明的失败"具有很好的包容。绝大多数当地的投资者认为，如果不能包容相当数量的失败，真正的创新也就不可能实现。他们不会鼓励你过分追求优异的表现，也不会因为一次糟糕的失败就不再看好你。英特尔的一位管理人员回忆说："每次，只要以色列人出现，他们总会有更有价值的数据、更出色的研究成果提供给你。他们的方案好像穿了防弹衣，对整个行业发展的趋势完全不予理睬。他们说，要么我们引导方向，要么就落于人后。"当以色列人从会议室出来的时候，个个都因为激烈争吵而面红耳赤。这种激烈的争论在其他商业文化中令人厌恶，但是对于以色列人来说，这恰恰是解决问题的最好方法。一位投资于以色列创业公司的美国投资者告诉我们说："如果你能扔掉最初的自负，转而接受这种文化，就会发现这真的非常有益。在以色列的公司里，你很少看见有人在背后议论别人，你总是当面就能知道所有的事情，这的确减少了很多浪费在胡扯和说谎上的时间。"这跟犹太的文化也有关系。犹太教和以色列人始终崇尚一种怀疑和争辩的文化，一种解释、反解释、重新解释、反导性解释的开放式自由问答游戏。从犹太文明开始存在的那一刻起，它就是一种善于辩的充满争论的文明。

三、这是一个高校林立、科研发达的国家

以色列那么小的地方，有8所大学、27所专科学校，其中有4所位于全球150所顶级大学之列，有7所位于亚太地区100所顶级大学之列，这些大学中没有一个是国外大学的卫星学校。以色列的研究机构也是世界最早将学术成果商业化的。《科学家》杂志2008年的一项全球调查显示，以色列的魏兹曼研究所和耶路撒冷希伯来大学荣膺全球除美国以外"最适合工作的学术机构"的榜首。

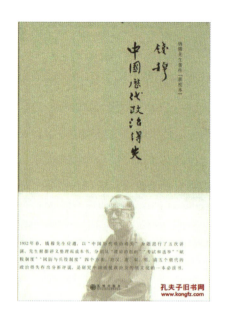

# 中国历代政治得失

钱穆—著

> 历史终是客观事实，历史没有不对的，不对的是在我们不注重历史，不把历史作参考

作为民国时期的著名史学家，钱穆先生的《中国历代政治得失》不足10万字，却是干货满满。反复研读这本小书，既能使读者对中国古代政治制度沿革有脉清络明之感，也能促进读者对中国传统文化有更加立体、厚重的认识。

钱穆先生曾言："对其本国已往历史略有所知者，尤必附随一种对其本国已往历史之温情与敬意；所谓对其本国已往历史有一种温情与敬意者，至少不会对其本国历史抱一种偏激的虚无主义，亦至少不会感到现在我们是站在已往历史最高之顶点，而将我们当身种种罪恶与弱点，一切诿卸于古人。"这可谓道出了先生从事史学研究的初心。"不忘初心，方得始终。"

本书为讲演讲义，且仓促所作，论述难免不够系统深入，但也充分体现了先生的苦心，如何让国人"怀温情与敬意"来认识中国以往历史和传统文化，先生始终萦系于怀。先生强调，研究中国传统文化，不能忽略中国传统政治；对传统政治之忽视，加深了大众对传统文化之误解，切不可把秦以后政治传统用专制黑暗一笔抹杀；若要平心客观地来检讨中国文化，就要重视对传统政治的检讨。

中国历史悠远流长，史实记录详实纷繁，若要拨云见雾，从纷繁的具体历史事件中梳理出历代政治得失，需要大智慧。本书视野高远，文风通俗，分析聚焦，脉络清晰，读来让人大有豁然开朗之感。由于本书脱胎于演讲讲义，限于场合和时间，先生选择汉唐宋明清5个典型朝代来讲解，且每一朝只选择政府职权分配、考试和科举、赋税制度、国防和兵役4个范围来具体展开。其中，职权分配方面，重视皇权和相权、中央和地方的分配；考试和科举方面，强调传统中国社会一直有政权向士人（读书人）开放的传统，并非简单的皇帝一人专权；赋税制度方面，聚焦于田赋，并将土地兼并和耕者有其田之间的矛盾分析贯穿始终；国防和兵役方面，注重分析兵役制度与维护国家内部稳定、提高对外战斗力之间的关系。

读此书可以把握传统政治制度沿革趋势。以关于政府职权的阐述为例，通过阅读，读者自可对传统政府职权从皇权、相权切割相对清晰，实际事权归集于丞相日益转向皇帝大权独揽的趋势有清晰的认识。"丞""相"两字皆有副手、辅佐之意，本为天子家臣，古代封建转为郡县后，化家为国，转化为天子管理国家政务。汉初制度设计中，国家事权归集于相府，宰相一人掌握全国行政大权；唐代则把相权切分到几个部门（尚书、中书、门下三省），由多人共同负责，类似委员会制；宋代宰相实际事权被分割、权力运行也深受谏官掣肘，相权衰落迹象明显；明代正式废除宰相，皇帝直接总揽大权承担了前朝宰相的角色，新增的内阁尽管实际事权大，但与丞相已有本质区别，为皇帝的私人秘书机构；清代更是在内阁之外又新设了军机处，皇帝进一步集权。

读此书亦可理解传统政治制度之关键细节。以关于宋明以来官吏流品区分的介绍和点评为例，通过阅读，大家会对一些影响深远的制度细节有更加深刻的认识。中国传统政治早有官与吏之分，大体而言，官是总揽一级政府的政务官，吏是管理具体事务的事务官。两汉时期，官吏之间并无大区别，且可转化。太学毕业分两等，甲科出身为郎，乙科出身为吏。郎官属于皇宫侍卫，吏则为地方政府长官的属官。一个太学生，当他分配到地方政府充当属吏之后，仍有希望被察举到中央，经过中央规定的一番考试后正式入仕为官。明成祖后规定胥吏不得担任御史，不得考进士，正式开启了官吏流品的区分。在这种制度安排下，一旦进入胥吏流品，无论如何有才有德，也走不出胥吏之本流，官场也看不起这些人。所以胥吏不再自爱，难免舞弊作恶。胥吏流品虽低，但他们是职业政治家且擅长专业知识，一切文书簿籍，例案掌故，全经他们手，对当时政治影响很大。清代曾有人言，一切事情到了胥吏那里，铨选则可疾可迟，处分则可轻可重，财赋则可侵可化，典礼则可举可废，人命则可出可入，讼狱则可大可小，工程则可增可减。因此，官吏流品区分实在是一个恶制度。

# 匠人精神

[日] 秋山利辉 — 著

陈晓丽 — 译

*要带着101%的责任心，比起全力以赴的100%，多使出1%的力量来面对事物*

　　每个行业都有自己的祖师爷，木匠的祖师爷是鲁班，陶业的祖师爷是范蠡；每个行业都有自己的行规和要求，入行要拜祖师爷，要严格遵从师父的教导，时时抱有敬畏之心，对行业有不懈的追求，充满着自豪感。可是现在，整个社会迷漫着一种心浮气躁、急功近利的氛围。做哪一行的，想着不是如何做精做专，做细做实，而是如何降低成本、提高收益，多快好省甚至靠假货赚钱。正如一位哲人所说："世界如此美好，我却如此浮躁，这样不好，这样不好。"秋山利辉的这本《匠人精神》给我们吹来了一股清风，让我们震撼，也让我们警醒。

　　在比邻的日本，秋山木工公司就以执着的精神、坚韧的毅力和严苛的要求，从1971年开始致力于生产可以使用百年甚至两百年的木制家具，短短几十年间，就使秋山木工的订制家具进入日本宫内厅、迎宾馆、国会议事堂、高级名牌专卖店等档次最高的地方。秋山木工公司值得我们借鉴的做法太多了，比如，招收的学徒有一年的实习期，4年的学徒培养，3年的正式工作，不管男女，都要理光头，以示学习的决心；学徒期间，不准谈恋爱，不准用手机，以示学习的专心；不管在工作场所，还是到外面去，都必须穿工服，标有公司和自己的名字，以示做工的尊严；每天早上集体跑步15分钟，以示集体主义精神等。

从专业继承和开拓创新的角度讲，书中提到的"守破离"是很值得我们深思的。"守破离"的原型来自确立了日本传统戏剧"能乐"的世阿弥之教导，泛见于艺术、茶道、武道、体育等领域。其主要意思是一开始忠实于"守护"师父传授的形式，然后"打破"这个形式，自己加以应用，最后"离开"形式开创自己的新境界。"守"要模仿师父作为工匠的心理建设，以及学习生活态度、基本训练、程序、心得、技术等作为工匠必须具备的所有一切。"破"是将师父传授的基本形式，努力下工夫变成自身本领的阶段。通过一边摸索、一边犯错，在师父的形式中加入自己的想法。"离"指的是开创自己新境界的阶段，也就是从师父那里独立出来。

作者发现，"事在人为"，要想把事做好，先要把人做好。渐渐地走到了"己成，则物成""先德行，后技能""有成人而后成事"的"尊古训"道路上了。我们的古圣先贤认为"君子务本，本立而道生"。发心和愿力则为成人之大本的两个方面。正如古大德云："成大人成小人全看发心，成大事成小事都在愿力。"发心怎么教？秋山木工的方法直溯人伦本源：首先要取悦父母，每天要像作战一样，拼命努力，做出让父母高兴、吃惊、感动的事情来。一个不能取悦父母的人，是不能让同仁和客人高兴的。事实上，发心或德行，也是儒家讲的"正心和诚意"，是最难教的。其实中国五千年精神传承的主要核心即是"孝道，师道"。正如《孝经》所云："夫孝，德之本也，教之所由生也。"《弟子规》更是开宗明义："弟子规，圣人训，首孝悌，次谨信，泛爱众，而亲仁，有余力，则学文。"愿力的培养，秋山先生把之总结为"匠人须知30条"。"秋山木工"要求在八年苦行僧式的学徒生涯中，每人能够每天背诵三至五遍"匠人须知30条"，八年累计一万遍左右。同时在相对封闭的集体生活、工作环境中，时刻对照自己如何把"匠人须知30条"去落实和践行。学徒每天晚上都会静下心来，如实反省今日所作所为，并尽心尽力用日志形式向师长、父母"汇报"。每日的朝会上，学徒当众读出父母的寄语时，往往会感激涕零。自愿努力和奋发向上的动力，由此在内心真正产生。

古人养生，贵在通经活络。医家云："气是一条龙，哪里不通哪里痛；血是一条江，哪里不到哪里伤。"古今言商，无非一个"通"字。"生意兴隆通四海，财源茂盛达三江"。秋山木工认为，培育"通人"，第一与父母通，百善孝为先，《孝经》云："孝悌之至，通于神明，光于四海，无所不通。"人生"诸事不顺，皆因不孝"。第二，与师父通，严师出高徒。韩愈云："师者，传道授业解惑。"传道，传做人之道；授业，授木工手艺；解惑，解生命之惑。第三，与同事通，彼此学习，互相帮助。第四，与客户通，为人着想，让客户满意，更令其意外惊喜及"感动"。第五，与工具通。同样的工具，粗人粗用，细人细用，巧人巧用，粗细巧拙，在人不在工具。第六，与所制作的家具通。心里有什么样式，家具就做成什么样子。人有什么品格，家具就有什么品质。

# 创业维艰

[美] 本·霍洛维茨 —— 著

杨晓红 钟莉婷 —— 译

*创建公司时，你必须坚信，任何问题都有一个解决办法。而你的任务就是找出解决办法，无论这一概率是十分之九，还是千分之一，你的任务始终不变*

在大众创业、万众创新的影响下，特别是受到比尔·盖茨和乔布斯辍学创业成功的鼓舞，有些年轻人有了"读书无用，创业最好"的想法。其实，国内每100家创业企业中只有20到30家可以熬过一年，而这20到30家中，熬过三年的又只占30%。至于大学生创业，失败率更是高达99%。创业是一项挑战性非常巨大的工程，企业从无到有，创业者需要面对同行的竞争和市场的变化，决定从事的行业和产品、建立团队、募集资金、制定营销策略、做好管理协调等。因此，任何一个环节出现问题，对于脆弱的创业企业而言都是致命的。

本书的作者本·霍洛维茨被"脸谱"公司的创始人马克·扎克伯格称为"硅谷年轻企业家的管理导师"，也被外媒誉为"硅谷最牛的50个天使投资人"之一。他在1999年创立了Loudcloud公司，2000年在纳斯达克上市，筹集到1.625亿美元的资金。然而，好景不长，2001年底公司遇到困难，本·霍洛维茨急中生智，将Loudcloud公司以6350万美元卖掉，而保留知识产权和Opsware公司，摇身一变成为一家软件公司。后来，又以16.5亿美元将Opsware公司卖掉。2009年，本·霍洛维茨创立了风险投资公司，三年时间就跻身成为硅谷最顶尖的风投公司之一。他从自身的创业和投资经历中得到很多创业的经验和教训，给予大家很多的启示。

本书中，霍洛维茨就如何解决公司中的问题，员工的招聘、培训、管理、解雇，企业文化的创建等方面进行了充分的阐述，对于创业者而言，会有比较直接的帮助。比如，公司面临重大问题时，作为CEO应该勇敢面对压力，直面恐惧，实话实说，赢得大家的信任。同时，要调动更多的人员参与解决问题。"只要有足够多的眼睛，就可让所有问题浮出水面。"对于员工的解雇，需要遵循一条黄金法则：自己的员工要自己亲自辞退，不能将这项工作推卸给人力资源部门或某个更严厉的同事。因为人们不会记得自己在公司效力的每一天，但他们一定会记得你将他们开掉的那一天。企业文化的创建，大部分内容都是创始人和员工从长年累月的工作中提炼出来的精华。最理想的做法是从细枝末节入手。这些细节要足够小，能够身体力行，又要足够重要，能够影响人们今后的行为模式。比如，亚马逊公司的创始人兼CEO杰夫·贝佐斯要求公司的所有桌子都使用从"家得宝"购进的廉价门板，自己用钉子钉上桌腿。当有新人觉得不可思议时，他说："我们尽一切可能节约开支，就是为了以最低的价格为客户提供最好的产品。"这样，公司的文化在潜移默化中就慢慢建立起来了。

本书的副标题为"如何完成比难更难的事"，一语道出创业之艰难。创业的确难，读完这本书后能更加深入地体会到创业者的艰辛和不易。但是世上无难事，只要肯登攀。真正想创业，想去追逐梦想的年轻人，也可以大胆一试。不过，在尝试之前，要深思熟虑，反复权衡，看看自己是否具备以下条件：一是要有永不放弃、永不气馁的决心。企业发展的过程中遇到的困难不计其数，有时是命悬一线，只要创业者稍打退堂鼓，企业可能就夭折了。所以，每当作者遇到成功的CEO，向他们讨教成功的经验时，泛泛之辈的答案可能是非凡的战略举措、敏锐的商业嗅觉，或者是其他一些溢美之词，而杰出的CEO们往往只有一个统一的回答："我没有放弃。"二是要具备领导者的基本特质。主要是要有勾画蓝图的能力、有让他人追随你的能力、有实现理想与抱负的能力。勾画蓝图的能力非常重要，正如比尔·盖茨当年从可口可乐公司挖一公司高管时所说："我们致力于改变人的生活方式，实现人生更好的梦想，而你在可口可乐公司再干下去，也只是造一瓶汽水而已。"让他人追随是因为你的人品好、有领导的才能、有前瞻的眼光，能够带领他们去实现理想与抱负。三是要找到适当的创业切入点。正如《从0到1——开启商业与未来的秘密》中所建议的，初创公司应该在非常小的市场内起步。宁可过小也不能大，理由很简单：在一个小市场里占主导地位比在大市场里要容易得多。然后，一旦你成功创造或是主导了一个小市场，再逐步打入稍大些的相关市场。比如亚马逊公司的愿景是成为在线零售业的主宰，但是贝佐斯很谨慎，以图书作为起步，然后扩展到最相近的光盘、影像和软件市场，最后才扩展到百货。

# 少有人走的路

[美] 斯科特·派克 — 著

于海生 — 译

解决人生问题的首要方案，乃是自律

　　《少有人走的路》是一本心理学书籍。作者是美国最杰出的心理医生斯科特·派克，他以从业经验为基础撰写了这本书。该书被翻译成20多种文字，并连续20年位列《纽约时报》畅销书排行榜。它改变了传统心理学书籍给人以满篇专业词汇、晦涩难懂的印象，利用一个个生动的病例，专业的、直击心灵的解析为大众揭示心理疾病的根源和解决之道。

　　人生苦难重重，这是个伟大的真理。而大部分人却不愿正视它，规避问题和逃避痛苦的倾向，是人类心理疾病的根源。自律，是解决人生问题的首要工具，也是消除人生痛苦的重要手段。自律包含具有积极意义的4个原则：推迟满足感、承担责任、尊重事实和保持平衡。

　　推迟满足感：指"先苦后甜"，先面对问题感受痛苦，然后再解决问题后获取更大的快乐。通常教育孩子时，我们会要求孩子回家先完成作业再痛快地玩。但是往往到我们自己对待工作生活、要执行"先苦后甜"的原则时，却要付出巨大的勇气和力量。比如书中提到一位心理病患者，想纠正总是拖延工作的恶习。

"你喜欢吃蛋糕吗？"作者问。

她回答说喜欢。

"你更喜欢吃蛋糕，还是蛋糕上涂抹的奶油？"

她兴奋地说："啊，当然是奶油啦！"

"那么，你通常是怎么吃蛋糕的呢？"作者又问。

她不假思索地说："那还用说吗，我通常先吃完奶油，然后才吃蛋糕。"

就这样，从吃蛋糕的习惯出发，重新讨论她对待工作的态度。在上班第一个小时，她总是把容易和喜欢做的工作先完成，而在剩下的六个小时里，她就尽量规避棘手的事情。作者建议她从现在开始，在上班第一个小时，要先去解决那些麻烦的事情，在剩下的时间里，其他工作就变得相对轻松。按一天工作7个小时计算，一个小时的痛苦，加上6个小时的幸福，显然要比一个小时的幸福，加上6个小时的痛苦划算。她完全同意这样的计算方法，而且坚决照此执行，不久就彻底克服了拖延工作的坏毛病。同样的方法，也可以运用到我们平时的学习生活中，面对问题，解决问题并享受更大的快乐，这是唯一可行的生活方式。

承担责任：前提是评估责任归属。责任感出现问题的两种表现是神经官能症患者和人格失调症患者，前者认为错在自己，为自己强加责任；后者将错误归咎于旁人，不愿承担责任。神经官能症患者让自己痛苦；人格失调者嫁祸别人，首当其冲的就是其子女。他们不履行父母的责任，不给孩子需要的爱和关心。当孩子的德行或学业出现问题，他们不会自我检讨，而是归咎于教育制度或是学校。

尊重事实：是指如实看待现实。我们对现实的观念就像是一幅地图。地图准确无误，我们就能确定自己的位置；地图漏洞百出，我们就会迷失方向。绘制人生地图的艰难，不在于从头开始，而是只有不断修订，才能使地图内容翔实和准确。然而一旦新的资讯与过去的观念发生冲突、需要对地图进行大幅度修正时，我们往往感到恐惧，宁可花更多时间精力去捍卫过时而陈腐的观念，却对新的资讯视而不见。

　　保持平衡：是指自律本身也需要约束，即在合适的时机和场合下灵活地表达情绪，而不是简单地爆发。比如表达生气，有时需要委婉，有时需要直接，有时需要心平气和，有时不妨火冒三丈。而保持平衡的最高原则就是在彼此冲突的需要、目标和责任间取得平衡。

　　自律是解决人生问题的首要工具，而爱是自律的原动力。以父母对子女的教育为例，父母先要做到彼此相爱，然后去爱孩子，不把自己的喜怒哀乐强加给孩子，不要总是批评、打击孩子，更不要采取暴力的手段教育孩子，要善于审视孩子的需要，与孩子一道经受痛苦和折磨。父母付出的努力越大，孩子感受到的重视程度就越强烈，他们就越懂得珍视自己，懂得承担责任，自尊自爱的感觉就是自律的根基。

　　真正意义上的爱，既是爱自己，也是爱他人。不爱自己的人，绝不可能去爱他人，只有强化自身成长的力量，才能成为他人力量的源泉。真正的爱，也是自我完善的特殊体验，跟自我界限有着密切关联。长期精神贯注于所爱的人或事物，会让人感觉自我界限开始延伸，延伸到一定程度就会归于消失。在这个过程中，心智逐步成熟，爱不断释放，自我与世界融为一体。

　　有一种最常见的对爱的误解，就是把依赖性当成真正的爱。其实，如果没有自由的选择，那是需要而不是爱。而且这种过分强烈的依赖感，多来自童年时期父母缺乏爱的能力，且将不幸延续给下一代。依赖症患者是人格失调症的另一种表现，不肯推迟满足感，只贪图暂时性的快乐，始终不能面对现实，只想获取不愿付出，心智也就很难成熟。

　　爱，是一种极为复杂的行为，不仅要用心，更要用脑。爱得过分，还不如不爱，该拒绝时却一味给予，不是仁慈，而是伤害。越俎代庖地去照顾有能力照顾自己的人，只会使对方产生更大的依赖性，这就是爱的滥用。

　　最后，借用书中的一句话："每个人都想要获得爱，但在此之前，我们必须让自己值得被爱，做好接受爱的准备。"要做到这一点，我们就需要把自己变成自律、心中充满爱的人。

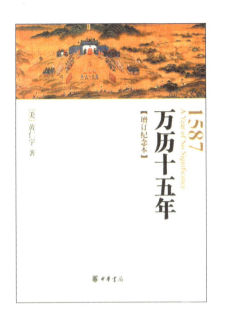

# 万历十五年

黄仁宇 — 著

> 当一个人口众多的国家，个人行动全凭儒家简单粗浅而又无法固定的原则所限制，而法律又缺乏创造性，则其社会发展的程度，必然受到限制。即便是宗旨善良，也不能补技术之不及

《万历十五年》是美籍著名历史学家黄仁宇先生的代表作。黄仁宇（1918年——2000年），出生于湖南长沙，1936年就读于南开大学电机工程系。抗日战争爆发后，黄仁宇辍学参军，1950年以中国驻日代表团少校团员的身份退伍后赴美国，于密歇根大学攻读历史，以历史学家、中国历史明史专家、大历史观的倡导者而为世人所知。

与国内众多历史研究专著不同，《万历十五年》作为一本研究明代历史的严谨著作，没有采取编年叙事的陈述方式，也没有聚焦到一个具体的问题，而是在明代漫长的历史中截取了公元1587年一个年份作为横切面，在这个横切面选取若干历史人物、历史事件进行了梳理与描述。著名评论家梁文道把《万历十五年》的写法，形容为医学院中的解剖切片，"假如整个中国是个人体，那些医学院学解剖的学生不是要做一些切片的解剖的观察，就把尸体切成一片一片一片，中间抽一块横截面出来看，能够看到一些血管跟神经穿过。就是看着薄薄的一块，你就掌握住这一块，你就能够发现整个人体大概的结构，他出了什么问题。"正因为如此，《万历十五年》一方面具有历史细节的引人入胜，栩栩如生地还原特殊历史情境中的具体人物情节；另一方面，从一个漫长宽广的时间空间尺度来审视历史片段中的个人与事件，使描述和分析具有历史的纵深和高度。

全书共分为7章，截取万历十五年这一年中7个方面的人物或事件的片段进行了细致的描述，同时将其置于前后连贯的历史视野中，分析描绘因果关联、来龙去脉，把整个明朝的政治制度、意识形态、社会文化、经济状况等串成了一幅交织纵横的图画。

书中描述了一个看似拥有无限权力、但在官僚集权体制中无法自主的万历皇帝，其成长环境、宫廷生活处处被体制安排、受体制制约，最后发现皇帝只不过是一个制度的执行者，是一个"紫禁城中的囚徒"，而一旦否定制度，亦即意味着否定了自己的合法性来源。最终万历皇帝心灰意懒，对官僚集团日益疏远，采取了长期怠工的消极对抗。书中描述了精明强干、励精图治的首辅张居正，以及努力在皇帝与文官集团之间艰难腾挪、努力维持文官集团内部平衡、使国家机构能够正常运转的首辅申时行；描述了廉洁自守到近乎古板刻薄的"古怪的模范官僚"海瑞，却与社会时代实情相悖离，因之处处碰壁，失望终老；描述了忠勇善战的抗倭名将戚继光，在一个官僚专制体制中被文官体制所压制，一旦脱离偶尔出现的个别杰出文官的支持——如张居正——就无法施展才能，陷入孤独奋斗的窘迫境地，在贫病交迫中死去；描述了追求自由、有志于改革创造的哲学家李贽，如何裹挟于思想与社会的深刻冲突，因此饱尝生活与思想的双重苦闷，最终自刎而死。

万历十五年，在这一年中截取的人物、事件，虽然琐碎细微，却反映了整个朝代、整个社会和整个体制的深刻困境。正如作者所言，书中"叙及的主要人物，有万历皇帝朱翊钧，大学士张居正、申时行，南京都察院都御史海瑞，蓟州总兵官戚继光，以知府身分挂冠而去的名士李贽，他们或身败，或名裂，没有一个人功德圆满……这种情形，断非个人的原因所得以解释，而是当时的制度已至山穷水尽，上自天子，下至庶民，无不成为牺牲品而遭殃受祸……""在这个时候，皇帝的励精图治或者晏安耽乐，首辅的独裁或者调和，高级将领的富于创造或者习于苟安，文官的廉洁奉公或者贪污舞弊，思想家的极端进步或者绝对保守，最后的结果，都是无分善恶，统统不能在事实上取得有意义的发展。"因此，对万历十五年的切片分析，我们看到的是"历史上一部失败的总记录"。

《万历十五年》通过以小见大、远近结合的描绘手法，从一个横切面中展示了宏观的历史场景和深远的历史纵深。这种手法和思路，正是作者黄仁宇先生所倡导的"大历史观（macro-history）"的生动样本。除《万历十五年》外，黄仁宇还撰写了一系列脍炙人口的史学著作，包括《十六世纪中国明代的财政及税收》《赫逊河畔谈中国历史》《资本主义与二十一世纪》《中国大历史》等，构建了大历史观的独特门派，成为中国史学研究中的一道特色风景。

# 艺术的故事

[英] 贡布里希 — 著

杨成凯 — 译

*艺术的目的就是把美丽的东西给予需要它们和欣赏它们的人*

大家可能有这种感觉，在博物馆看了不少名画，有的觉得非常好，比如法国卢浮宫的镇馆之宝、达·芬奇的《蒙娜丽莎》，但要说出那"神秘的微笑"怎么好，还真不容易。同时，一些名画又看不懂，比如野兽派的一些作品，感觉乱七八糟。对于雕塑和建筑，情况也差不多。其原因在于，我们这些外行，只是看了个热闹，对西方艺术的发展脉络及各个时期和名家的特点不了解。

这本《艺术的故事》，近700页，60万字，虽然有些厚，但是被称为西方艺术史的《圣经》，是有史以来最著名最畅销的艺术入门书，是最美的艺术导论。作者说，这本书首先的对象就是想了解艺术世界的少年读者。当然，成年人也适合阅读。因此，本书有几个突出的特点：一是语言浅显易懂。作者很少用专业术语，而是用朴素的语言讲述艺术发展史，帮助读者鉴赏艺术作品，并且跟它们的历史背景结合起来，给大家一些深刻的启示。二是作品配有插图。每介绍一个艺术家，都会介绍其代表作，并且配有插图，形象直观，便于大家理解。三是选取真正的艺术作品介绍。作者排除了一切只作为一种趣味或时尚的标本看待才可能有些意思的作品，虽然牺牲了相当可观的文学趣味，但大大增加了艺术的价值。四是作品前后经常进行比较。有比较才会容易看出差别，作者在介绍一件艺术品时，会不断地跟前面的类似作品进行比较。五是每章会选取代表性作品。每一章结束时，作者都从相关时期中挑选一幅表现艺术家生活和社会的典型图画当作结尾的补白图案。这样就组成了一个独立的小系列，能使我们在脑海中对过去的艺术作品面世时的环境形成一个具体的画面。

关于艺术，作者在导论中就说："没有艺术这回事，只有艺术家而已。所谓的艺术家，从前是用有色土在洞窟的石壁上大略画个野牛形状，现在是购买颜料，为招贴板设计广告画。过去也好，现在也好，艺术家还做其他许多工作。只要我们牢牢记住，'艺术'这个名称用于不同时期和不同地方，所指的事物会大不相同，只要我们心中明白根本没有大写的艺术其物，那么把上述工作统统叫作艺术倒也无妨。"谈起美来，麻烦的是对于某物美不美，各人鉴赏的趣味大不相同。艺术表现也是如此。左右我们对一幅画爱憎之情的往往是画上某个人物的表现方法，刚刚接触艺术的人最喜欢看起来"逼真"的绘画。其实，看过迪士尼动画片或连环漫画的人就会知道，在这里或那里改动一下，歪曲一下，不按照眼睛看见的样子去描述事物有时倒是正确的。所以，欣赏伟大的艺术作品，最大的障碍就是不肯摈弃陋习和偏见。

通过艺术作品本身来学会怎样欣赏艺术作品，这应该是一条必由之路。作品看多了，熟能生巧，就能增长见识，提高艺术素养。下面，我们就跟随作者对西方几千年的艺术进行一个浏览。

不管是建筑，还是绘画和雕塑，不是仅仅被当作纯粹的艺术作品，而是被当作有明确用途的东西。大约五千年前，埃及建造金字塔，雕刻国王的像，就是要保证国王永远生存下去。埃及艺术的风格是使每一件作品都稳定、质朴而和谐。现代西方的艺术，不管是哪一所房屋或者哪一张招贴画，都跟这些风格有一定的联系。

希腊人在学习埃及艺术的基础上创造了短缩法，即用缩减所画对象尺寸的手段来描绘与画面呈一定角度的对象的方法。观者会自动地把该人体或物体复原成正确的比例。同时，希腊艺术家能够自由地表现人体形象的种种姿势，反映出人物的内心世界。比如著名的雅典娜雕像和宙斯雕像。

罗马帝国强大后，艺术的主要目标已经不再是和谐、优美和戏剧性的表现。他们讲求的是实际，体现出"宏伟即罗马"。比如圆形竞技场、凯旋门、圆形大剧场、万神庙、图拉真纪功柱等。公元311年，君士坦丁大帝确立了基督教会在国家中的权力，艺术主要为宗教服务。在建筑方面，诺曼底和罗马式教堂都显得笨拙过时了，哥特式风格开始显现。绘画有助于不识字的教徒学习教义，"文章对识字者之作用，与绘画对文盲之作用，同功并运"。14世纪，意大利画家乔托把哥特式雕刻家富有生命的形象转化到绘画中，重新发现了在平面上创造深度错觉的艺术，揭开了艺术史上的崭新篇章，从此以后，艺术史就成了伟大艺术家的历史。

15世纪，布鲁内莱斯基不仅仅是文艺复兴式建筑的创始人，他还创造了透视法。这是一种在平面或曲面上描绘物体的空间关系的方法，将数学方法运用到绘画中。文艺复兴的新观念震动了欧洲：艺术不仅可以用来动人地叙述宗教故事，还可以用来反映现实世界的一个侧面。这一伟大艺术革命的最直接后果，就是各地的艺术家都开始试验和追求新颖、惊人的效果。这个时期的"艺术三杰"大放光芒：达·芬奇创造的

"渐隐法"使用模糊不清的轮廓和柔和的色彩，让一个形状巧妙而自然地融入另一个形状，给人留下无限想象的空间；米开朗基罗在刻画人体方面达到了巅峰，能轻而易举地画出任何一种姿势或动作；拉斐尔则用完美而和谐的构图表现出自由运动的人物形象，他们都以自己的巨灵之手把一种风格发挥到极致。此后，乔尔乔内把自然界中的大地、树木、光、空气、云和人都想象为一个整体，提香则进一步用光、空气和色彩把场面统一起来。

18世纪后期，法国的马内及其追随者在色彩处理方面发动了一场革命，几乎可以媲美希腊人在形式表现方面发动的革命。18世纪末期法国大革命后，艺术家突然感觉选择什么做题材都没有限制了，艺术家为了年度展览会中赢得大家的认可，不断寻求新的题材。达维德的《马拉之死》、戈雅的《巨人》、布莱克的《永恒之神》、特纳的《暴风雪中的汽船》、康斯特布尔的《干草车》，都是其中的名作。

19世纪，照相机出现后，对艺术家地位的打击绝不亚于新教废除宗教图像。人们很少再去请人专门画肖像画了，于是艺术家就受到越来越大的压力，不得不去探索摄影术无法反映的领域。被称为"现代艺术之父"的塞尚着眼于色彩跟造型的关系，最后导向起源于法国的立体主义；梵·高用色彩和形状来表达自己对所画之物的感觉和希望别人产生的感觉，导向主要在德国引起反响的表现主义；高更研究土著工匠的手法，崇尚直率和单纯的效果，导向各种形式的原始主义。

通过这本书，我们感受了西方艺术史上那些最有品位、最有才气的艺术家在创作的时候，他们的心路历程、他们的纠结与深思、他们的继承与创造、他们所带给我们的享受与幸福。

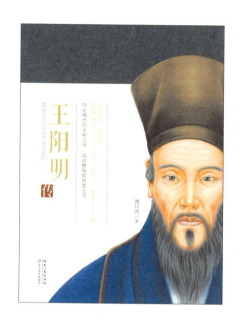

# 王阳明传

周越亮 — 著

你看满大街都是圣人，满大街的人看你也是圣人

王守仁，因曾筑室于会稽山阳明洞，自号阳明子，学者称之为阳明先生，亦称王阳明。他是明代著名的思想家、文学家、哲学家和军事家，官至南京兵部尚书、都察院左都御史，因平定宸濠之乱的军功而被封为新建伯，隆庆年间追赠为新建侯，谥文成，故后人又称王文成公。王阳明作为心学集大成者，与孔子（儒学创始人）、孟子（儒学集大成者）、朱熹（理学集大成者）并称为孔、孟、朱、王。他是集立德、立功、立言于一身的三不朽圣人，实现了古今圣贤的最高人格理想，是曾国藩、梁启超、毛泽东、蒋介石、德川家康、稻盛和夫等成大业者一直推崇的心灵导师。他的心学更是影响了一代又一代人。在2015年"两会"期间，习近平总书记说："王阳明的心学正是中国传统文化中的精华，是增

强中国人文化自信的切入点之一。"

在这个浮躁而又急速发展的社会，更需要我们静下心来，学习领会心学的真谛和精髓。关于王阳明的书很多，而这一本，不仅以轻松愉悦的文字讲述了圣人光辉的一生，而且还把他还原为一个普通人，有七情六欲和人的弱点，历经挫折与艰难，但是他能够即知即行，内找到了良知，外建立了功业，"学以聚之，仁以行之"，从无明到有明、启明，最后在临终前自豪地说"此心光明"。

王阳明的人生之路是坎坷的，在皇帝不太管事、文官管百姓、宦官治文官的大背景下，王阳明就被大太监刘瑾列为53人奸党之一，被打入狱中，幸亏大墙之内依然可以讲学论道，王阳明体验到俗人难以理解的精神愉悦，滋长出"逝者不可及，来者犹可望"的朦胧希望。心学一个最智慧的法门就是能将"万物皆备于我"，能化一切不利因素为有利因素，君子友我，小人资我，艰难困苦玉成我。"道不孤，德必有邻"，正气是不会灭绝的。在众人的帮助下，36岁的王阳明回到了杭州。从小立志读书做圣贤的他越来越意识到：只有自己另起炉灶，创立自己的学说和学人队伍，才有可能甩开官场那套混账做法、突破学界那种糊涂做法，使圣学真正复兴起来。于是开始收徒弟做"导师"。可是好景不长，他又被贬到贵州龙场驿站去做驿丞。不管环境多么艰苦，王阳明依然坚持修炼，终于有了"龙场悟道"，这就是他所大悟的"格物致知之旨"："格"就是"正"，"物"就是"事"。他后来的学生王艮最能说透这个核心："格物者即物有本末，致知者即知有先后"，就是先止心诚意了才能修身齐家治国平天下。

后来王阳明又办起了龙冈书院，名声大震，学生云集，王阳明确立了四项教学原则。第一是立志："志不立，天下无可成之事。"一个人如果没有志向，人生就会像船没有舵木、马没有衔环，只能随波逐流，最终一事无成。立志成为圣人，就会成为圣人。立志成为贤人，就会成为贤人。推而广之，不论你想成为什么样的人，立志都是第一步，是大基础。第二是勤学："不以聪慧警捷为高，而以勤确谦抑为上。"不仅要刻苦努力、勤奋学习，还要谦虚谨慎、戒骄戒躁。第三是改过："不贵于无过，而贵于能改过。"人非圣贤，孰能无过？关键在于及时、不断地改正错误。第四是责善："朋友之道，忠告而善道之。"对于朋友的过失，要努力做到劝告和开导，但要注意说话的方式，不能恶言冒犯。只有这样，才能尽到自己对朋友忠诚爱护的心意。纵观这四条标准：立志可谓起步与方向，勤学推展开来就是为人处世之道，改过是修养德性、提升自身之法，责善推而广之是说话之道，已经把人生的几大方面全部囊括其中了。青年人不管做什么，只要坚持贯彻这四条原则，就会达到成功的彼岸。

在事功方面，王阳明最大的成就是在没有朝廷的支持和帮助下，凭借一己之力就轻松镇压了宁王朱宸濠的造反。此外，仅三个月，他就将赣南数十年的贼寇一举荡平。后来，他又平定了广西少数民族的叛乱。管理中，他建立了乡约和十家牌法制度。这是一种私人互动的联盟和伙伴模式，经济上公布账目，政治上对全体成员进行管控，这些都是手段，目的是建立伦理规约，这些都对中国社会产生了重大的影响。

王阳明的心学四诀：无善无恶心之本，有善有恶意之动，知善知恶是良知，为善去恶是格物。意思是说，心体是天命之性，是无善无恶的。但人有习心，意念上有善恶在，习染日久，就会觉得心体上有善恶在，然后要为善去恶，格致诚正修，恢复那本体的功夫。以"意"为核心的知行合一：身之主宰便是心，心之主宰便是意。知是行之始，行是知之成。知行合一，强调的是一种开放的动态和生生不息的每时每刻都把握"当下此际"的艺术，永远不会有固定的结论。王阳明说："今日良知见在如此，只随今日所知扩充到底；明日良知又有开悟，便从明日所知扩充到底。如此方是精一功夫。"人心一刻存乎天理，便是一刻的圣人；终身存乎天理，便是终身的圣人。王阳明指引的成圣之路绝不是苦行之路，他有个口头语："常快活便是真功夫。"良知即是乐之本体。这样，致良知就变成找快乐，让生命变成欣悦的灵魂旅程。

王阳明也是人，他活着成了圣雄是因为他把握了自己，从而这个世界就好把握了。心学并不给世人提供任何现成或统一的鞋，如果有那种鞋就是枷锁和桎梏了，心学只是告诉我们：不管是圣贤伟人，还是凡夫俗子，每个人都能找到自己那双合脚的天天向上的鞋——找这双鞋的功夫与好好学习天天向上的功夫是同一个功夫。路在脚下，"鞋"在心中。你的任务是找与走，走着找，找着走，边找边走，摸着心中的鞋，蹚过脚下的河……这只鞋王阳明叫"良知"，大乘佛法叫"如来藏"。

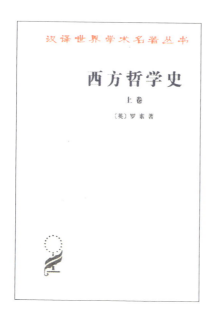

# 西方哲学史

[英] 罗素 — 著

何兆武 — 译

*教导人们在不能确定时怎样生活下去而又不致为犹疑所困扰，也许这就是哲学在我们的时代仍然能为学哲学的人所做出的最主要的事情了*

　　罗素的《西方哲学史》是一部极有分量又颇具特色的哲学史著作，它从历史的角度观察哲学发展、分析哲学思想，通过论述对西方哲学发展产生重要影响的先哲人物和历史事件，进而揭示"哲学乃是社会生活和政治生活的一个组成部分，它并不是卓越的个人所做出的孤立的思考，而是曾经有各种体系盛行过的各种社会性格的产物与成因"。虽然我在初中阶段推荐过《苏菲的世界》，对西方哲学的发展已经有所介绍，但这本的介绍和分析更详细、更深刻。

　　该书共分为古代哲学、天主教哲学和近代哲学三卷，从希腊文明的兴起叙述至现代的逻辑分析哲学，数千年历史中任何一个重要的哲学观点都在书中做出了清晰的评述，不仅展现了作者广博的学识和深邃的思想，更让读者对哲学的认知不再停留于"高深莫测的学问"和"遥不可触的领域"。

区别于神学的古代哲学起源于公元前6世纪的希腊，后来伴随基督教的兴起与罗马帝国的灭亡，又浸没于神学之中。这一时期的哲学集中于对宇宙本源的探讨，从最早的米利都学派到毕达哥拉斯、赫拉克利特、巴门尼德，再到原子论者，通过对自然的研究来论证人和自然、思维与存在的关系。伟大的苏格拉底注重对人的研究和伦理的关怀，他肯定德行与知识的密切联系，认为真正的知识就是从具体的行为中寻求道德的普遍定义，他论辩诘难的方法是辩证法的最早来源。柏拉图作为古今哲学家中最有影响的人物之一，其哲学中的"乌托邦""理念论""不朽论""宇宙起源论""知识与知觉"等论述对后代的影响极其深远。亚里士多德的哲学思想在很大程度上是柏拉图的"产儿"，他的"形而上学""伦理学""政治学"和"物理学"等，在其生后相当漫长的时期内是不容置疑的权威。亚里士多德后的数百年间，希腊文化与罗马文化逐渐相互结合，古希腊哲学所阐发的种种思想呈现出新发展和新特点。其间，诸如伊壁鸠鲁学派、斯多葛学派等在西方哲学史上居重要地位的哲学流派相继发展起来。

哲学的第二个伟大时期自11世纪起至14世纪止，其间天主教会控制着世俗权力和精神生活，它使哲学信念与社会的、政治的事务结成更为密切的联系，哲学也成为理性解释信仰的工具。中世纪时期，被称为"西方教会三博士"的安布罗斯、杰罗姆和奥古斯丁塑造了使教会成形的楷模，他们的权威受到世人尊敬，此后基督教世界近千年时间里，无人能够在学术与文化造诣方面与他们三位相匹敌。其中，奥古斯丁在天主教哲学最初的伟大阶段占统治地位，他的部分论著如纯粹哲学、《上帝之城》中的历史哲学、裴拉鸠斯争论中有关救赎的理论，直到现在仍然具有其现实的影响。中世纪连绵不断的战争导致文明的普遍衰退，西方哲学在这段黑暗时期的发展举步维艰。教会改革后经院哲学迅速成长，伊诺森三世、法兰西斯和弗里德里希二世成为各自领域的杰出代表，而托马斯·阿奎那更是将天主教哲学的伟大阶段推向高峰。托马斯·阿奎那被认为是最伟大的经院哲学家，是经院哲学里程碑式的人物，他在天主教信徒心目中具有教父般的权威，他的重要著作《异教徒驳议辑要》《神学大全》等在西方哲学发展史上具有非凡的影响力。

近代哲学自17世纪至今，这一时期的哲学更受科学的支配，自"文艺复兴"和宗教改革以后，人们的思想从空幻的彼岸世界回到现实的此岸，哲学也因科学带来的新概念发生了深刻的变化。笛卡尔被看成是近代西方哲学的始祖，他是第一个具有高超哲学能力并在见解方面受新物理学和新天文学深刻影响的人，他的哲学思想既保留了经院哲学中的东西，又体现了科学进展带来的新变化。斯宾诺莎是伟大哲学家中人格高尚、性情温厚的典范，他是唯物主义者和唯理论者，其著作《伦理学》用几何方法论述，在西方哲学史发展中具有重要影响。洛克被视为是这一时期最具影响力的思想家和自由主义者，他发展了唯物主义的经验论，也是第一个系统阐述宪政民主政治及提倡人的 "自然权利"的人，他的哲学理论极大地影响了伏尔泰、贝克莱、休谟及美国的部分政治家。

从18世纪后期至今，西方哲学受到浪漫主义运动积极的或消极的影响，卢梭作为浪漫主义之父，对哲学发展产生了积极的推动作用，他的《社会契约论》成为法国大革命中大多数领袖的圣经。康德是德国唯心论的奠基者，他把始于笛卡尔的主观主义倾向带到了一个新的极端，通过强调和物质对立的精神，得出唯独精神存在的主张。黑格尔哲学是康德哲学的重要发展，他把德国哲学中由康德开始的那个运动推向顶峰，他的历史哲学对政治理论影响深远。叔本华是唯意志论哲学的创始人，他认为"意志"在形而上学上是基本的东西，他的哲学作为历史发展中的一个阶段来看具有相当重要的地位。马克思作为复兴唯物主义者，给唯物主义带来了新的解释，使它和人类历史有了新的关联。同时，伴随逻辑分析等哲学流派的产生与发展，西方哲学也进入现代哲学的发展时期。

罗素为我们呈现了西方哲学发展史上丰碑式的哲学家及其主要思想，引领读者顺延历史脉络系统认知西方哲学的发展历程，书中对先哲人物及其哲学思想有客观的描述，也有主观的评判，对哲学、宗教和科学间错综的关系更不乏精彩的论述。读过罗素的《西方哲学史》，你我将以不同的眼光看世界。

# 罗马人的故事

盐野七生 — 著

计丽屏 — 译

*优秀的领导者，除了职务以外，更为重要的是人格魅力，是对他人的影响力，是带领别人实现心中想法的能力。他们通常有强大的信念、坚定的执行力和良好的自我约束力*

"条条大路通罗马""罗马不是一日建成的"，这些大家都耳熟能详，可是对于古罗马的历史、政治、经济、文化、宗教、民族等情况，我们又有多少了解呢？

盐野七生是日本最受男性欢迎的女作家，从1992年开始，她以古罗马帝国为题材，以每年一册的速度，历时15年，完成了这部时空纵深长达一千多年的罗马史。《罗马人的故事》系列丛书，是以现代史观的方法论来解读罗马，其间涉及国家与民族、君主与公民、宗教与人性、权力与秩序、科学与技术、领导与公关等方方面面，视野极广，见人所未见。

正如作者自己所说："别的研究者是写自己知道的，而我则是写我想知道的。"书中，盐野七生贯穿始终地自我设问。第一，为什么只有罗马人能成就如此大业？为什么只有罗马人能够建立并长期维持一个巨大的文明圈？作者认为，罗马帝国经久不衰的根本原因，与它所秉持的价值取向和施政目标有关；罗马的力量，来自保障国民安全的基础设施和贵族行为理应高尚的传统。国民最需要的是安全系统，其次是尊贵和快乐的生活。罗马皇帝努力满足国民的需要，一切政令、公共设施、对外战争，都是为了满足国民的安全感和享受需要。第二，罗马人的智力不及希腊人，体力不及凯尔特（高卢）人和日耳曼人，技术不及伊特鲁里亚人，经济不及迦太基人，却能一一打败这些部族，而且在战后还能与这些部族有秩序地和睦共处。为什么？因为罗马帝国的强大，归根到底是因为它的宽容开放，它的兼收并蓄。

公元前753年，以罗穆路斯的名字命名的罗马诞生了，罗穆路斯被称为罗马国家之父，作为神来崇拜。作为第一任国王，他的突出贡献在于把城市建在防御不充分却因此可以向外发展的7个小山丘上；确立了比较民主的政治架构；征服了萨宾人，并在平等基础上，让萨宾全体自由人享有和罗马人完全相同的市民权利。这开了个好头，没有任何比同化被征服者的做法更能使罗马强大的办法了。

公元前509年，第七任国王塔克文被推翻，共244年的王政时代结束了，罗马建立了独特的共和政体：每年由市民大会选举出两位执政官为国家最高权力者，取代曾经的国王，管理国家行政事务；贵族精英组成的元老院议员增加到300人，辅助执政官；拥有投票权的平民组成平民大会，最终决定国家大事。对比当今美国的政体来看，以上三者分别对应美国的总统和参众两院。

公元前390年，罗马被凯尔特人攻陷，最看重荣誉的罗马人深深地受到了伤害。在重建罗马的同时，他们进一步完善了政治体制。公元前367年，颁布了划时代的法律《李锡尼法》，要求政府所有要职向平民出身的人开放。同时，创立独裁官制度，这是共和政体下的罗马危机管理体系，弥补了面临紧急事态时缺乏当机立断的缺陷。独裁官除了无权决定改变政体之外，在任何问题上享有绝对的决定权，但任期只有6个月。

本书介绍了两次布匿战争，其实最为重点、最为精彩的是历时16年的罗马与汉尼拔之战。公元前218年，汉尼拔从西班牙发兵，翻越比利牛斯山、阿尔卑斯山，带着2.6万精兵突袭罗马。在持久之战中，罗马超过10万人死亡，多达10人以上的执政官级武将死亡。最为经典的坎尼会战：罗马组织了8万步兵，汉尼拔以5万兵力应战，结果杀死罗马士兵7万人，而汉尼拔只损失5500人。纵观整个历史，罗马军团遭受如此重创，坎尼会战是第一次也是最后一次。当然，罗马举全国之力，采取坚壁清野、群鼠戏猫的战术，在大西屁阿的率领下，最后击败了汉尼拔。公元前146年，罗马消灭迦太基。这样，罗马成为地中海的巨无霸国家，地中海对罗马人来说已经成为"我们的海"。

罗马号称基础建设之父，其不仅在道路、桥梁、水道等硬件方面成绩显著，在医疗和教育等软件方面也取得了不朽的成就。罗马公用事业的宗旨很好，那就是坚固、有效、美观。坚固是其首要目标，比如，修建的每条大道，要求宽4米、厚1米，两侧设有排水沟。罗马大道号称100年不需要维修养护。有意思的是，公元前3世纪，地球的东西方都开始大兴土木，东方的秦始皇修建的是长城，加上16世纪修建的长城，共长约5000公里；而西方从公元前3世纪至公元2世纪，修建的干道长8万公里，加上支线，长达15万公里。罗马的道路网便是罗马帝国的血管，这就是依靠仅仅不足20万人的军团兵就能够维持庞大帝国安全保障的最大原因。

古罗马最光彩照人的英雄首推恺撒，他那句"我来了，我看见，我征服"，傲视群雄，享誉全球。整个罗马史上没人能像他那样，既是能征善战的统帅，又是运筹帷幄的政治家，还有着迷人的人格魅力——智慧、宽容、多情，而且还是优秀的作家和演说家，他写的《高卢战记》，简洁明快又富有文采，千古流传。可惜就在他踌躇满志准备出发要

356

去征服东方的大国帕提亚、参加元老院会议的时候，被14位反对他的元老院成员杀死。

接替恺撒的奥古斯都，运用高超的政治手腕，实现了违反共和制法律的帝制。奥古斯都作为皇帝的公认地位得以确认：凯旋将军/恺撒/奥古斯都/护民官/特权。他当上皇帝以后，实施了一系列产生深远影响的改革，巩固其帝国统治。他自豪地说："留给我的是一个满是砖瓦的罗马，我身后的却是一个大理石的罗马。"

在罗马历史上，没有哪一位皇帝能拥有马可·奥勒留那么好的口碑，这是因为他抓住了后世人心的两个有效手段：留下"声音"，因《沉思录》这部著作而获得"哲学家皇帝"称号；留下"形象"，他独一无二的骑马的皇帝像，一直屹立在罗马七丘之一的卡匹托尔山上。

罗马帝国的发展一直面临危机，但以前是能够克服的危机。到了公元3世纪，就只能疲于应付。造成危机的原因主要有统治阶级的昏庸、蛮族的频繁入侵、经济的衰退、知识分子的愚钝、基督教势力的崛起等，但最大的原因是政局的不稳定。100年间有24位皇帝登场，平均任期4年多，政策失去连续性，导致危机愈发严重。戴克里先和君士坦丁两位皇帝呕心沥血，为巩固罗马帝国取得了一定的成效，但对于摇摇欲坠的帝国而言，能起的作用十分有限。410年，阿拉里克率领西哥特人对罗马进行了疯狂的掠夺，被称为"罗马浩劫"。此事震惊西起不列颠、东至巴勒斯坦的整个罗马世界，成为罗马帝国崩溃的象征。476年，最后一名皇帝罗穆路斯·奥古斯都被蛮族逼着退位，标志罗马帝国灭亡！

[全书完]

# 后记
## 愿我的热爱助你体会成长的丰厚

一个学金融出身的公务员要出版一本关于青少年阅读的书，这件事尽管就发生在我本人身上，但依然让我自己产生了"不想做厨子的裁缝不是好司机"的荒谬感和"跨界班门弄斧"的惶恐感。

而之所以能克服这种诚惶诚恐的心理障碍，最终厚颜将此书出版，其中缘由我自己总结为6个字——"技痒、机缘、责任"。

我十分喜欢读书。于我而言，书就像是空气，可以安身立命；书就像是泉水，可以滋养正气；书就像是火种，更加可以洞见天地。正所谓，"无用之用，方为大用"。还不认识几个字的小时候，偶尔有了几毛零花钱，我总是第一时间去买本连环画看而不是买零食吃。也许从那个时候开始，在我本能的价值判断之中，阅读带来的幸福感就远远超越美食所带来的愉悦感。

2007年，我博士毕业，本以为摆脱考试枷锁的同时，也就意味着与手不释卷的日子告别，不料此后读起书来却"变本加厉"，一本，又一本……不仅维持了每年六七十本好书的阅读量，甚至一改过去应试读书时以记忆背诵为目的的"划重点式阅读"，而逐步转入以思考总结为目标的"撰写读书笔记式阅读"。

在那些有阅读陪伴的美好岁月里，随着撰写读书笔记的深入思索，我突然有了一种"觉今是而昨非"的顿悟，感觉自己读了几十年书，这一次才真正在读书上得以"初窥堂奥"，才明白为什么古往今来无数才华横溢的学者对于撰写读书笔记一事如此推崇。如果把读书比喻为与圣贤进行跨越时空的交流，那么"划重点式阅读"就仅仅是单方面的倾听，而"撰写读书笔记式阅读"则拉近了与作者的距离，构成一种远隔时空的双方互相交谈和辩驳的场景。

撰写读书笔记，不仅可以把所看书的精华和启示总结出来，还可以促使读书更认真一些、思考更深入一些、总结更透彻一些。不过，更重要的意义是能改变一个人阅读时的思维模式。正所谓，"不识庐山真面目，只缘身在此山中"，我们要思考，要存疑，进而通过总结与提炼，才会达到"不畏浮云遮望眼，只缘身在最高层"的空旷境界。正是出于这种体会，我自创了"四遍读书法"，即：第一遍，通读全书，在重点处划线；第二遍，回看重点，在纸上简单记录；第三遍，撰写笔记，总结和评述该书的精华及启示；第四遍，修改笔记，将之润色完善。

在随后的几年中，我通过"四遍读书法"积累了不少读书笔记，而回顾这些笔记之时，确实能清晰地看到自己因此读书法而获益良多，心中也是颇为自得。

人性之中有一种痼疾叫作"技痒"，就是心爱得意之事，难以自制地想秀于人前。事实上，"技痒"这个词就来自战国末年深爱击筑的高渐离，他在帮助荆轲刺秦王失败之后隐姓埋名，逃亡于江湖，最终听到有人击筑而实在忍不住"技痒"，亲自演奏一曲而致身份暴露。

高渐离如此，我亦无法免俗。随着读书笔记不断增多，我常常忍不住将其中稍有价值者传阅与亲朋好友。有一些媒体和出版行业的朋友读了我的笔记，觉得有特点、有意思、有价值，就建议我出版。对此我心中颇为矛盾：一方面确实"技痒"难耐，想将自己读书时的锱铢所得献于人前；一方面又担心自己才识浅薄而贻笑大方。这种首鼠两端的心态，直到2016年我遇到了一个"机缘"才得以打破。

2016年的夏天，一位好友介绍我认识了中国出版界的新锐——果麦文化传媒有限公司的董事长路金波先生。我们一见如故，相谈甚欢。

鉴于我读书涉猎广泛、全面深入的特点，路先生建议我给青少年写一本书，从小学四年级独立阅读到大学毕业为止，小学、初中、高中、大学每个阶段推荐25部好书，一共100部。

路先生的一语就击破了我的当局者迷——我才疏学浅，写下的读书笔记在诸多学问大家面前当然是班门弄斧，但是我于读书方法上的偶有所得，自信对于青少年的阅读习惯养成应当还是有所裨益。尤其是，我自己的两个孩子正值成长初期，这也是给孩子们的一份特殊礼物。一想到孩子们能按照我提供的"寻宝图"，愉快阅读，进而健康成长，我心中的兴奋喜悦之情就油然而生，所以我很快应承了路先生的建议，决心写作此书。

本以为自己积累了多年阅读写作的功力和"技痒"难耐的动力，再加上路先生赠我的出版机缘，本书的撰写会比较顺利。但是真正开始写作之后，我才明白平时自娱自乐的写作与以出版为目标的写作之间的最大区别——责任！尤其是平常的出版写作最坏的结果无非是见笑于人，而青少年出版写作还可能误人子弟，一想到这点，我就更加觉得肩上的责任分外沉重。

书海浩瀚，如何从中选取最能推动青少年健康成长的100部书呢？

几番思索之后，我决定在书单的挑选与排列这两个重要环节上引入外部智囊的帮助，向自己政、商、学界的领导、朋友们发去邀请，请他们将对自己成长影响最大的10部书籍推荐给我。朋友们纷纷响应，非常重视，觉得这是一件有利于"祖国的花朵"健康成长的、功在当代利在千秋的事情，有的马上对自己读过的书认真进行思考，立即把10部推荐的书单发来；有的跟自己的孩子商量，选择推荐哪10部最值得看的书；有的向自己单位的员工征求意见，收集青少年必读的书单；有的向自己学校的学生了解情况，看他们认为最有意义的书是哪些……最终近300人回复了我，也借此汇集了近3000部书的初选名单。

正如曾国藩所说，读书如同打仗，不能一个村庄一个村庄地打，必须打据点，该打长沙打长沙，该打安庆打安庆。而经典就是那些重要的知识据点，若干个重要据点被攻占后，整个知识的脉络就会被打通。因此，在这个大名单之中，我再结合自己这些年读过的近1000部书，以及"所选的书要求每部都是精品，所选的书要求都能传递正能量，所选的书要尽量覆盖多方面的知识"的三原则，最终挑选出来了重复率较高的100部经典，汇成了最终书单。

因此，这个书单不是我个人的努力成果，而是凝聚了近300位朋友的智慧，赵洋、郑璐、谢进慧、岳新宇、胡吉、刘云、周丹琪、邹克飞等亲朋好友还对本书有的篇目直接贡献了力量。

集腋成裘、聚沙成塔，通过众人智慧的提炼，我才敢非常确信这些书籍能够对青少年的成长带来帮助，因为这些书籍已经在众多处级以上的领导干部、企业高管、学界达人的青少年时期，对他们的成长产生过正面、积极、深远的影响！

关于这100部书在小学、初中、高中、大学四个阶段如何分布，并且在每个阶段都由易到难排列？

这个问题我专门请教了几位优秀的小学、中学语文老师及教导主任，他们以其丰富的教学经验和对青少年的深入了解提出了不少有益的建议，比如，高中阶段应该看《史记》《中国文化史品读》《红楼梦》等书，因为这些内容不仅有利于对传统文化的学习，还对高考非常有帮助。

但是最终决定这个书单排列的，却源自孔子对于读书学习的一个很简单的总结："知之者不如好之者，好之者不如乐之者。"事实上将这三个层次颠倒过来，就恰好是读书能力的阶段培养目标。

小学阶段的书单设定，主要让孩子们阅读一些轻松愉悦的童话和故事书籍，重点在于丰富孩子的想象力，培育孩子对阅读的兴趣。因此，这个阶段的书籍主要以充满趣味性的童话童书为主，如《草房子》《皮皮鲁传》《窗边的小豆豆》《安徒生童话》等。即便是一些从小要了解的中国传统文化和历史，以及在少年时期就需要培养的数学思维，也是选择了故事性、趣味性较强的书籍，如《给孩子的汉字王国》、林汉达的《中国历史故事集》，以及一套45本的漫画书《冒险岛数学奇遇记》。

初中阶段的书单设定，延续了趣味性原则，只是针对孩子年龄的增长，将童话童书换成了众多中外名著和小说。比如《西游记》《三国演义》《老人与海》《傲慢与偏见》等。同时，《数理化通俗演义》和《从一到无穷大》，以讲故事的形式，让青少年对数学、物理、化学、生物、天文等内容有了形象生动的了解，在日常学习中就不会感觉那么枯燥。

高中阶段的书单设定，则开始强调阅读能力的培养，书单之中开始出现一些需要花工夫的经典。美国大学考试（American College Testing）的研究人员表示：做好了上大学准备的学生与没有做好准备的学生，他们之间最明显的区别就是——理解复杂文章的能力。因此，高中阶段应该具备啃大部头的能力，如果这个时候还没培养起来，以后就更难了。所以，这个阶段的书单，就出现了《国学的天空》《古文观止》《邓小平时代》《三体》《中国哲学简史》《史记》《红楼梦》等。此外还增列了《阅读的故事》和《如何阅读一本书》等有关阅读技能本身的书籍。

大学阶段的书单设定，则重点在有益于年轻人的世界观、人生观、价值观的形成。因此，这个阶段的书单之中有更多文化、历史、思想等较深层面的书籍。在传统文化和历史方面，青年读者可以看《唐浩明评点曾国藩家书》《人间词话》《中国历代政治得失》《万历十五年》《王阳明》等。而在人生励志方面，则有《做最好的自己》，让青年人知道"天生我才必有用，会当水击三千里"；《伟大是熬出来的——冯仑与年轻人闲话人生》进一步让青年人体会到"梅花香自苦寒来，宝剑锋从磨砺出"。此外，《故事照亮未来》在政治方面、《再来一个十年》在外交方面、《艺术的故事》在艺术方面、《经济为什么会崩溃》

在经济方面、《匠人精神》在职业方面、《创业维艰》在创业方面等，让青年人对这些知识有个基本的了解；而《遇见未知的自己》《乌合之众》《少有人走的路》则让青年人知道如何解决心理方面的问题，使自己能够更加坚强地面对困难和挫折。

压轴的书籍是一套15本的大书《罗马人的故事》。认真阅读这套书后，会对古罗马辉煌灿烂的历史有一个全局的了解，而我推荐此书的最终目的是希望读者能够以史为鉴，获得一种从政治、经济、文化、宗教、民族等多个维度去解读社会进步变迁的能力。

行文至此，我突然感到，当我在列举书单介绍书籍的时候，我的文字才是最为流畅、最为欢愉的，我也突然发现了我写作本书的最终原因——如前所述，我一度认为促使我写作的初衷或是"技痒"，或是蒙好友赠我"机缘"，或是一种向年轻人传道的"责任"——但直到此时，我才意识到写这本书的原因就是：

我爱读书，发自内心地希望有更多的人能喜欢上阅读。

阅读是一种"瘾"，只要年轻时染上，一辈子都戒不掉。我衷心地希望本书的读者能通过阅读本书而培养好的阅读习惯，经常拿起一本小人书或者一本大部头，一如凭借一幅简陋的地图却最终发现世间最美的风景！

2017年7月25日于北京

谢谢。您选择的是一本果麦图书

诚邀关注"果麦文化"微信公众号

100　青少年必读100部经典

产品经理｜孙淑慧　　书籍设计｜某　天

责任印制｜刘　淼　　出 品 人｜路金波

**图书在版编目（CIP）数据**

100：青少年必读100部经典 / 付惟龙著. 天津：天津人民出版社，2017.10（2017.11重印）

ISBN 9787201124773

Ⅰ.①1… Ⅱ.①付… Ⅲ.①名著介绍世界 Ⅳ.①Z835

中国版本图书馆CIP数据核字(2017)第237667号

# 100：青少年必读100部经典

100: QINGSHAONIAN BIDU 100 BU JINGDIAN

出　　版　天津人民出版社

出 版 人　黄　沛

地　　址　天津市和平区西康路35号康岳大厦

邮政编码　300051

邮购电话　02223332469

网　　址　http://www.tjrmcbs.com

电子信箱　tjrmcbs@126.com

责任编辑　张　璐

产品经理　孙淑慧

装帧设计　某　天

制版印刷　北京华联印刷有限公司

经　　销　新华书店

发　　行　杭州果麦文化传媒有限公司

开　　本　710×1000毫米　　1/16

印　　张　23.5

印　　数　13,00138,000

插　　页　4

字　　数　231千字

版次印次　2017年10月第1版　2017年11月第2次印刷

定　　价　68.00元

**版权所有 侵权必究**

图书如出现印装质量问题，请致电联系调换（02164386496）